# Einfach machen: Geldanlage

Nachhaltig und erfolgreich

## Unser Service für euch

Wenn neue Gesetze und Verordnungen in Kraft treten oder sich zum Beispiel Förderbedingungen oder Leistungen ändern, findet ihr die wichtigsten Fakten in unserem Aktualisierungsservice zusammengefasst.
Mit dem Klick auf **www.ratgeber-verbraucherzentrale.de/aktuell** seid ihr dann ergänzend zu dieser Auflage des Buches auf dem neuesten Stand. Diesen Service bieten wir so lange, bis eine Neuauflage des Ratgebers erscheint, in der die Aktualisierungen bereits eingearbeitet sind. Wir empfehlen, Entscheidungen stets auf Grundlage aktueller Auflagen zu treffen.
Die lieferbaren aktuellen Titel findet ihr in unserem Shop:
**www.ratgeber-verbraucherzentrale.de**

# Einfach machen: Geldanlage

## Nachhaltig und erfolgreich

BEATE KAUFMANN

verbraucherzentrale

69
Was passt zu mir?

# Inhalt

**6 Die wichtigsten Fragen und Antworten**

**13 Was euch dieses Buch bringt**

13 Einfach machen!

**19 Basics (Basiswissen) für den schnellen Einstieg**

19 Geldanlage Schritt für Schritt

**37 Wiki-Money**

37 Finanzwissen von A bis Z

61 Wirtschaftlicher Background

**69 Was passt zu mir?**

70 Tagesgeld

72 Sparbuch

73 Festgeld

75 ETF

88 Sparpläne – ein guter Plan

92 Aktien

95 Kryptowährungen

104 Gold, Edelmetalle und Rohstoffe

106 Xetra-Gold oder Gold-ETC

107 Investmentfonds

113 Festverzinsliche Wertpapiere

118 Immobilien

125 No-Gos: Nachteilige Anlageprodukte

128 Unseriöse Anbieter

**131 Online first**

134 Depot beim Neobroker

136 Traden übers Smartphone

139 Welches Depot ist das richtige für euch?

140 „How to“ Depot?

141 Kleiner Crash-Kurs zum Onlinebanking

145 Banking-Apps

147 Robo-Advisors

149 Unseriöse Onlineplattformen

151 Finfluencer

19 Basics für den schnellen Einstieg

37 Wiki-Money

131 Online first

152 Social Trading/Copy Trading

**157 Nachhaltige Geldanlage**

158 Wie misst man Nachhaltigkeit?

162 Anlageberatung: Soll das Produkt nachhaltig sein?

163 Grüne Anlageziele: Wo ansetzen?

170 Aktiv gemanagte grüne Fonds

171 Nachhaltige ETFs

172 Anleihen/Green Bonds

173 Grüne Rendite

176 Nachhaltigkeit – auch bei Giro- und Tagesgeldkonto?

**183 Berufsunfähigkeit: Absicherung voll wichtig!**

183 Auch euch kann es treffen

186 Was kostet der Versicherungsschutz?

187 Je früher, desto besser

188 Vorsicht bei Gesundheitsfragen

189 Worauf achten, was ist wichtig?

190 Alternativen – mit weniger Schutz

**193 Im Alter finanziell nicht alt aussehen**

194 Worum geht es eigentlich genau?

196 Wer ist gesetzlich rentenversichert, wer nicht?

199 Säulen der Altersvorsorge

199 Die Riester-Rente

205 Wohn-Riester

208 Rürup- oder Basisrente

211 Betriebliche Altersvorsorge

218 Immobilien

**220 Anhang**

220 Stichwortverzeichnis

222 Bildnachweis

224 Impressum

Aus unserer Beratungspraxis

# Die wichtigsten Fragen und Antworten

→ Jährlich beantworten wir in unseren 200 Beratungsstellen Hunderttausende von Fragen und helfen bei der Lösung von Problemen, die Verbraucherinnen und Verbraucher an uns herantragen. Aus dieser täglichen Praxis wissen wir am besten, wo der Schuh drückt und wie konkrete Unterstützung aussehen muss.

Diese Erfahrungen sind Grundlage unserer Ratgeber: mit präzisen, verbraucherorientierten Informationen, zahlreichen Tipps und Hintergrundinformationen zum besseren Verständnis.

Sollte für eine individuelle Frage weiterer Besprechungsbedarf bestehen, hilft unsere Beratung weiter. Eine Übersicht über unser umfassendes Angebot findet ihr unter www.verbraucherzentrale.de

Profitiert von unserer Beratungskompetenz!

## Ist Geldanlage nicht total kompliziert und nur was für Profis?

Aber nein!! Absolut nicht. Obwohl die „Profis“ immer gern so tun. Geldanlage ist überhaupt nicht kompliziert. Es hat sie euch nur bisher niemand erklärt. Und wie sollt ihr dann wissen, wie es geht und was wichtig ist? Als Börsen-Guru wird man nicht geboren. Und Finanzwissen steht auch in der Schule nicht zwingend auf dem Stundenplan. Aber mit diesem Buch habt ihr euch schon mal an das Thema herangetraut. Und ihr werdet sehen: Es ist alles gut zu verstehen. Geschrieben nicht in Börsenchinesisch, sondern in gut verständlich. Danach habt ihr das Rüstzeug in der Hand, um eure Geldanlage nach euren Vorstellungen umzusetzen. → Seite 13

## Lohnt sich der ganze Aufwand für mich? Warum soll ich mich darum überhaupt kümmern?

Es lohnt sich! Immer und für jede:n von euch. Zu wissen, wie ihr euer hart verdientes Geld richtig anlegen könnt, welche Möglichkeiten es gibt und was wichtig dabei ist. Das gibt euch nicht nur Sicherheit und Unabhängigkeit in finanziellen Angelegenheiten, das verschafft euch auch deutlich mehr Geld. Nach dieser Lektüre (oder Ausschnitten) kennt ihr die Spielregeln und könnt loslegen. Ihr wisst dann, dass ihr auch mit kleinen Beträgen ordentlich was ansparen könnt und wie ihr das macht. Und, dass es umso besser ist, je früher ihr damit anfangt, weil ihr dann immer mehr Zinsen bekommt. Wie ihr das mit dem „Investment“ angeht, worauf ihr achten müsst und wovon ihr besser die Finger lasst, zeigen wir euch – kompakt für den schnellen Einstieg und dann Schritt für Schritt. → Seite 19

## Aber diese ganzen Fachbegriffe: Aktien, Bitcoins, DAX, ETF … – wie finde ich da den Einstieg?

Zugegeben, die vielen Fachbegriffe von Bankern und Börsianern sind auf den ersten Blick abschreckend, weil unverständlich. Aber keine Sorge, das bleibt nicht so. Ihr kriegt hier Einblick, Überblick und Hintergrund, und das alles langsam und verständlich. Und dann wisst ihr, wie sich Risiken bestimmen lassen, wie die Kosten für Finanzdienstleistungen an eurem Ersparten nagen oder wie Börsen und Märkte funktionieren. Inklusive aller dazugehörigen Fachausdrücke. Wiki-Money erklärt euch die wichtigsten Begriffe der Finanzwelt kurz und verständlich. Übrigens nicht nur zum Reinkommen, sondern auch zum Nachschlagen, wenn ihr eure Finanzstrategie überdenken oder erweitern wollt. → Seite 37

## Gibt es Rendite nur mit Risiko? Sind Aktien deshalb bloß was für Mutige?

Nein! Es braucht keinen Mut, sondern nur Zeit und Wissen. Zeit, euer Geld investiert zu lassen und das Wissen wie. Klar, es ist immer noch der Aktienmarkt und klar, der schwankt. Aber es bringt euch nichts, euer Geld in sichere Anlagen wie Sparbuch, Tages- oder Festgeld zu stecken. Die niedrigen Zinsen können die aktuell extrem hohen Inflationsraten nicht mal ansatzweise ausgleichen. Ihr macht also ein dickes Minus, wenn ihr euer Geld da parkt. Denn es wird einfach immer weniger wert! Darum ist eine Anlage in Aktien für euch besser. Und das Risiko lässt sich minimieren – unter anderem durch eine breite Streuung wie bei einem ETF (das ist die Abkürzung für Exchange Traded Funds). Kauft ihr diesen passiven Fonds, steckt ihr euer Geld auf einen Schlag in viele Unternehmen. Wenn es bei einzelnen mal nicht so gut läuft, gleichen das andere in der Regel wieder aus. Langfristig haben die Börsen bisher immer eine schöne Rendite gebracht. Wie ETFs genau funktionieren, wie ihr sie bekommt und dass ihr bei einer solchen Investition vor allem eins tun müsst: „Nichts!“ – das erklären wir. → Seite 75

## Banking über Smartphone und Laptop kenne ich. Aber wie funktionieren Trading-Apps?

Eigentlich genau so. Ihr kennt das schon, die meisten von euch erledigen ihre Bankgeschäfte digital. So ist es praktisch, einfach und günstig. Und genau das gilt auch für die Geldanlage. Auch ein Depot ist online kostengünstiger zu haben und leicht zu bedienen. Und ihr braucht ein Depot, um Wertpapiere kaufen zu können. Je nachdem, wie ihr euer Geld anlegen wollt, passt das Angebot einer Direktbank oder eines Neobrokers für euch. Nicht alle bieten alle Fonds und ETFs an. Oder einen Sparplan. Auch die Kostenstruktur unterscheidet sich. Aber einfach bleibt es. Wir zeigen euch, wie die Geldanlage mit Neobrokern und ihren Trading-Apps so einfach ist wie das Bestellen von Pizza. Nicht ohne auf die Risiken und Nebenwirkungen hinzuweisen. → Seite 131

## Es ist mir wichtig, mein Geld nachhaltig anzulegen. Geht das auch mit kleinen Sparraten?

Nachhaltig anzulegen ist gar nicht so einfach. Denn was man unter nachhaltiger Geldanlage versteht – darüber gehen die Meinungen auseinander. Stichwort: grüne Atomkraft. Auch die verschiedenen Siegel können mehr verwirren als unterstützen. Wir helfen euch aus dem Dschungel, klären Begriffe und geben Tipps für eure unterschiedlichen Nachhaltigkeitsvorstellungen: Genügt es euch, wenn einzelne Fonds ethisch-ökologischen Kriterien entsprechen? Oder soll eure Bank ihre gesamte Geschäftspolitik auf nachhaltiges Wirtschaften hin ausgerichtet haben? Wir zeigen euch verschiedene Möglichkeiten – von hell- bis dunkelgrün. Und: Sparpläne gibt es natürlich auch nachhaltig. Mit einem ETF-Sparplan auf einen nachhaltigen Index könnt ihr mit beispielsweise 25 Euro monatlich „mittelgrün" anlegen. → Seite 157

## Mit Kryptowährungen schnell reich werden. Ist da was dran?

Von Bitcoins habt ihr sicher schon gehört, es gibt aber Tausende Kryptowährungen. Sie existieren nur in digitaler Form. Guthaben werden über ein Blockchain-System übertragen. Anders als staatliche Währungen wie Euro oder Dollar werden Kryptowährungen nicht von einer Notenbank oder einer anderen zentralen Einrichtung herausgegeben. Ihr braucht ein Wallet, die digitale Version eines Geldbeutels für virtuelle Währungen. Als Geldanlage sind Kryptowährungen hoch spekulativ. Wir zeigen euch, warum es auf und ab geht – oder auch im Totalverlust enden kann. → Seite 95

## Auf Social Media geben Finanzexperten Anlagetipps. Soll ich denen folgen?

Sie haben viele Likes und Follower – klar macht das neugierig, was euch Finfluencer auf ihren Kanälen zu bieten haben. Sie erklären mit einfachen Worten und in Videos die Finanzwelt. Die allgemeinen Tipps sind aber keine individuellen Empfehlungen, die dann auch unbedingt zu euren Zielen und eurer Risikobereitschaft passen. Und Vorsicht, wenn ihr aufgefordert werdet, sofort zu investieren, weil ihr sonst die Chance auf schnelle und hohe Gewinne verpasst! Warum es auch nicht unbedingt eine gute Idee ist, für noch bessere Tipps und Anlageideen in Chatrooms zu gehen oder kostenpflichtige Webinare zu besuchen, erfahrt ihr ab → Seite 151

## Berufsunfähig zu werden – wird mir schon nicht passieren. Aber was, wenn doch?

Nicht mehr arbeiten zu können, obwohl ihr es eigentlich noch solltet oder möchtet – das kann euch in existenzielle Nöte bringen. Eine Berufs- und Erwerbsunfähigkeitsrente aus der gesetzlichen Rentenversicherung gibt es für euch nicht. Deshalb ist eine private Berufsunfähigkeitsversicherung ein „Must have". Sie füllt im Fall der Fälle das finanzielle Loch (teilweise), indem sie euch dann eine vereinbarte monatliche Rente zahlt. Gut zu wissen, was dieser Schutz kostet, wie ihr ihn bekommt und worauf beim Abschluss einer Berufsunfähigkeitsversicherung zu achten ist. → Seite 183

## Ich weiß, ich muss was für meine Altersvorsorge tun, aber was und wie viel?

Dass die gesetzliche Rente für einen auskömmlichen Lebensabend nicht mehr reichen wird – das hat sich herumgesprochen. Mit finanzieller Förderung und Steuervorteilen unterstützt der Staat sowohl die zusätzliche betriebliche als auch die private Altersvorsorge. Aber nicht jede Form rechnet sich für alle gleichermaßen. Während ihr mit geringem Einkommen oder vielen Kindern von der Riester-Rente profitiert, ist sie bei besserem Verdienst eher ungeeignet. Seid ihr selbstständig oder freiberuflich tätig, ist eine Rürup-Rente die einzige private Vorsorgemöglichkeit, bei der euch Steuervorteile winken. Angestellte hingegen profitieren in der Regel nicht davon. Die betriebliche Altersvorsorge lohnt zumeist nur, wenn der Chef möglichst alles bezahlt. Wenn ihr den Kauf von Haus oder Wohnung als Polster für mietfreies Wohnen plant: Eine Immobilie zahlt keine Rente – kostet aber Unterhalt! → Seite 193

# Was euch dieses Buch bringt

**O.k., Geldanlage scheint auf den ersten Blick nicht das spannendste Thema der Welt zu sein. Liebe, Reisen, Sport, die eigene Wohnung oder die Ausbildung, das sind die Dinge, mit denen ihr euch sicher lieber beschäftigt. Verständlich, aber auch ein bisschen schade, denn Geld ist auch ein wichtiges Thema. Die Entscheidungen, die ihr finanziell trefft, wirken sich aus – auf euer ganzes Leben.**

Viele Dinge, die Spaß machen, die ihr euch wünscht oder braucht, werden Geld kosten, vielleicht sogar viel Geld. Und je früher ihr anfangt, es ein bisschen zu sparen und anzulegen, desto mehr Geld könnt ihr machen. Theoretisch wisst ihr das vermutlich, Lust, sich damit zu beschäftigen, macht das deshalb trotzdem nicht unbedingt. Warum das so ist? Vermutlich aus zwei Gründen. Zum einen denkt ihr vielleicht: „Ich habe gar kein Geld. Was soll ich überhaupt anlegen?" Und zum anderen: „Ich verstehe überhaupt nichts von Geldanlagen!"

## Einfach machen!

→ „Ich verstehe *nichts* von Geldanlagen!"

Das ging noch absolut jeder und jedem so, keine Sorge. Jeder einzelne Investor hat genau so angefangen wie ihr jetzt, auch die Börsengurus André Kostolany und Warren Buffett (→ Seite 14 Hintergrund).

Niemand ist als Finanzkennerin oder -kenner auf die Welt gekommen. Woher sollte das entsprechende Wissen auch kommen? In der Schule wird es nicht gelernt, die meisten Wirtschaftsseiten in Zeitungen

HINTERGRUND

Er führte eines der wertvollsten Unternehmen und gilt als einer der besten Investment-Experten: Warren Buffett. Der milliardenschwere US-Amerikaner wird auch das „Orakel von Omaha“ genannt. Sein Erfolg basierte auf dem Mut zur Langfristigkeit: Lieber über einen längeren Zeitraum viele kleine Schritte machen als kurzfristig ein paar große. Er hat Krisen am Aktienmarkt für Einstiege genutzt – und dann die Zeit für sich arbeiten lassen. Und noch eine Weisheit des Börsen-Gurus: „Wenn wir emotional beim Investieren werden, dann wird es nicht gut enden.“ Will heißen: Erfolg beim Anlegen darf nicht überheblich machen – und Verluste dürfen nicht in eine mentale Krise stürzen! Ein klarer Kopf ist gefragt! Übrigens eine Einschätzung, die auch die bereits 1999 verstorbene Börsenlegende André Kostolany teilte: „Man soll die Ereignisse nicht mit den Augen verfolgen, sondern mit dem Kopf. Oft ist es an der Börse sogar besser, die Augen zu schließen.“ Ihr wollt mehr von Kostolanys Börsenweisheiten? – Gern: „Die ganze Börse hängt nur davon ab, ob es mehr Aktien gibt als Idioten – oder umgekehrt.“ oder „Einer Straßenbahn und einer Aktie darf man nie nachlaufen. Nur Geduld: Die nächste kommt bestimmt.“

schrecken eher ab, die Finanzfachleute sind in der Regel nicht ganz objektiv und die Literatur nicht besonders verständlich oder hilfreich (zumindest bisher 😉).

Dabei ist Geldanlage kein schwieriges Thema. Mit dem nächsten Kapitel schafft ihr den schnellen und guten Einstieg. Mehr Hintergründe, alles rund um Online-Angebote und mehr Anlagemöglichkeiten gibt es dann auf den hinteren Seiten. Ihr werdet ganz easy eine Menge über Geldanlagen mitbekommen und hinterher genau wissen, wie ihr das Geld für euch am besten anlegen könnt. Und auch, wie ihr viel Geld für Gebühren, Provisionen und Abschlusskosten sparen könnt.

→ „Ich habe gar kein Geld. Was soll *ich* denn anlegen?“

„Kleinvieh macht auch Mist.“, sagt meine Mutter. Und sie hat Recht. Das zeigt auch unser Beispiel von Vincent im Kasten oben

**BEISPIEL**

Vor 20 Jahren hat Vincent von seinen Großeltern 3.000 Euro bekommen. Hätte er das Geld auf ein Festgeldkonto (→ Seite 73) gelegt, hätte seine Rendite (→ Seite 16) zwischen 1,1 und 3,6 Prozent gelegen. Auf seinem Festgeldkonto würden nun zwischen 4.948 und 11.543 Euro liegen. Das sind keine großen Reichtümer, aber ein guter Anfang. Wenn du selbst errechnen willst, was du aus deinem Geld machen kannst, hilft dabei der Renditerechner der Verbraucherzentrale.

links, der vor 20 Jahren von seinen Großeltern 3.000 Euro bekommen hat.

Vermutlich fragt ihr euch, woher der extreme Unterschied der Beträge kommt. Warum die eine Anlage eine mehr als doppelt so hohe Rendite gebracht hat? Zum einen sind die Zinsen, die ihr für euer Festgeld bekommt, nicht überall gleich. Die eine Bank zahlt ein bisschen mehr als die andere.

**→ TIPP**

Bei der Stiftung Warentest gibt es aktuelle Übersichten zu Zinsen auf Festgeldkonten – jeweils für verschiedene Laufzeiten.

Und zum anderen erklärt sich – vor allem auf die Zeit gerechnet – der Unterschied aus dem Zinseszins-Effekt: das ist der Zins des Zinses (→ Beispiel unten).

Darüber hinaus bestimmen auch die Kosten etwa für ein Wertpapierdepot oder Orderaufträge den Wertzuwachs eurer Geldanlage. Bei Vincents Festgeld aus dem Bei-

**BEISPIEL**

Wenn ihr 1.000 Euro zu 5 Prozent anlegt, habt ihr nach einem Jahr 1.050 Euro. Nach zwei Jahren sind es aber nicht nur 1.100 Euro, denn die 50 Euro Vorjahreszinsen werden ja auch mit fünf Prozent verzinst. Darum habt ihr nach zwei Jahren 1.102,50 Euro. Der Effekt der Zinsen auch für den Zins! Schon ein Prozentpunkt mehr wirkt sich dann auch hierbei aus.

**70 Prozent der unter 35-jährigen Anleger:innen legen ihr Geld über einen Sparplan in Aktien an.**

**Wichtigstes Anlagemotiv: der langfristige Vermögensaufbau.**

**Aktionärszahlen des Deutschen Aktieninstituts 2022**

BEISPIEL

Die Rendite wird in Prozent des Anlagebetrages auf ein Jahr angegeben. Angenommen, ihr habt 1.000 Euro mit einem Zins von 3 Prozent angelegt und müsst keine Kontoführungsgebühren zahlen, macht das eine Rendite von 3 Prozent pro Jahr. Das Ergebnis ändert sich sofort, wenn euch beispielsweise 10 Euro Kontoführungsgebühren pro Jahr in Rechnung gestellt werden. Bezogen auf die 1.000 Euro sind die 10 Euro dann 1 Prozent. Eure Rendite schrumpft also auf 2 Prozent – obwohl ihr eigentlich 3 Prozent erwirtschaftet habt. Und Zinsperiode sowie Anlagedauer müsst ihr bei der Renditeberechnung auch noch beachten!

spiel oben auf Seite 15 bleiben die außen vor, denn Festgeldkonten sind kostenlos. Aber bei vielen anderen Anlageformen können die Kosten den Wertzuwachs eurer Geldanlage schrumpfen lassen.

Oder positiv: Die Kosten, die ihr an dieser Stelle spart, steigern immer eure Rendite. Direktbanken (→ Seite 132) und Online-Broker haben in der Regel die günstigsten Angebote.

Aber schauen wir uns noch an, was passiert wäre, wenn Vincent zum Beispiel in Aktien angelegt hätte. In diesem Fall hätte er nach 20 Jahren im besten Fall mit rund 50.000 Euro rechnen können. Natürlich hat niemand ein so gutes Händchen mit Aktien, dass immer Gewinne erzielt werden. Aber auch mit einem risikoarmen ETF auf den MSCI World (→ Seite 56) hätte sich Vincents Gewinn verfünffacht.

Doch kurz vorab: Ihr müsst euch nicht unbedingt von A bis Z durch das ganze Buch arbeiten (auch wenn uns das natürlich freut 😉). Wir bieten vielmehr Infos im Baukastensystem an: Die Basics für den schnellen Einstieg, damit ihr wisst, welche Anlagemöglichkeiten es gibt, welche wann gut sind, wo die Risiken liegen und wie ihr überhaupt an Wertpapiere kommt. Und ihr werdet die Hintergründe kennen, warum die Zinsen aktuell so niedrig sind und die Börsen manchmal so unlogisch. Alles Wesentliche habt ihr danach drauf – und könntet mit dem Anlegen gleich loslegen.

Im Wiki-Money gibt es dann die geballte Ladung Finanzwissen: von A wie Aktie bis Z wie Zinseszins. Verständlich lotsen wir durch Fachbegriffe und erklären, was es damit auf sich hat. Dort könnt ihr also entweder nachschlagen, wenn ihr in den Kapiteln auf den Begriff stoßt – oder wenn euch das Fachchinesisch im Laufe eurer „Geldanleger-Karriere" begegnet und ihr dann wissen wollt, was sich dahinter verbirgt.

Im Kapitel „Was passt zu mir?" könnt ihr euch dann über eure individuellen Favoriten informieren: Was? Wie? Wo? und jede Menge Hintergrundinfos – auch zu Vor- und Nachteilen der Anlageprodukte – bieten wir euch hier verständlich und kompakt zusammengefasst.

Außerdem führen euch QR-Codes zu weiterführenden Infos auf den Internetseiten der Verbraucherzentrale oder der Stiftung Warentest: mit Renditerechnern oder Vergleichsmodulen.

**600.000 Menschen**

**unter 30 haben 2022 mit dem Aktiensparen begonnen**

**Aktionärszahlen des Deutschen Aktieninstituts 2022**

# Basics (Basiswissen) für den schnellen Einstieg

**Schritt für Schritt und ganz praktisch nähern wir uns jetzt dem Thema Geldanlage. Ihr erfahrt alles Wesentliche und könnt, wenn ihr wollt, gleich loslegen mit dem Anlegen. Eure persönlichen Antworten auf unsere Fragen helfen euch dabei herauszufinden, welche Anlage zu euch passt.**

Bevor ihr mit dem Geld anlegen loslegt, solltet ihr zunächst bedenken: Mögliche laufende Kredite abbezahlt und Schulden getilgt zu haben – das ist die beste Strategie der Geldanlage. Fast immer sind nämlich die Zinsen hierfür höher als die Renditen, die eine Anlage vielleicht einbringen wird. Ob Dispokredit oder bei Freunden geliehen: Gleicht zunächst alles aus, wo ihr in der Kreide stehst! Auch ein Notgroschen (→ Seite 70) für unvorhergesehene Ereignisse wie die Computer- oder Autoreparatur ist als Reserve ein Muss. Und ebenso solltet ihr das Risiko, berufsunfähig zu werden, unbedingt absichern, bevor ihr in die Geldanlage einsteigt (→ Seite 183).

So, nun ist es aber soweit. Los geht es mit der Geldanlage – Schritt für Schritt!

## Geldanlage Schritt für Schritt

Wenn ihr Geld anlegen wollt, steht euch vielleicht ein größerer Betrag zur Verfügung. Oder ihr möchtet oder könnt monatlich einen kleinen Betrag anlegen? Dann wäre ein Sparplan eine gute Sache – der passt zu allen langfristigen Sparzielen. Denn damit könnt ihr mit kleinen, regelmäßigen Sparraten ein Vermögen aufbauen (→ Seite 88).

Bei den meisten Banken geht es ab 50 Euro pro Monat los, aber es geht auch deutlich darunter. Manche bieten Sparpläne schon ab einem Euro an (allerdings müsst ihr dann schon seeehr lange sparen, damit sich das lohnt. Nach 50 Jahren habt ihr knapp 15.000 Euro angespart, allerdings gerechnet mit einer großzügigen Rendite von 10 Prozent). Es bleibt auch euch überlassen, wie oft ihr in den Sparplan einzahlen wollt, monatlich oder vierteljährlich – Sparpläne sind extrem flexibel. Auch Änderungen bis hin zum Pausieren sind in der Regel jederzeit möglich. Es gibt die klassischen Banksparpläne, bei denen die Sparraten auf ein Tages- oder Festgeldkonto gehen, und Wertpapiersparpläne, mit denen ihr regelmäßig Anteile an Fonds kauft. Einzelheiten stellen wir euch ab → Seite 88 vor.

Lasst uns an dieser Stelle davon ausgehen, dass ihr 4.000 Euro anlegen wollt. Vielleicht habt ihr es im Moment noch auf einem Sparbuch gesammelt? Oder es liegt auf dem Girokonto und wird nicht gebraucht? Auf jeden Fall könnt ihr das Geld erst mal entbehren. Nun kommt der

### Der 1. Schritt: Was passt zu mir?

**Fragt euch: Wie lange kann ich das Geld entbehren?** Muss ich mir damit nächstes Jahr einen neuen Computer kaufen? Will ich mit dem Geld eine Reise finanzieren? Oder mein neues Wohnzimmer? Oder brauch ich es die nächsten Jahre nicht? Vielleicht will ich auf die eigenen vier Wände sparen? Oder auf jeden Fall was fürs Alter zurücklegen? Wie ist mein Anlagehorizont (→ Seite 87)?

Die Antworten auf diese Fragen sind ein wichtiges Entscheidungskriterium. Warum? Weil zum Beispiel eine Anlage in Aktien umso riskanter ist, je kürzer sie ausfällt. Wenn ihr also die 4.000 Euro in neun Monaten braucht, solltet ihr die Finger von Aktien lassen. Aber je länger ihr das Geld liegen lassen könnt, desto eher könnt ihr auch an der Börse tätig werden. Der Grund: Börsenkurse können stark schwanken. Wenn ihr zu einem bestimmten Zeitpunkt verkaufen müsst, kann das gerade einer sein, der euch viel Rendite, also Gewinn kosten kann. Die Kurse der Aktien könnten im Keller sein. Aber keine Sorge: Langfristig hat sich das bisher immer ausgeglichen.

An der Börse könnt ihr unter anderem in Aktien, Investmentfonds oder ETFs investieren. Bei Einzelaktien gehört euch ein kleiner Teil eines Unternehmens – mit allen Chancen und Risiken. Die Rendite bei Aktien kann sich aus Kursgewinnen und Dividenden zusammensetzen.

> HINTERGRUND
>
> **Eine Dividende ist die jährliche Gewinnausschüttung an die Aktionäre des Unternehmens.**

Das Risiko beim Kauf einer Einzelaktie ist der Totalverlust. Wenn ihr euer Geld aber verteilt, also Anteile an vielen Unternehmen kauft, sinkt dieses Risiko. So funktionieren Investmentfonds. Sie sammeln nämlich Geld vieler Anleger:innen und investieren es anhand des vorher festgelegten Ziels – zum Beispiel in Aktien, aber auch in Anleihen oder Immobilien.

Wir bleiben aber erstmal bei Aktien. Ein Aktienfonds kann aktiv durch einen Manager betreut werden oder passiv einen Börsenindex nachbilden. So ein Index ist zum Beispiel der deutsche Aktienindex DAX oder der US-Index Dow Jones.

HINTERGRUND

Der DAX ist der wichtigste Börsenindex in Deutschland. Er repräsentiert die Kursentwicklung der 40 größten Aktiengesellschaften in Deutschland. Der Dow Jones ist sein US-Pendant. Im Dow sind nur 30 Unternehmen zusammengefasst. Dennoch beeinflusst die Entwicklung dieses Index jeden Tag die Börsen auf der ganzen Welt.

Passive Fonds, die an der Börse gehandelt werden, nennt man ETFs (Exchange Traded Funds = börsengehandelter Fonds). Aktien-ETFs stellen die Zusammensetzung von Börsenindizes nach. Das heißt, sie kaufen alle Aktien mit der gleichen Gewichtung, mit der sie auch im Index vertreten sind und dann passiert – nichts mehr. That's it.

Und weil kein Fondsmanager mehr tätig werden muss, fallen deutlich weniger Kosten an als bei aktiv gemanagten Fonds. Und Kosten sind der Hauptrenditefresser. Daher sind die Renditen von ETFs fast immer höher als die von Fonds. Mittlerweile gibt es auch ETFs, die in andere Anlagen investieren, zum Beispiel in Anleihen, Rohstoffe, Kryptowährungen oder Immobilien.

Wenn ihr das Geld allerdings im nächsten oder übernächsten Jahr braucht, kommen Tagesgeld, Sparbuch oder auch Festgeld infrage.

Sparbücher kennt ihr sicher alle. Sie sind immer noch, trotz der niedrigen Zinsen, der Deutschen liebste Geldanlage. Darum gehen wir in „Was passt zu mir?" (→ Seite 72) auch genauer darauf ein. Jetzt kurz zu den besseren Alternativen.

Das Tagesgeld ist eigentlich das bessere Sparbuch. Eine Geldanlage ohne feste Laufzeit und mit variabler Verzinsung. Ein Tagesgeldkonto kann als Ergänzung zum Girokonto gesehen werden. Und ihr kommt üblicherweise täglich an das Geld. Für das Tagesgeld gilt: Es gibt aktuell weiterhin wenig Zinsen.

Beim Festgeld vereinbart ihr mit der Bank eine bestimmte Laufzeit, während euer Geld zu fixen Zinsen angelegt wird. Diese

Laufzeit kann zwischen einem Monat und mehreren Jahren liegen. In der Zeit könnt ihr über das Geld nicht verfügen. Der Vorteil: niedrige Kosten, kein Verlustrisiko, genaue Kalkulierbarkeit. Der Nachteil: Auch hier gibt es weiterhin kaum Zinsen und wenig Flexibilität.

Liegt die Inflationsrate über den Zinsen, bleibt euch – wie im Beispiel rechts zu sehen – unterm Strich sogar weniger, da das Geld mehr an Wert verliert, als ihr durch die Zinsen dazubekommt.

Alternativen könnten Anleihen oder Bonds sein. Bonds sind festverzinsliche Wertpapiere und werden von Unternehmen oder Staaten herausgegeben und teilweise auch an der Börse gehandelt. Kauft ihr diese Wertpapiere, leiht ihr dem Unternehmen oder dem Staat Geld, das ihr verzinst bekommt. Aufgrund der Einordnung von Ratingagenturen, die die Kreditwürdigkeit bewerten, müssen mehr oder weniger Zinsen bezahlt werden.

HINTERGRUND

**WARUM eigentlich niedrige Zinsen?**

Wenn die Zinsen niedrig sind, kostet die Unternehmen ein Kredit weniger Geld. Jahrelang waren wir in so einer Niedrigzinsphase. Der angeschlagenen Wirtschaft sollte so billiges Geld zur Verfügung gestellt werden. Die Notenbanken senkten dazu die Zinsen, zu denen sich wiederum die Banken Geld leihen, sodass diese das Geld auch günstiger verleihen konnten. Sparer:innen hatten jedoch das Nachsehen. Da die Banken auch für ihre eigenen Anlagen weniger Zinsen bekamen, gaben sie auch das an ihre Kunden:innen weiter.

BEISPIEL

Von einem Betrag von heute 1.000 Euro werdet ihr bei einer Inflationsrate von 6 Prozent in fünf Jahren nur noch Dinge im Wert von 747 Euro kaufen können. Wenn ihr also nur auf nicht oder kaum verzinste Anlagen setzt, verliert ihr trotz Spareifer real viel Geld!

HINTERGRUND

Ratingagenturen sind private Unternehmen, die die Kreditwürdigkeit von Staaten und Unternehmen beurteilen. Sie vergeben dabei eine Art Noten, die von der Bestbewertung „AAA“ (Triple A) bis zu „D“ (Geld kann nicht zurückgezahlt werden) gehen.

CHECKLISTE

**Wie viel Risiko kann es für euch sein?**

- ☐ Wie sieht euer finanzieller Background aus? Habt ihr schon etwas gespart oder geerbt?
- ☐ Euer monatliches Einkommen ist relativ sicher? Ihr seid nicht schon wenige Tage vor Monatsende immer knapp bei Kasse?
- ☐ Ihr habt keine Schulden – bei der Bank, bei Freunden? Und auch Ratenverträge sind abbezahlt?
- ☐ Ihr seid flexibel, das Sparziel zu verschieben?
- ☐ Ihr habt noch einiges an Zeit, bevor ihr das Geld aus der Anlage braucht?

Vereinfacht (und darum geht es beim schnellen Einstieg ja auch) kann man auch hier sagen: Je höher die Zinsen, desto höher das Risiko. Apropos Risiko.

**Fragt euch: Wie risikofreudig bin ich?** Kann ich mit Aktien im Depot gut schlafen? Wie viel Sicherheit ist mir wichtig? Für wie viel mehr an Chancen bin ich bereit, auch mehr Risiken zu tragen? Wie viel Geld könnte ich im schlimmsten Fall als Verlust verschmerzen?

Eine Einzelaktie ist immer riskanter als ein Fonds oder ETF. Eine Unternehmensanleihe, bei der ihr euer Geld einem Konzern anvertraut, ist unsicherer als ein deutscher Bonds, hinter dem der deutsche Staat als Absicherung steht. Und für Spekulationen mit Bitcoins und Co. braucht man definitiv starke Nerven.

Auch wenn Rendite und Risiko bei der Geldanlage häufig gekoppelt zu sein scheinen – es geht auch anders. Ein wunderbares Beispiel ist der MSCI World. Das ist ein Aktienindex, in dem die 1.500 größten Unternehmen aus 23 Industriestaaten zusammengefasst werden. Ein wirklich breit aufgestellter Index also, der das Risiko einer Aktieninvestition dadurch minimiert. Wer in den vergangenen Jahrzehnten beliebige 15 Jahre in den MSCI World investiert war, machte keinen Verlust – unabhängig vom Einstiegszeitpunkt. Im Schnitt gab es pro Jahr knapp 8 Prozent Rendite.

Risiko ist auch das Stichwort, wenn ihr Gold, andere Edelmetalle oder Rohstoffe kaufen wollt. Zwar wird immer wieder behauptet, Gold und Co. seien in Krisenzeiten gute Anlagen, aber so pauschal kann man das nicht sagen. Sicher, ein Sachwert ist da, ebenso sicher ist aber: Der Preis wird an der Börse gemacht, wo er durch Angebot und Nachfrage bestimmt wird. Und die können stark schwanken (→ Abbildung oben). Darum solltet ihr nur das Geld in Gold stecken, das ihr mindestens drei Jahre nicht braucht.

Dazu kommt: Bei Edelmetallen seid ihr ausschließlich auf die Kursgewinne angewiesen, eure Investition wird nicht verzinst und es gibt auch keine Dividende. Ein weiterer Unsicherheitsfaktor: Gold wird in US-Dollar gehandelt. Damit kommt noch das Wechselkursrisiko dazu.

Wenn ihr den Nervenkitzel liebt, gern zockt UND Spielgeld übrig habt, dann könnten Kryptowährungen, wie Bitcoins, etwas für euch sein. Die digitale Währung bietet traumhafte Renditechancen und extreme Verlustrisiken. Da die Währung nur im Internet existiert und weder von Regierungen noch von Zentralbanken kontrolliert wird, ist eine Anlage hoch spekulativ und als langfristiges Invest ungeeignet.

Zusammengefasst:

- → Einzelaktien: hohes Risiko, Totalverlust bis hohe Rendite
- → ETF, Fonds: Risiko sinkt mit Anlagedauer, Verluste bis hohe Rendite

- Tagesgeld: hohe Sicherheit und Flexibilität, niedrige bis keine Rendite
- Festgeld: hohe Sicherheit, etwas weniger flexibel, sehr niedrige bis keine Rendite
- Anleihen: mit dem Risiko steigt die Rendite
- Gold, Rohstoffe: hohes Risiko, hoher Verlust bis hohe Rendite
- Kryptowährung: hohes Risiko, Totalverlust bis sehr hohe Rendite

Eine gute Möglichkeit, das Anlagerisiko zu verkleinern, erläutert

### Der 2. Schritt: Risikostreuung

Einer der wichtigsten Grundsätze bei der Geldanlage lautet: Verteilt euer Geld auf verschiedene Anlageklassen. Das sind: Tages- und Festgeld, Aktienfonds, ETFs, Anleihen, Immobilien, Rohstoffe oder Gold. Will heißen: Nicht alles auf eine Karte setzen!

Wenn ihr am besten breit in verschiedene ETFs oder Fonds investiert und zur Sicherheit noch Festgeld haltet, könnt ihr das Risiko minimieren, Geld zu verlieren. Denn die einzelnen Anlageklassen entwickeln sich in der Regel unterschiedlich. Steigen die Zinsen, geht es mit Festgeld, Tagesgeld und Anleihen auch bergauf. Die Börse hingegen gerät bei einem solchen Szenario gern unter Druck.

**→ TIPP**

**Wie der Markt funktioniert? Das könnt ihr bei wirtschaftlicher Background → Seite 61 nachlesen.**

Auf der anderen Seite: Als in der Finanzkrise 2008 weltweit der Wert von Aktien einbrach, zog der Goldpreis an. Wenn ihr euer Geld also auf viele Anlageklassen verteilt, dann schließt ihr einen Totalverlust praktisch aus und stabilisiert die Gesamtrendite. Man nennt die Risikostreuung auch Diversifikation.

**GUT ZU WISSEN**

Seid ihr sehr sicherheitsorientiert, legt ihr euer Geld in Tages- und Festgeld an. Wenn ihr euch eher zum „ausgewogenen Anlegertyp“ zählt, steckt ihr etwa 40 Prozent eures Geldes in Aktienfonds. Wer auf mehr Rendite schielt und auch bei größeren Verlusten ruhig schlafen kann, steigert den Aktienanteil auf 80 Prozent.

Diversifikation ist nicht einfach, wenn man nur wenig Geld anlegen kann, aber dank der kostengünstigen Neobroker wird es leichter, auch mit kleinen Beträgen in verschiedene Anlageklassen zu investieren. Meist fressen die Provisionen und Gebühren bei kleinen Anlagebeträgen nämlich die Rendite auf.

Bei Fonds oder ETFs ist die Streuung schon im Produkt enthalten. Beide Geldanlagen investieren ja grundsätzlich in viele Aktien. Doch es gibt auch Fonds, die nur in bestimmte Branchen oder Regionen investieren. Das kann sie riskanter machen als andere, manchmal allerdings auch chancenreicher. ETFs bauen in der Regel einen Börsenindex nach. Da diese normalerweise schon sehr breit aufgestellt sind, weil sie ja den Aktienmarkt repräsentieren sollen, bieten euch ETFs auch automatisch eine breite Risikostreuung.

Zusammengefasst: Verteilt euer Geld auf viele Anlageklassen und streut bei der Aktienanlage.

## Der 3. Schritt: Nachhaltigkeit

Zum Thema Nachhaltigkeit gibt es viel zu schreiben, daher bekommt das Thema ein eigenes Kapitel. Ab → Seite 158 findet ihr alles dazu, hier in den Basics ein Überblick auf die Schnelle.

Wenn ihr euer Geld anlegt, es also Unternehmen oder Staaten leiht oder als Aktionär Miteigentümer an einem Unternehmen seid, ist das auch mit Verantwortung verbunden. Manche von euch möchten vielleicht mit ihrem Geld keine Unternehmen unterstützen, die durch ihr Geschäftsmodell der Umwelt schaden oder Menschen ausbeuten. Dann sind nachhaltige Anlagen zum Beispiel über Fonds oder ETFs vielleicht interessant für euch. Beispielsweise schließen grüne Fonds Branchen oder Unternehmen nach bestimmten Kriterien aus. Aber nicht nur das. Andere Manager erklären es zur Strategie, sich zusätzlich gezielt für umweltfreundliche Projekte oder soziale Anliegen einzusetzen und versuchen zum Beispiel, die Unternehmen zur Änderung überholter Geschäftsmodelle zu bewegen. Das kann dazu führen, dass Nachhaltigkeit in einem von Fondsmanagern aktiv gemanagten Investmentfonds besser umgesetzt werden kann als bei einem ETF. Diese Indexfonds bilden ja nur einen Aktienindex nach, greifen aber nicht in die Aktienauswahl ein. Der ETF ist also immer so nachhaltig wie sein abgebildeter Index.

Wenn ihr rundum nachhaltig anlegen wollt, sind ethisch-ökologische Banken (→ Seite 176) vielleicht das Richtige für euch. Deren Angebote unterscheiden sich in der Regel nicht von denen herkömmlicher Geldinstitute. Sie bieten euch die gleichen Bankgeschäfte und Konten, unterliegen der Finanzaufsicht BaFin und der Einlagensicherung mit 100.000 Euro pro Person und Bank (→ Seite 50).

Was diese Banken von herkömmlichen Kreditinstituten unterscheidet, ist der Umgang mit eurem Geld. Wenn ihr dort ein Festgeld-, Tagesgeld- oder Girokonto führt, wird euer Geld nicht an jeden verliehen, sondern nur an diejenigen, die bestimmte Nachhal-

HINTERGRUND

Die BaFin, also die Bundesanstalt für Finanzdienstleistungsaufsicht, kontrolliert Banken und Versicherungen. Sie achtet darauf, dass die Unternehmen zum Beispiel die Geldwäschegesetze einhalten. Einlagensicherung ist eine Versicherung für das angelegte Geld. Wenn die Bank Pleite geht, dann wird das Geld aus der Einlagensicherung zurückbezahlt.

tigkeitskriterien erfüllen. So sind zum Beispiel Rüstungsproduzenten oder Konzerne, für die Kinder arbeiten, tabu.

Bei Staatsanleihen ist es nicht leicht, diesen Ansatz umzusetzen. Die meisten Staaten haben Armeen, die auch mit dem Geld eurer Anleihen finanziert werden. Aber nachhaltige Banken versuchen zumindest keine Staatsanleihen aus Ländern anzubieten, in denen geächtete Waffen wie Landminen oder auch Streumunition zum Einsatz kommen.

Rohstoffe und Kryptowährungen sind keine nachhaltigen Geldanlagen. Bei Bitcoins und Co. liegt das an dem immensen Stromverbrauch, der nötig ist, um den weltweiten Handel der digitalen Währung zu dokumentieren. So verbraucht der Handel mit Bitcoins nach Schätzungen der University of Cambridge aktuell rund 120 Terrawattstunden im Jahr – mehr als das Doppelte, was die ganze Schweiz jedes Jahr an Strom benötigt.

Für Rohstoffe gilt: Bauen wir sie ab, schaden wir fast immer der Umwelt und beuten die Arbeiterinnen und Arbeiter in den Ländern mit dem Rohstoffvorkommen aus. Bei Edelmetallen, wie Gold, könnte Recyclinggold ein Kompromiss für euch sein. Das ist Gold, das bereits bestand, in Form von Zahngold oder Schmuck.

Für alle Anlageklassen gibt es auch nachhaltige Alternativen. Aber das Problem ist, dass es bisher keine einheitliche Definition dafür gibt, was Nachhaltigkeit genau bedeutet. Und so legen manche Anbieter von grünen Produkten strenge Maßstäbe an, andere kommen eher hellgrün daher. Und manche werben bisweilen mit mehr Nachhaltigkeit, als dann tatsächlich drin steckt (auch Greenwashing genannt, → Seite 159). Dem Thema hat sich die EU angenommen. Seit August 2022 muss auch das Thema Nachhaltigkeit bei der Anlageberatung angesprochen werden.

Zusammengefasst: Nachhaltigkeit wird immer wichtiger, die Beratung am Bankschalter dazu ist inzwischen verpflichtend und ihr müsst genau schauen, worauf es euch ankommt.

## Der 4. Schritt: Was brauche ich, ganz praktisch, um Geld anlegen zu können?

Eigentlich nur noch ein Konto! Ein bisschen Geld und eine Idee (→ Schritte 1 bis 3) habt ihr ja schon. Es ist also fast geschafft. Je nachdem, für welche Anlagen ihr euch entscheidet, müsst ihr nur noch passende Konten dazu eröffnen.

Habt ihr euch für Festgeld entschieden, braucht ihr ein Festgeldkonto, ETFs, Fonds oder andere Wertpapiere wie Aktien oder Anleihen landen auf einem Depot, Tagesgelder auf dem Tagesgeldkonto und so weiter.

**→ TIPP**

Kriterien zur Auswahl des Wertpapierdepots findet ihr hier:

Am günstigsten sind diese Konten in der Regel bei Direktbanken (→ Seite 132). Natürlich bieten auch Filialbanken alle Arten von Konten an, auch als Online-Varianten. Kostenvergleiche der Stiftung Warentest haben jedoch gezeigt, dass Direktbanken zumeist die Nase vorn haben. Und niedrige Kosten bedeuten immer höhere Rendite. Übrigens in diesem Fall ganz ohne zusätzliche Risiken mit sich zu bringen!

Wenn ihr die richtige Bank gefunden habt, könnt ihr, wenn ihr älter als 18 seid, den Kontoeröffnungsantrag online auf der Website der Bank ausfüllen. Bei manchen Banken muss das Formular ausgedruckt und mit der Post geschickt werden. Als nächstes überprüft die Bank eure Identität. Dazu kann sie sich des Post-Ident-Verfahrens bedienen – dazu müsst ihr mit eurem Ausweis zur Post – oder sie nutzt das Video-Ident. In diesem Fall könnt ihr euch zuhause über euren Computer oder Smartphone mit Hilfe eines Video-Calls ausweisen. Die Bank schickt euch nach bestandener Identitätsprüfung nacheinander die Unterlagen und die PIN zu. Das dauert in der Regel ein paar Tage.

Ganz fix geht die Kontoeröffnung, wenn ihr euer Depot bei einem Neobroker (→ Seite 134) eröffnen wollt und dann per Trading-App in die Geldanlage einsteigt. Nach dem Runterladen des Programms müsst ihr einige persönliche Daten angeben. Noch das übliche Videotelefonat, um die Identität zu klären, dann könnt ihr loshandeln …

Zusammengefasst: Online ein Konto eröffnen: Antrag ausfüllen, Identität nachweisen, Unterlagen erwarten.

## Der 5. Schritt: Anlegen!!

Beim Tagesgeld läuft es wie beim Sparbuch. Tagesgeldkonto eröffnen, Geld vom Girokonto auf das Tagesgeldkonto überweisen. Fertig.

Der Kauf von Wertpapieren wie ETFs, Fonds, Aktien oder Anleihen läuft über euer – hoffentlich günstiges – Depotkonto. Wenn ihr eines eröffnet habt, loggt ihr euch zunächst ein. Zwar sieht die Benutzeroberfläche bei jeder Bank ein bisschen anders aus, aber die Grundfunktionen sind die gleichen. Wenn ihr Aktien oder ETFs kaufen wollt, geht das am einfachsten, indem ihr den Namen der Aktie oder des Index in der Suchmaske eurer Online-Bank eingebt. Ihr bekommt dann die zugehörige Wertpapierkennnummer (WKN) oder die Identifikationsnummer (ISIN). Diese Nummer bezeichnet genau das Wertpapier, das ihr kaufen wollt. Schreibt euch die Nummer auf.

Dann gebt ihr die Order auf. So nennt sich der Kauf- oder Verkaufsauftrag an die Online-Bank. Da wir kaufen, nutzt ihr den Kaufbutton, der in der Regel leicht auf der Website zu entdecken ist (die Bank hat es ja gern, dass ihr handelt). Es folgt eure Identifizierung durch die eingerichteten Verfahren, schließlich werdet ihr zur Ordermaske weitergeleitet. Dort gebt ihr die Wertpapierkennnummer oder die Identifikationsnummer ein, die Stückzahl, die ihr kaufen möchtet und die Börse, an der ihr das Geschäft abschließen wollt. Den Handelsplatz könnt ihr einfach mit einem Klick festlegen. Wenn ihr bei einem günstigen Direkthändler kauft, achtet darauf, dass die Börsen geöffnet sind, wenn ihr anlegt. Dann dürfen euch die Direkthändler keinen schlechteren Kurs als den an der Xetra-Börse machen.

HINTERGRUND

**Die Xetra-Börse ist ein Handelsplatz der deutschen Börse und funktioniert voll elektronisch. Das heißt, die Computer matchen Angebot und Nachfrage. Mittlerweile werden mehr als 90 Prozent aller Aufträge über Xetra abgewickelt.**

Kryptowährungen wie Bitcoins und Co. könnt ihr zum Beispiel an der Stuttgarter Börse kaufen oder an speziellen Handelsplätzen, an denen Verkäufer und Käufer, ähnlich wie bei eBay – was nun Kleinanzeigen heißt – aufeinandertreffen. Auch hier müsst ihr beim Anmelden auf der Handelsplattform zunächst eure Identität nachweisen. Bei größeren Beträgen ab 2.500 Euro im Jahr wird das, wie auch schon beim Depot, mit Post-Ident oder Video-Ident gemacht.

Bei der Auswahl der Handelsplattform solltet ihr genau hinsehen, denn sie hat entscheidenden Einfluss, wie ihr Bitcoins handeln oder nutzen könnt. Bei Online-Brokern wie Trade Republic könnt ihr Bitcoins zum Beispiel einfach und schnell handeln, aber kaufen könnt ihr damit nichts, die Coins lassen sich nicht auszahlen. Und es gibt noch weitere Unterschiede: Die Anbieter haben unterschiedliche Kryptowährungen im Angebot, verlangen verschiedene Gebühren und sind unterschiedlich reguliert. Ein Vergleich lohnt sich also.

Da der Preis für einen Bitcoin immer noch zu hoch für die allermeisten Anleger:innen ist, könnt ihr auch sehr kleine Stückelungen der Kryptowährung erwerben. Für den Kauf braucht ihr ein Wallet, einen elektronischen Geldbeutel. Darin sind die Passwörter gespeichert, mit denen ihr auf eure Coins zugreifen könnt.

> **GUT ZU WISSEN**
>
> Wenn ihr Kryptowährungen kauft, kann das Angebot schnell überfordern. Scheut nicht, bei unabhängigen Beratungskräften der Verbraucherzentrale noch einmal nachzufragen. Oft ist man nur einen Klick von einer finanziellen Fehlentscheidung entfernt.
> **www.verbraucherzentrale.de/beratung**

Gold könnt ihr in kleinen Barren kaufen, als Goldmünzen oder als Wertpapier. Wenn ihr Barren kaufen wollt, achtet darauf, dass der Feingoldgehalt 999.9 beträgt und er einen Goldprägestempel von Firmen hat, die von der Londoner Bullion Market Association (LBMA) zertifiziert worden sind. Dazu gehören zum Beispiel Heraeus, Umicore, Valcambi oder Perth Mint.

Barren sind für Anlagesummen ab 1.000 Euro geeignet. Winzige Barren bis fünf Gramm lohnen den Kauf nicht. Zum einen ist der Unterschied zwischen An- und Verkaufskurs zu groß, zum anderen sind die Aufschläge bei den kleinsten Barren happig.

Goldmünzen gibt es auch für weniger Geld zu kaufen. Achtet darauf, dass eure Münzen international anerkannt sind und ihr Kurs täglich ermittelt wird. Zu den beliebtesten Münzen bei uns zählen Krügerrand, Eagle, Maple Leaf, Britannia, Wiener Philharmoniker und Känguru.

Um Goldbarren und Münzen zu kaufen, geht ihr am besten den analogen Weg. Vergleicht vorher die Preise der verschiedenen Anbieter. Wenn ihr Barren und Münzen im Internet kauft, müsst ihr meistens in Vorkasse gehen. Dann riskiert ihr bei Insolvenz des Händlers, dass euer Geld weg ist, ohne dass ihr euer Gold bekommen habt. Manche großen Anbieter haben auch Filialen in Großstädten, in denen ihr Gold kaufen könnt. Der Preis liegt in der Regel etwas über dem Onlinepreis.

Wenn ihr Gold als Wertpapier kaufen wollt, könnt ihr Goldaktien oder Goldfonds kaufen. Auch Gold-ETFs gibt es. Einen solchen Kauf wickelt ihr über euer Depot ab.

Wer gern online handelt, wird Trading-Apps lieben. Mit diesen Programmen der Neobroker kann man auf dem Handy handeln. Überall, einfach, schnell und vor allem günstig. Manchmal sogar kostenlos. Bei Finanzen.net Zero ist der Handel für

**GUT ZU WISSEN**

**Sammlermünzen, Medaillen oder Goldschmuck sind Stücke für die Erinnerung. Als Geldanlage sind sie ungeeignet, da sie sich nur schwer verkaufen lassen.**

euch beispielsweise ab einer Anlagesumme von 500 Euro frei. Trade Republic und JustTRADE verlangen nur 1 Euro pro Order. Es gibt aber auch monatliche oder jährliche Flatrates. Günstig sind die Neobroker alle. Da fragt ihr euch vielleicht, ob man da an anderer Stelle mehr zahlt … Zumindest bei den Handelsspannen ist das nicht der Fall. Finanztest hat die Broker über Monate ausprobiert und festgehalten: Der Handel funktioniert weitgehend reibungslos und die Befürchtung, dass die Gebührenfreiheit mit einer größeren Handelsspanne beim Kauf und Verkauf einhergeht, erwies sich als unbegründet. Ihr zahlt also nicht mehr beim Kauf und bekommt nicht weniger beim Verkauf.

Da die Neobroker nicht alle Handelsplätze anbieten, ist auch das Angebot an Anlagemöglichkeiten geringer. Allerdings immer noch groß. Nur wenn ihr euch speziell für etwas interessiert, müsstet ihr klären, ob euer Wunsch im Angebot ist. Von den Handelsplätzen, bei denen ihr kauft, bekommen die Neobroker eine Rückvergütung. So verdienen sie ihr Geld.

## Der 6. Schritt: Die Steuern

Ja, das kommt leider auch noch. Aber keine Sorge, für die meisten von euch wird das ein unproblematisches Kapitel, da erst ab einer bestimmten Höhe an Kapitaleinkünften Steuern gezahlt werden müssen. Diese Grenze liegt 2023 bei Singles bei 1.000 Euro jährlich und bei Verheirateten doppelt so hoch, also bei 2.000 Euro.

Erst einmal Grundsätzliches: Die Steuer, die auf Kapitalerträge gezahlt wird, nennt man Abgeltungssteuer. Zu den Kapitalerträgen gehören Aktiengewinne, Zinsen jeglicher Anlagen, Dividenden, Erträge aus Lebensversicherungen, eben alle Erträge, die euer Kapital abgeworfen hat. Auf diese Erträge wird seit 2009 eine 25-prozentige Abgeltungssteuer erhoben. Seither führen Banken und Versicherungsgesellschaften pauschal die Abgeltungssteuer für ihre Kunden – gegebenenfalls zuzüglich Solidaritätszuschlag und eventuell Kirchensteuer – an das Finanzamt ab. In der Regel überweisen sie nur den Nettobetrag auf euer Konto – wie beim Gehalt, wo die Steuer im Vorfeld von eurem Arbeitgeber abzogen wird.

Aber es gibt einen Freibetrag: Wenn eure jährlichen Kapitaleinkünfte unter 1.000 Euro liegen – beziehungsweise 2.000 Euro, wenn ihr verheiratet seid – könnt ihr den Abzug der Abgeltungssteuer vermeiden. Ihr müsst dazu eurer Bank oder euren Banken Freistellungsaufträge erteilen.

> **!** WICHTIG
>
> **Freistellungsauftrag**
>
> Der Freistellungsauftrag ist ein Formular, mit dem ihr eure Bank anweist, die Steuern auf eure Kapitalerträge nicht automatisch an das Finanzamt abzuführen, wenn sie unter 1.000 Euro beziehungsweise 2.000 Euro, wenn ihr verheiratet seid, liegen.

Wenn ihr bei mehreren Banken Kapitaleinkünfte habt, könnt ihr die freigestellte Summe von 1.000 Euro auch auf mehrere Freistellungsaufträge bei verschiedenen Banken verteilen. Am besten rechnet ihr aus, wie viel Kapitaleinkünfte ihr bei welcher Bank erwartet und erteilt dann entsprechende Freistellungsaufträge. Vergesst ihr das, ist das nicht tragisch. Ihr könnt die zu viel bezahlte Steuer auch über die Anlage KAP eurer Einkommenssteuererklärung zurückbekommen.

Wenn euer persönlicher Steuersatz unter 25 Prozent liegt, bekommt ihr die zu viel gezahlte Abgeltungssteuer mit der Einkommenssteuererklärung zurück. Dazu müsst ihr die Günstigerprüfung beantragen. Das macht ihr in der Zeile 4 der Anlage KAP eurer Steuererklärung (→ Antrag unten).

Vielleicht habt ihr aber auch noch so geringe Einkünfte, dass ihr auch MIT den Kapitalerträgen nicht über den Grundfreibetrag kommt, ab dem Steuern überhaupt erst fällig werden? Aktuell (Stand: 2023) sind das für Singles 10.908 Euro im Jahr. Bei Verheirateten beträgt der Grundfreibetrag 21.816 Euro. In diesem Fall könnt ihr den Abzug der Abgeltungssteuer ganz vermeiden, indem ihr eine Nichtveranlagungsbescheinigung bei eurer Bank oder Banken abgebt.

**→ TIPP**

Die Formulare dafür bekommt ihr bei eurem Finanzamt vor Ort oder hier:

**Anträge** | 54

Ich beantrage die Günstigerprüfung für sämtliche Kapitalerträge.
(Bei Zusammenveranlagung: Die Anlage KAP meines Ehegatten / Lebenspartners ist beigefügt.) 201/401 ☑ 1 = Ja

Wenn ihr euer Konto im Ausland führt, wird die Abgeltungssteuer nicht von der dortigen Bank einbehalten und an das deutsche Finanzamt überwiesen. Dafür seid ihr dann zuständig – ist aber wieder keine große Sache. Ihr müsst dann diese Kapitalerträge in eurer Steuererklärung in der Anlage KAP auflisten. Das müsst ihr übrigens auch mit allen anderen Kapitalerträgen tun, die bisher nicht besteuert wurden.

Da die Abgeltungssteuer erst im Jahr 2009 eingeführt wurde, sind Gewinne aus dem Handel mit Aktien, die ihr vielleicht schon davor gekauft hattet, weiterhin steuerfrei. Und Verluste mit Aktien dürft ihr auf Aktiengewinne anrechnen. Aber auch nur auf Aktiengewinne! Mit Zinseinnahmen aus Anleihen beispielsweise dürfen sie nicht verrechnet werden.

Die Besteuerung von ETFs und Investmentfonds hat sich im Jahr 2018 geändert. Seitdem ist es egal, ob es sich um einen inländischen oder ausländischen Fonds handelt, ob er ausschüttet oder wieder anlegt (thesauriert). Alle ETFs und Investmentfonds werden nach dem gleichen Prinzip versteuert. Und zwar nach Folgendem: Fondsgesellschaften zahlen 15 Prozent Körperschaftsteuer auf bestimmte Erträge und zwar direkt aus dem Fondsvermögen. Zu diesen Erträgen gehören deutsche Dividenden, deutsche Mieterträge und Gewinne aus dem Verkauf deutscher Immobilien. Nicht besteuert werden müssen Gewinne aus Wertpapierverkäufen, aus Termingeschäften sowie Zinserträge. Und: Die staatlich geförderte Altersvorsorge bleibt steuerfrei. Auch bei Rürup- und Riester-Fondspolicen und Fonds-Sparplänen fällt keine Körperschaftsteuer an.

Die Steuer wird von der Depotbank berechnet und direkt einbehalten. Daher landet weniger Geld auf eurem Konto. Aber nicht ärgern, ihr werdet teilweise entschädigt. Als Ausgleich müsst ihr nicht mehr auf die gesamten Erträge aus der Fondsanlage Abgeltungssteuer zahlen. Ihr bekommt eine prozentuale Steuerbefreiung. Wie hoch die ausfällt, hängt an der Ausrichtung eures Fonds. Bei Immobilienfonds bekommt ihr eine Freistellung von 60 bis 80 Prozent eurer Erträge, bei einem Fonds, der mehr als 50 Prozent in Aktien anlegt, bekommt ihr 30 Prozent der Ausschüttungen steuerfrei.

**GUT ZU WISSEN**

Auch wenn sich manches doch etwas komplex anhört, die neue Besteuerung von ETFs und Fonds ist gerechter. Und für euch bedeutet das: Steuerliche Kriterien sind bei dieser Anlageentscheidung nicht mehr wichtig. Ihr könnt kaufen, was ihr wollt.

Für Bitcoins und andere Kryptowährungen wird keine Abgeltungssteuer bezahlt. Hier gilt: Gewinne müsst ihr nur versteuern, wenn ihr die Coins innerhalb eines Jahres gekauft und verkauft habt. In diesem Fall zahlt ihr eine Spekulationssteuer, die sich nach eurem persönlichen Einkommenssteuersatz richtet.

Als verkauft gilt bei der Steuer auch, wenn ihr mit Bitcoins und Co. gekauft, also zum Beispiel eure Pizza oder den Urlaubsflug bezahlt habt. Die Freigrenze liegt bei 600 Euro – für alle Gewinne aus Spekulationsobjekten, nicht nur für Bitcoins und Co. Wenn eure Gewinne unter dieser Grenze bleiben, sind sie steuerfrei. Aber: Liegen sie nur einen Euro drüber, müsst ihr den gesamten Gewinn versteuern. Entgegen kommt euch die Methode, mit der ihr abrechnen dürft: FiFo. Das bedeutet first in, first out. Die Steuer geht also davon aus, dass ihr die zuerst gekauften digitalen Münzen auch als erstes wieder verkauft. Wichtig ist, dass ihr eure Transaktionen beim Finanzamt ganz genau belegen könnt.

Der Grund für die unterschiedliche steuerliche Behandlung: Kryptowährungen sind für das Bundesfinanzministerium sonstige Wirtschaftsgüter, genau wie Gold oder Devisengewinne und -verluste. Ihr führt alle steuerlich relevanten Angaben dazu in der Anlage SO auf. Das Formular gibt es ebenfalls bei eurem Finanzamt sowie hier im Download-Center

Die Anlage in Gold hat auch steuerlich betrachtet ein paar interessante Gesichtspunkte: Beim Kauf von Goldbarren und -münzen zahlt ihr keine Mehrwertsteuer. Bei anderen Edelmetallen wird der übliche Satz fällig. Beim Verkauf von Gold gilt zudem: Wenn ihr es innerhalb eines Jahres nach dem Kauf abstoßt, versteuert ihr den Gewinn mit eurem persönlichen Steuersatz. Danach sind die Gewinne steuerfrei. Nach einem Urteil des Bundesfinanzhofs (BFH) gilt diese Steuerfreiheit auch für Xetra-Gold, da das Geld der Anleger:innen komplett in Goldbarren geht.

## Der 7. Schritt: Die Rendite

Nun kommen wir zum angenehmen Teil der Geldanlage. Die Rendite, also dem Geld, das ihr mit eurer Anlage verdient habt. Die Rendite ist eine wichtige Maßzahl für den Erfolg eurer Geldanlage und wird gewöhnlich in Prozent bezogen auf ein Jahr angegeben. Die Rendite sagt euch, in welchem Verhältnis euer Gewinn zum eingesetzten Kapital steht.

**BEISPIEL**

Aktie A kostet 100 Euro. Pro Aktie werden 3 Euro an Dividende gezahlt. Die Dividendenrendite beträgt 3 Prozent.

Durch Angaben zur Rendite könnt ihr verschiedene Anlagen miteinander vergleichen. Generell kann man sagen: Je höher das Risiko einer Kapitalanlage ist, desto höher sind in der Regel die Renditechancen.

Man unterscheidet zwischen Brutto- und Nettorendite. Brutto wird eure Rendite ohne Abzug von Kosten und Steuern angegeben. Für die Nettorendite werden eure Ausgaben für den Kauf und Verkauf der Geldanlage, die Verwahrung und andere Gebühren vom Gewinn abgezogen, bevor die Rendite errechnet wird. Meistens sind die Steuern noch nicht abgezogen.

Die Rendite, die ihr mit einer Aktie macht, errechnet sich aus der Kursveränderung der Aktie zwischen An- und Verkauf plus Dividende(n). Bei der Dividendenrendite wird die Dividende zum aktuellen Börsenkurs oder dem durchschnittlichen Jahreskurs in Beziehung gesetzt. So könnt ihr sehen, wie euer eingesetztes Kapital verzinst wird.

Die Rendite von Aktien war in den vergangenen Jahrzehnten erfreulich gut und kontinuierlich, wenn die Anlage langfristig angelegt und breit gestreut war. Die Renditen der ETFs waren in den vergangenen Jahren schwer zu toppen; jedenfalls nicht ohne ein beträchtlich höheres Risiko bei der Anlage eingehen zu müssen.

Das lag zum einen an den weltweit steigenden Aktienindizes, zum anderen an den niedrigen Gebühren der ETFs. Statt zwei Prozent an den Fondsmanager eines Investmentfonds zu zahlen, gibt es zwei Prozent mehr für euch. Höhere Rendite durch niedrige Gebühren – das klappt immer.

Sichere Anlagen bringen in Niedrigzinszeiten kaum Rendite, wenn überhaupt. Die Rendite von Festgeld, Tagesgeld und Co. ist aktuell sogar negativ, weil die Preise so steigen. Wenn die Inflationsrate über dem Zinssatz liegt, könnt ihr euch von eurem Ersparten am Jahresende weniger kaufen als am Jahresanfang. Inflation frisst Rendite. Die folgende Tabelle zeigt euch, wie sich die Kaufkraft von heute 1.000 Euro bei unterschiedlichen Inflationsraten entwickelt.

**Wie die Inflation euer Vermögen vernichtet**

| | INFLATIONSRATE VON | | | |
|---|---|---|---|---|
| JAHR | 2 % | 4 % | 6 % | 10 % |
| 0 | 1.000 | 1.000 | 1.000 | 1.000 |
| 2 | 961 | 925 | 890 | 826 |
| 4 | 924 | 855 | 792 | 683 |
| 6 | 888 | 790 | 705 | 564 |
| 10 | 820 | 676 | 558 | 386 |

# Wiki-Money

**Bevor ihr tiefer ins Thema Geldanlage einsteigt, gibt euch das Wiki-Money Orientierungshilfe von Anlagehorizont bis Zinseszins. Kompakte und verständliche Informationen zu wichtigen Begriffen – zum Nachschlagen oder Vorabinformieren. Auch erfahrt ihr, wie Märkte funktionieren und welche Rolle Banken hierbei spielen.**

## Finanzwissen von A bis Z

### Anlagehorizont

Wie lange ihr euer Geld anlegen könnt, möchtet, werdet.

### Aktien

Kauft ihr eine Aktie, kauft ihr ein Stück eines Unternehmens. Euch gehört dann ein klitzekleiner Teil zum Beispiel von Apple, Microsoft oder der Deutschen Telekom. Aktien verbriefen den Wert dieses Anteils – sie sind Wertpapiere. Es gibt Stammaktien und Vorzugsaktien. Mit einer Stammaktie im Depot habt ihr das Recht, auf der Hauptversammlung des Unternehmens, wenn die Bilanz vorgestellt und der Vorstand für seine Arbeit beurteilt wird, eure Stimme abzugeben. So könnt ihr, zumindest theoretisch, Entscheidungen des Unternehmens mitgestalten. Vorzugsaktionäre dürfen in der Regel nicht mitstimmen. Sie bekommen dafür andere Vorzüge geboten, meistens eine höhere Dividende.

Aktien werden an der Börse gekauft und verkauft. Gehandelt, nennen das die Börsianer. Wenn ihr Aktien kaufen wollt, müsst ihr ein Kreditinstitut oder einen Wertpapierhändler beauftragen. Das geht mittlerweile aber ganz einfach mit einem Klick am Computer oder auf dem Handy. Was die Aktie eines Unternehmens kostet, wird jeden Tag an der Börse neu bestimmt. Dazu schauen die Börsianer, wie viele Menschen die Aktie kau-

Deutsches Aktieninstitut
70 Jahre Kapital. Markt. Kompetenz.

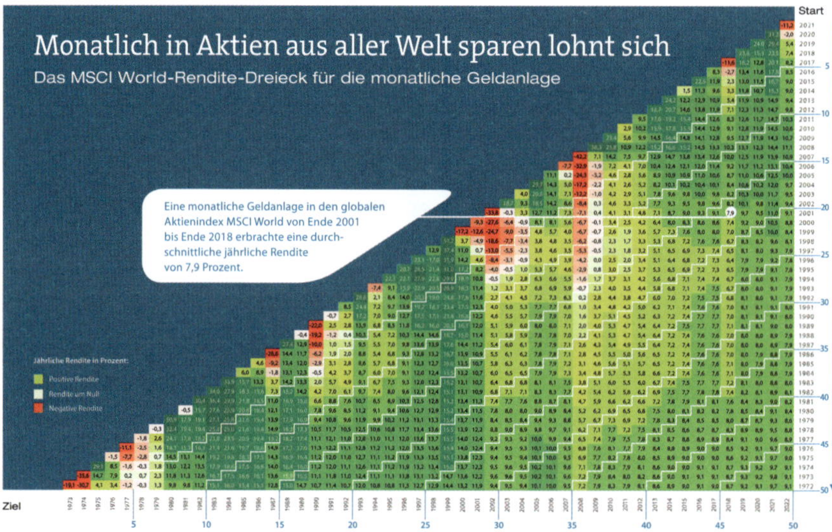


Diese Variante des Rendite-Dreiecks visualisiert die jährlichen Durchschnittsrenditen unter der Annahme, dass Anleger:innen einmalig einen festen Betrag in Aktien des DAX investiert haben.

fen und wie viele sie verkaufen wollen. Angebot und Nachfrage bestimmen dann den Preis. Die Nachfrage steigt zum Beispiel, wenn die Anleger:innen glauben, dass das Unternehmen mehr Gewinn gemacht hat als sie eigentlich gedacht hätten. Oder wenn die Zinsen fallen. Oder wenn die gesamtwirtschaftlichen Daten vielversprechend sind.

Es gibt viele Gründe, weshalb eine Aktie steigt oder fällt, auch viele, die man nicht erklären kann. Darum kann auch NIEMAND sagen, wie sich der Wert einer Aktie, ihr Kurs, entwickelt. Es gibt lediglich ein paar Faktoren, nach denen Anleger:innen die Entwicklung schätzen und entsprechend kaufen oder verkaufen. Aber Achtung: An der Börse wird die Zukunft gehandelt, sagen die Börsianer. Darum steigt der Kurs auch nicht automatisch an, nur weil das Unternehmen einen hohen Gewinn gemacht hat. Nur, wenn dieser hohe Gewinn so nicht erwartet worden wäre, er nicht *eingepreist* ist, wie es an der Börse heißt, dann könnte der Kurs anziehen. Umgekehrt kann auch ein Milliardengewinn zu einem Kurseinbruch führen, wenn Anleger:innen noch mehr erwartet haben. Der Kurs einer Aktie spiegelt sozusagen die Erwartungen an das Unternehmen.

Aktien nur für kurze Zeit kaufen zu wollen, ist sehr riskant, die Kurse können teilweise heftig schwanken. Das Risiko wird aber weitgehend ausgeglichen, je länger und je breiter ihr in Aktien investiert habt. Das zeigt auch das vom Deutschen Aktieninstitut e. V. veröffentlichte Renditedreieck für den DAX, dem deutschen Aktienindex (→ Seite 38). Darin könnt ihr gut erkennen, dass es wenige schlechte Jahre gab, ein paar katastrophale, aber hauptsächlich gute, mit erfreulichen Renditen.

## Anleihen/Bonds

Mit der Ausgabe von Anleihen oder Bonds leihen sich Staaten oder Unternehmen für eine bestimmte Zeit Geld bei den Anlegern. Dafür zahlen sie feste Zinsen. Die Anleihe verbrieft ihre Schuld, also das geliehene Geld. Am Ende der Laufzeit gibt es das eingesetzte Kapital zurück. Viele Anleihen werden aber auch an der Börse gehandelt. Man kann sie dort auch vor dem Ende der Laufzeit verkaufen.

An der Börse wird auch für Anleihen ein bestimmter Kurs ausgehandelt. Auch hier bestimmen Nachfrage und Angebot den Preis. Je begehrter eine Anleihe ist, desto höher ihr Kurs. Dieser liegt etwa bei einer Anleihe, die mit 6,5 Prozent verzinst wird, bei eher niedrigen Zinsen ungefähr 30 Prozent über dem Nennwert. Der Nennwert ist das, was ihr am Ende der Laufzeit ausgezahlt bekommt, der Kurs von 100 Prozent. Der Kurs einer Anleihe wird so lange steigen oder fallen, bis die höhere oder niedrigere Verzinsung im Vergleich zum Markt aufgefangen ist. Das könnt ihr euch so vorstellen: Das Interesse an einer 6,5-prozentigen Anleihe steigt solange, und damit auch der Kurs, wie sich das Investment lohnt. Denn bei einem Kurs von 130, also 30 Prozent über dem Nennwert, müssen 13.000 Euro investiert werden, obwohl am Ende der Laufzeit nur 10.000 Euro (der 100 Prozent-Kurs, also der Nennwert) zurückbezahlt werden. Die hohen Zinsen werden beim teuren Einstieg durch den hohen Kurs ausgeglichen. Darum fallen die Kurse von Anleihen, wenn die Zinsen steigen. Und steigen, wenn das Zinsniveau sinkt.

Die Zinsen bei neu ausgegebenen Anleihen orientieren sich am aktuellen Marktzins und an der Bonität des Emittenten, also demjenigen, der sich das Geld leiht. Eine gute Bonität bedeutet, dass der Staat oder das Unternehmen wirtschaftlich gut dastehen und dass sie das geliehene Geld vermutlich zurückzahlen können. Staaten wie Deutschland oder Frankreich, deren Bonität gut ist, bekommen leichter Geld am Markt geliehen, müssen also keine hohen Zinsen zahlen (im Moment nur niedrige). Länder, die nicht so gut bewertet sind, die Probleme haben, müssen tiefer in die Staatskasse greifen, also höhere Zinsen für das geliehene Geld zahlen. Hohe Zinsen für die Staaten sind gute Gewinne für euch. Wenn sie denn gezahlt werden können, denn je höher die Zinsen, desto höher auch das Ausfallrisiko.

Ändert sich die Bonität eines Landes oder eines Unternehmens, nachdem die Anleihe bereits zu einem festen Zins auf dem Markt ist, reagiert der Kurs. Das konnte man gut beobachten, als Russland die Ukraine überfiel und weltweite Sanktionen beschlossen wurden. Die Kurse der russischen Staatsanleihen brachen ein.

Wenn Unternehmen sich über Anleihen finanzieren, funktioniert das ähnlich. Firmen mit einem soliden, sicheren Geschäft und einer guten Bewertung durch Ratingagenturen (→ Seite 58) müssen weniger Zinsen für ihre Kredite zahlen als Firmen, deren Geschäftsmodell unsicher ist.

## Ausgabeaufschlag

Ist eine einmalige Gebühr, die beim Kauf von Fondsanteilen anfällt. Die Höhe wird von den Fondsgesellschaften festgelegt und liegt in der Regel zwischen 1 bis 5 Prozent.

Wie hoch er im Einzelnen anfällt, könnt ihr leicht selbst ausrechnen, indem ihr euch den Unterschied zwischen Ausgabepreis und Rücknahmepreis anseht, den ihr in Zeitungen oder im Netz findet. Um den genauen Prozentsatz herauszubekommen, rechnet ihr folgendermaßen:

**BEISPIEL**

Beträgt der Ausgabepreis 100 Euro und der Rücknahmepreis 96 Euro, ergibt sich der prozentuale Ausgabeaufschlag nach folgender Formel:
*(Ausgabepreis/Rücknahmepreis x 100) - 100 = 4,17 Prozent*

## BaFin

Ist die Abkürzung für Bundesanstalt für Finanzdienstleistungsaufsicht. Sie kontrolliert alles rund um Finanzdienstleistungen und Wertpapierhandel. Dazu gehören die Tätigkeiten von Kreditinstituten, Versicherungen, Fonds und anderen Kapitalverwaltungsgesellschaften sowie von Unternehmen, die am Kapitalmarkt tätig sind.

Das Hauptziel der BaFin: ein funktionsfähiges, sicheres und integres deutsches Finanzsystem zu gewährleisten. Sie ist eine selbstständige Anstalt des öffentlichen Rechts und unterliegt der Rechts- und Fachaufsicht des Bundesfinanzministeriums.

## Bitcoins

Sind eigentlich ein virtuelles Zahlungsmittel, das ohne Banken auskommen möchte. Es gibt sie nicht als Scheine oder Münzen, sondern nur auf Computern, Handys und Speichermedien.

HINTERGRUND

### Stichwort Finanzmarktkrise

Am 15. September 2008 kollabierte die US-Investmentbank Lehman Brothers und löste damit einen weltweiten Crash der Finanzwelt aus. Grund für den Zusammenbruch war die Gier der Banker. Sie hatten zuvor immer mehr Kredite für Immobilien an Menschen vergeben, die sich das eigentlich nicht leisten konnten.
Statt für den Kreditausfall selbst zu haften, verkauften sie die Kredite gebündelt mit vielen anderen zusammen an Investoren. Das ging so lange gut, wie die Immobilienpreise stiegen. Als immer mehr Menschen ihre Kreditraten nicht mehr begleichen konnten, saßen die Banken und ihre Versicherungen auf Milliarden von Verlusten. Lehmann Brothers überlebte das nicht. Das schwerwiegendste Problem kam aber erst: der Vertrauensverlust. Die Banken bekamen Finanzierungsprobleme, niemand wollte mehr sein Geld an andere Institute verleihen. Das System brach zusammen. Insgesamt verloren Anleger:innen mindestens 15 Billionen Dollar.

Der Name setzt sich zusammen aus „Bit" nach der kleinsten digitalen Einheit und „Coin" nach dem englischen Wort für Münze. Der Bitcoin war die erste Kryptowährung auf dem Markt. Kryptowährungen werden im Gegensatz zum Euro oder zum Dollar weder von Staaten noch von Zentralbanken ausgegeben oder kontrolliert und existieren nur digital.

Den Bitcoin gibt es seit Januar 2009. Sein Erfinder: Satoshi Nakamoto – ein Pseudonym. Wer oder was dahintersteckt, ist bis heute unbekannt. Man weiß nicht mal, ob es ein einzelner Mensch oder eine ganze Gruppe ist. Ob er lebt oder tot ist. Der Grund für die Entstehung des Bitcoin ist weniger rätselhaft. Wenige Monate zuvor hatte die Pleite von Lehman Brothers, der viertgrößten Investmentbank der Welt, die Menschen viel Geld und Vertrauen in das Bankensystem gekostet (→ Hintergrund oben).

Die Idee einer digitalen Währung ohne eingebundene Banken war geboren. In seinem Whitepaper zu Bitcoins erklärte Satoshi Nakamoto seine Idee. Er schreibt: „Was benötigt wird, ist ein elektronisches Zahlungssystem, das auf einem kryptografischen Beweis statt auf Vertrauen basiert, wodurch zwei bereitwillige Parteien direkt miteinander arbeiten können, ohne dass eine vertrauenswürdige dritte Partei benötigt wird." Die erste Kryptowährung war geboren.

Statt der Banken kontrollieren und verwalten die Bitcoin-Besitzer ihre Transaktionen selbst. Auf ihren Computern führen sie gemeinsam eine Art virtuelles Kassenbuch, in dem alle Käufe und Verkäufe der Bitcoins dokumentiert werden. Das kann man sich ein bisschen wie eine riesige Chatgruppe vorstellen. Eine Nachricht/Transaktion ist für alle lesbar und daher fast unmöglich zu manipulieren. Zudem werden die Nachrichten/Daten alle zehn Minuten neu geladen. Wenn ein Bitcoin (oder ein Bruchteil eines Bitcoins) den Besitzer wechselt, wird die Transaktion auf Millionen von Computern gespeichert. Die Technologie ist „open source", also für jeden zugänglich.

Weitere Sicherheit entsteht durch die Verschlüsselung der Daten. Die Käufe und Verkäufe von Bitcoins werden in einem Block zusammengefasst und verschlüsselt. Nach der Verschlüsselung wird der Block gespeichert und mit den früher erstellten Blöcken verbunden. Bildlich gesprochen reihen sich die gespeicherten Blöcke in einer Kette aneinander, sodass sich eine „Blockchain" (→ Seite 44) bildet. Eine gute Verschlüsselungstechnik ist existenziell für sichere Transaktionen mit Bitcoins und anderen Kryptowährungen. Nur so kann vermieden werden, dass die digitalen Währungen im Netz nicht einfach kopiert oder mehrfach verwendet werden können.

Die grundsätzliche Idee hinter den digitalen Währungen ist der Verzicht auf Banken. Jeder und jede soll direkt von seinem virtuellen Geldbeutel, dem „Wallet", auf einen anderen virtuellen Geldbeutel überweisen können – ohne zwischengeschaltete Finanzinstitute. Und damit auch ohne nötiges Bankkonto, das, laut aktuellem Bericht der Weltbank, 24 Prozent der Menschen auf der Welt nicht haben. Eine digitale Währung könnte diesen Menschen den Zugang zum Finanzsystem erleichtern und damit auch neue Möglichkeiten bieten. Die digitale Währung als Entwicklungshilfe?!

Dass bei Kryptowährungen keine Banken zwischengeschaltet sind, macht es auch der anonymen Seite des Internets – dem Darknet – leichter, ihren kriminellen Machenschaften nachzugehen. Das Darknet nutzen auch Waffenhändler, Dealer, Erpresser und andere Kriminelle. Die Anonymität des Netzes und die fehlende staatliche Kontrolle erleichtern Verbrechen. Lösegeldforderungen in Bitcoins im Darknet können schließlich viel leichter umgesetzt und viel schwerer nachverfolgt werden.

Bitcoins und andere kryptographische Währungen sind, von Ausnahmen abgesehen, keine gesetzlichen Zahlungsmittel wie der Euro. Eine der Ausnahmen ist El Salvador (→ Hintergrund Seite 43).

HINTERGRUND

Seit September 2021 ist der Bitcoin in El Salvador das gesetzliche Zahlungsmittel und löste damit den US-Dollar ab. Nun müssen die Händler dort Bitcoins annehmen, wenn sie die technischen Möglichkeiten dazu haben. Der Finanzwelt gefällt das nicht. Der Internationale Währungsfonds (IWF) hat El Salvador aufgefordert, den Bitcoin als gesetzliches Zahlungsmittel wieder abzuschaffen. Die Risiken seien enorm, es drohten „erhebliche Risiken für die Finanzstabilität, die finanzielle Integrität und den Verbraucherschutz". Der Kursverfall des Bitcoins bestätigte das. Schon wurde von Ratingagenturen vor einem Staatsbankrott El Salvadors gewarnt. Auch die Menschen in El Salvador sind von ihrer neuen Währung nicht begeistert. Es gab Proteste und im täglichen Leben spielt der Bitcoin kaum eine Rolle.

Im alltäglichen Leben ist der Bitcoin als Zahlungsmittel auch hierzulande schwer vorstellbar. Weder die Einkäufe im Supermarkt noch die Steuer beim Finanzamt oder die Miete kann man mit der digitalen Währung zahlen. Für Unternehmen gilt: Sie können selbst entscheiden, ob sie das Bezahlen von Waren oder Dienstleistungen in Bitcoins akzeptieren. Der Lieferdienst-Service Lieferando ist im Moment der einzige große Anbieter in Deutschland, der die Bezahlung mit Bitcoins noch zulässt. Andere große Unternehmen wie Tesla oder Microsoft haben zwar auch schon Bitcoins als Zahlungsmittel akzeptiert, die Möglichkeit jedoch wieder eingestellt. Auch bei Wikipedia und Greenpeace werden keine Spenden mehr in Bitcoin angenommen. Die beiden Unternehmen begründeten den Schritt mit dem Umweltaspekt. Die Coins sind heftige Stromfresser (→ Seite 44).

Die Gesamtsumme der Bitcoins ist auf 21 Millionen Einheiten begrenzt. Damit soll unter anderem eine Inflation von Bitcoins vermieden werden. Dass die Bitcoin-Menge nicht beliebig wachsen kann und es keine zentrale Kontrollmöglichkeit gibt, ist für Freunde der Kryptowährung ein enormer Vorteil. Im Moment ist die Menge an Bitcoins noch nicht ausgeschöpft, es können noch weitere Bitcoins erstellt, „geschürft" werden. Ende 2022 gab es gut 19,25 Millionen Bitcoins.

Neue Bitcoins können von den Nutzern selbst „gewonnen" werden. Man spricht von Mining, auf Deutsch dem „Schürfen" von Bitcoins. Das passiert, wenn ein neuer verschlüsselter Block an die bestehende Kette angedockt wird. Damit das möglich wird, muss der Computer des „Miners" sehr komplexe Rechenaufgaben lösen. Zur Belohnung gibt es Kryptogeld. Alle vier Jahre halbiert sich die „Belohnung“ in Bitcoin. Das letzte „halving“ fand am 11. Mai 2020 statt. Seither bekommen die Miners als Belohnung 6,25 Bitcoin statt 12,5 Bitcoin. Glück für den, der die Rechenaufgabe am 10. Mai gelöst hat ...

Die eigentliche Aufgabe der Miners ist aber die Bestätigung der getätigten Transaktion. Die „Miner" checken, ob im Wallet des Verkäufers die Anzahl Bitcoins enthalten und ob die Zahlung korrekt ist. Als Anreiz bekommen sie dafür Bitcoins. Doch wer sich jetzt über die Möglichkeit einer neuen Einkommensquelle freut, dem sei gesagt: So einfach wie es sich anhört, ist es leider nicht. Das „Mining“ benötigt eine enorme Rechnerleistung. Die Ausstattung sowie der benötigte Strom kosten sehr viel Geld. Und es gibt auf dem Markt Profis, die sich auf das Mining spezialisiert haben. Firmen, die ihre Computer in Lagerhallen unterbringen müssen und gegen deren Rechenleistung nur schwer anzukommen ist.

Der Stromverbrauch, den der Handel mit Bitcoins (und natürlich allen anderen Kryptowährungen) verursacht, ist enorm. Im Jahr 2019 war er mit rund 120 Terrawattstunden dreimal so hoch wie der von Portugal. Und das, obwohl nicht mal so viele Menschen mit Bitcoins handeln. Es ist das Lösen der komplexen Rechenaufgaben beim Schürfen, das so viel Strom kostet. Für die Miner ist es am wirtschaftlichsten dort zu schürfen, wo die Strompreise günstig sind: Russland, China, Kanada, Iran. Hier stehen weltweit die meisten Rechner. Aber günstiger Strom ist oftmals nicht nachhaltig. Eines der Probleme beim digitalen Geld.

## Blockchain

Die Blockchain ist ein Sicherungssystem. Bekannt wurde sie durch den Bitcoin-Erfinder, aber heute wird diese Technik in viel mehr Bereichen angewendet. Grundsätzlich geht es darum, in einem System (Finanzmarkt/Immobilienmarkt), in dem eine Kontrollinstanz (Bank/Notar) fehlt, zu gewährleisten, dass nicht betrogen wird.

Das wird sichergestellt, indem die Nutzer alle Transaktionen einsehen können und auf diese Weise überwachen. Sie führen sozusagen gemeinsam ein digitales Kassenbuch. Jeder weiß alles über jeden – anonym natürlich, weil verschlüsselt. Wenn nun Person A an Person B etwas (Bitcoin/Haus) verkaufen möchte, sieht das die ganze Community. Ein Betrug ist so fast unmöglich.

Wie die Blockchain genau funktioniert, macht diese vereinfachte Erklärung vielleicht etwas deutlicher: Stellt euch 100 Leute vor, die gemeinsam Finanztransfers ohne Banken vornehmen wollen. Jeder bekommt alle finanziellen Infos von den anderen 99, die alle anonym unter einer bestimmten Kennung geführt werden. Und jeder bekommt einen Block mit zehn leeren Seiten. Wird eine Transaktion ausgeführt, schreibt das jeder einzelne auf eine Seite seines Blocks. Wenn zehn Transaktionen ausgeführt, also alle zehn Seiten beschrieben sind, muss ein neuer Block her. Zuvor muss aber der alte Block sicher gelagert werden. So sicher, dass niemals mehr jemand darin herumschreiben kann, also keine Veränderung mehr möglich ist. Dazu stellt jeder von den 100 Usern seinen jeweils vollgeschriebenen Block in eine eigene Kiste, die mit einem Vorhängeschloss gesichert werden soll. Der Code für dieses Vorhängeschloss muss berechnet werden. Wer das schafft, wird belohnt („mining"). Ob der Code („Proof Of Work") passt, können auch die anderen an ihrem Vorhängeschloss kontrollieren. Mit dem Vorhängeschloss wird aber nicht nur eine Kiste verschlossen, sondern diese Kiste auch mit der Kiste und dem vollgeschriebenen Block davor verbunden. So entsteht eine Kette. Die Blockchain.

## Börse

Die Börse ist ein Handelsplatz, der Käufer und Verkäufer zusammenbringt. An der Börse werden Aktien, ETFs, Anleihen, Rohstoffe, Devisen, Schweinehälften, Ideen und die Zukunft gehandelt. Im Präsenzhandel übernehmen das Broker, die im Auftrag der Kreditinstitute oder Wertpapierhändler an der Börse stehen und kaufen und verkaufen.

Sicher habt ihr sie vor Augen: die Händler im Börsenraum, die auf dem Parkett stehen und mit hoch gereckten Fingern und ausgestreckten Armen „An dich", „Von dir" rufen. Damit besiegeln sie ihr Geschäft. An der Börse bestimmen Angebot und Nachfrage den Preis. Ganz direkt, in diesem Moment. Es gibt den Geld- bzw. den Briefkurs, der das Kauf- bzw. Verkaufsangebot ausdrückt.

Parketthandel gibt es aber nur noch an wenigen regionalen Börsen. 90 Prozent der Aktien werden elektronisch über Xetra gehandelt. Der Computer matcht Käufer und Verkäufer. Die Börsen in Deutschland werden von der deutschen Börse AG betrieben. Ebenfalls eine Aktiengesellschaft. Sie organisiert die deutschen Börsen und sorgt dafür, dass die Märkte gut funktionieren, indem sie zum Beispiel die Informationen zur Verfügung stellt und/oder prüft.

## Börsenindizes

Indizes fassen Aktien unter einer bestimmten Voraussetzung zusammen und spiegeln dann ihre Entwicklung. Sie sind ein Barometer einer bestimmten Wirtschaftsleistung. Der eines Landes, einer Gegend, einer Branche. Es gibt tausende Indizes für die weltweiten Börsen. Jedes Land, jeder Kontinent, sogar die ganze Welt hat einen Leitindex, indem die wichtigsten Unternehmen zusammengefasst werden.

In Deutschland ist der Leitindex der DAX, in Europa der Euro Stoxx, in den USA der

HINTERGRUND

### Börse im (Rück-)Blick

Die erste Börse entstand 1409 in Brügge im Gasthof der Familie van der Beurse, wo man sich traf, um Infos über Waren auszutauschen und Geschäfte einzufädeln. Bald war die Formulierung „zur Börse gehen" gleichbedeutend mit dem Anbahnen von Geschäften.
Die ersten deutschen Börsen entstanden 1540 in Augsburg und Nürnberg. Die Börse in Frankfurt gibt es seit 1585. Gehandelt wurden zum Beispiel Seidenstoffe, Leder, Juwelen, Gold, aber auch Bücher und Gewürze. Die Waren mussten für den Handel nicht mitgebracht werden, sondern lediglich eine Bescheinigung, dass man über die Waren auch verfügte. Die Idee dahinter: keine unnötigen, umständlichen und teuren Transporte mehr. Besser das Geschäft auf dem Papier abwickeln und dann die Waren direkt dorthin bringen, wo sie gebraucht werden.
Heute gibt es verschiedene Börsenarten in Deutschland. Je nachdem was dort gehandelt wird, nennt man sie Effektenbörsen, Terminbörsen, Warenbörsen, Devisenbörsen oder Spezialbörsen. Die Effektenbörse ist nur ein anderer Begriff für Wertpapierbörse. Dort werden also Aktien, Anleihen, ETFs und andere Wertpapiere gehandelt. An den Terminbörsen kann man Optionen und Futures, wie Puts und Calls, kaufen oder verkaufen. Das sind Wetten auf eine bestimmte Entwicklung in der Zukunft.
An den Warenbörsen gibt es Sachgüter, wie damals in Brügge, und an den Devisenbörsen, natürlich, Devisen, also Währungen zu kaufen. Spezialbörsen charakterisieren sich durch ein spezielles Angebot, das nicht so einfach zugeordnet werden kann. So gibt es zum Beispiel die Baumwollbörse in Bremen. Aber es gibt Spezialbörsen auch für Metalle und Zucker oder für Dienstleistungen wie Frachten oder Versicherungsleistungen.

Dow Jones oder die Nasdaq. Für die ganze Welt repräsentiert der MSCI World das Wirtschaftsgeschehen. Er erfasst die Wertentwicklung von mehr als 1.500 Unternehmen aus 23 Ländern.

Es gibt Kurs- und Performanceindizes. Ein Kursindex (auch Preisindex genannt) ist ein Aktienindex, der nur den Kurs der Aktien berücksichtigt. Dividendenzahlungen und Veränderungen durch geänderte Bezugsrechte werden außen vorgelassen. So wie das tatsächlich auch an der Börse getan wird. In der Regel reduziert sich nämlich der Börsenkurs der Aktie um den Wert der vom Unternehmen ausgezahlten Dividende. Ex-Dividende steht dann sogar vor dem Kurs, um den Anlegern das Minus zu erklären. Da ein Kursindex die Dividenden der Aktien herausrechnet, fällt der Kursindex in der Regel immer etwas niedriger aus als ein Performanceindex. Ein Performanceindex unterstellt, dass Dividenden sowie andere Ausschüttungen sofort wieder investiert werden. Er übernimmt also das Minus, das durch die Dividendenzahlung entsteht, nicht mit in die Berechnung.

Kursindizes sind zum Beispiel der Dow Jones oder der Euro Stoxx 50. Den DAX gibt es zwar auch als Kursindex, es ist ja nur eine andere Art der Berechnung, aber er wird normalerweise als Performance-Index angegeben.

## Crowdfunding

Ist eine Finanzierungsform, bei der viele Menschen (Crowd) gemeinsam ein Projekt finanzieren (funding). In der Anfangszeit vom Crowdfunding wurden meistens soziale oder künstlerische Projekte umgesetzt. Die Unterstützung konnte die Crowd als Spende absetzen, da es für das investierte Kapital weder Zinsen noch Dividenden, sondern nicht-finanzielle Gegenleistungen gab.

Mittlerweile hat sich das geändert. Neben Spenden-Crowdfunding und Vorverkauf-Crowdfunding gibt es auch Rendite-Crowdfunding, auch Crowdinvesting genannt. Über Plattformen im Internet werden die verschiedensten Projekte präsentiert und darüber das Geld für deren Umsetzung eingesammelt.

## DAX

Ist die Abkürzung für Deutscher Aktienindex und der wichtigste Börsenindex hierzulande. Der DAX repräsentiert die Kursentwicklung der 40 größten Aktiengesellschaften in Deutschland. Die Größe der Aktiengesellschaft wird dabei weder am Umsatz noch an der Mitarbeiterzahl gemessen. Das entscheidende Auswahlkriterium, das die AG in die oberste Liga der deutschen Indizes spült, ist die Marktkapitalisierung im Streubesitz.

Aktien im Streubesitz sind Aktien, die man an der Börse tatsächlich kaufen könnte, die nicht einem Großaktionär (mehr als fünf Prozent) gehören. Die Anzahl dieser Aktien wird mit dem Börsenkurs multipliziert und so erhält man die Marktkapitalisierung im Streubesitz. Es zählt also nicht der gesamte Börsenwert eines Unternehmens, sondern nur der Wert der frei handelbaren Aktien, der „Free Float“. Für die 40 größten unter ihnen heißt das nach Marktkapitalisierung: Sie dürfen in den DAX einziehen. Im DAX selbst werden sie dann, wieder nach ihrer Marktkapitalisierung, unterschiedlich gewichtet. So macht die Allianz, eines der Schwergewichte im DAX, fast 6 Prozent der Wertentwicklung im DAX aus, Continental hingegen nur 1 Prozent. Wenn also die Aktie von Continental 6 Prozent steigt, würde ein gleichzeitiges Minus von einem Prozent bei der Allianz-Aktie den DAX wieder ausgleichen.

Der DAX wird in Punkten angegeben. Die Berechnung der Punkte, also dem Stand des DAX, erfolgt nach einer komplexen Formel, die nicht nur den Kurswert der Aktien miteinbezieht, sondern auch ihre Gewichtung im Index. Der DAX ist ein Performanceindex. Das bedeutet, dass er die ausbezahlte Dividende in den Aktienkurs miteinrechnet. Der DAX wird von der Deutsche Börse AG berechnet, er ist eine Marke des Unternehmens.

Der Deutsche Aktienindex gilt als Leitindex in Deutschland und wird als Indikator für den deutschen Aktienmarkt gesehen. Steigt der DAX, blickt man wirtschaftlich optimistisch in die Zukunft. Fällt der DAX hingegen, sorgt man sich um die Wirtschaftskraft. Häufig wird der DAX deshalb auch als Börsenbarometer bezeichnet. Kein Wunder: Die 40 Aktiengesellschaften, die im DAX gelistet sind, repräsentieren mehr als 80 Prozent der Marktkapitalisierung börsennotierter Aktiengesellschaften in Deutschland.

Neben dem DAX gibt es weitere deutsche Indizes, in denen die kleineren Aktiengesellschaften gelistet sind, die es nicht mehr in den DAX geschafft haben. Im M-DAX, der seit 1996 besteht, werden seit September 2021 nunmehr 50 Unternehmen gelistet (davor waren es 60 Aktiengesellschaften, aber zehn durften in den DAX aufsteigen). Aktien, die „im DAX gelistet sind", nennt man auch „Blue Chips".

## Depot

Wertpapiere, wie Aktien, Fonds oder Anleihen, können nicht auf einem Girokonto verbucht werden, dazu ist ein besonderes Konto nötig: das Depotkonto. Ein solches Konto kann man bei fast jeder Bank eröffnen, am günstigsten geht das bei Direktbanken oder Neobrokern. Während es dort kostenlose Angebote mit geringen Provisionen gibt, können Depotkonten bei Filialbanken sehr teuer sein und entsprechend an der Rendite nagen. Ein genauer Blick hinter die komplexen Preisstrukturen lohnt sich, denn die Unterschiede können mehrere hundert Euro im Jahr betragen.

## Direkthandel/Over The Counter

Beim Direkthandel kaufen und verkaufen Anleger:innen die Wertpapiere unmittelbar bei einer Bank oder einem anderen Handelspartner und nicht an der Börse. Der Direkthandel ist weniger reguliert als der Börsenhandel. Dadurch kann eine Order günstiger sein, da Courtagen und Handelsplatzentgelte wegfallen. Allerdings auch riskanter, da einige Börsenregeln für den Direkthandel nicht gelten.

Anleger:innen können beim Direkthandel Wertpapiere zu einem für einige Sekunden fixierten Preis kaufen oder verkaufen. Bei Börsenorders wissen sie ihren Kurs dagegen erst nach der Ausführung. Ob der Direkthandel billiger als eine Börsenorder ist, hängt auch vom jeweiligen Spread ab, der Differenz zwischen Kauf- und Verkaufspreis. Die Handelszeiten sind beim Direkthandel länger als an der Börse.

## Dividende

Eine Dividende ist die jährliche Gewinnausschüttung an die Eigentümer eines Aktienunternehmens – also an die Aktionäre. Auf der Hauptversammlung schlägt der Vorstand der Aktiengesellschaft vor, wie hoch die Dividende ausfallen soll. Die Aktionäre stimmen dann über den Vorschlag ab. Jeder oder jede hat so viele Stimmen, wie er oder sie Aktien besitzt.

Die Dividende wird pro Aktie festgelegt. Am Tag nach der Hauptversammlung wird die Dividende ausgeschüttet. An der Börse sinkt der Kurs der Aktie in der Regel dann um diesen Betrag. Ex-Dividende steht an diesem Handelstag vor dem Kurs.

Fonds und ETFs leiten Dividenden entweder sofort an die Anleger:innen weiter (ausschüttende Fonds) oder legen das Geld direkt wieder an (thesaurierend). Dies ist ein wichtiges Kriterium bei der Fondsauswahl, denn beim thesaurierenden muss man sich dann nicht um die Wiederanlage der Dividende kümmern.

Beim Aktienkauf ein Auge auf die Dividende zu haben kann, vor allem wenn der Zins sehr niedrig ist, eine interessante Anlagestrategie sein. Wie hoch die Rendite für das eingesetzte Kapital ist, berechnet die Dividendenrendite.

GUT ZU WISSEN

**Berechnung Dividendenrendite**

Dividende (inklusive Körperschaftsteuer) / Aktienkurs x 100
Heißt also: Eine Aktiengesellschaft schüttet eine Dividende in Höhe von fünf Euro an seine Aktionäre aus. Der Kurs der Aktie liegt bei 100 Euro. Demnach beträgt die Rendite aus der Dividendenzahlung
(5 / 100) x 100 = 5 Prozent.

Schaut man sich die Wertzuwächse auf lange Sicht an, zeigt sich, dass die Rendite bei Aktien immerhin zu einem Drittel aus Dividenden kommt.

## Dogecoin

Ein besonderer Liebling der Kryptoszene ist der Dogecoin. Eigentlich war die Kryptowährung nur als Spaß gedacht – dann entdeckte sie Elon Musk. Dank seiner Begeisterung gehört die Münze mit dem „WOW“ vorne drauf mittlerweile zu den zehn größten Kryptowährungen der Welt.

Für seinen Erfinder, den australischen Programmierer Billy Markus, sicherlich heute noch erstaunlich, denn eigentlich wollte er mit seiner Kryptowährung Bitcoin und Co. nur parodieren. Am 6. Dezember 2013 ging die Spaßwährung an den Start und fand Anklang. Im Jahr 2018 war der Dogecoin schon mehr als zwei Milliarden Dollar wert. Doch das waren alles nur die Vorbeben im Vergleich zu dem, was nach dem Tweet von Elon Musk passierte. „One word: Doge", schrieb der Tesla-Chef im Dezember 2020. Der Kurs der Kryptowährung schoss daraufhin innerhalb weniger Tage um 200 Prozent nach oben. Die Berg- und Talfahrt ging damit aber erst los und scheint noch lange nicht zu Ende. Im Mai 2022 fiel der Kurs innerhalb einer Woche um knapp 50 Prozent. Seither scheint das Interesse an dem Coin, bis auf ein kleines Zwischenhoch, gleichbleibend niedrig.

## Einlagensicherung

Ist eine Garantie, dass ihr eure Einlagen bei einer Bank bis zu mindestens 100.000 Euro zurückbekommt, auch wenn die Bank zahlungsunfähig ist. In einem solchen Fall springt die Entschädigungseinrichtung deutscher Banken (EdB) ein und zahlt euch das abgesicherte Geld aus. Zu den geschützten Einlagen zählen Kontoguthaben einschließlich Festgeld und Spareinlagen. Das benötigte Geld stammt aus einem Topf, in den die Banken einzahlen müssen.

In Deutschland ist die Mitgliedschaft in einem der Einlagensicherungssysteme eine Voraussetzung dafür, dass ein Institut überhaupt Finanzgeschäfte ausüben darf. Es gibt neben der gesetzlichen Entschädigungseinrichtung auch freiwillige Einlagensicherungsfonds. Dann ist die maximale Entschädigungssumme pro Person deutlich höher. Bei der Pleite der Greensill Bank aus Bremen im Jahr 2021 betrug sie knapp 75 Millionen Euro pro Anleger:in.

Die Einlagensicherung wird bisher in jedem Land anders gehandhabt. Erst ab Mitte 2024 soll es eine gemeinsame europäische Haftung geben. Dann werden die Banken der EU-Mitgliedsländer jeweils 0,8 Prozent der geschützten Guthaben in ihre heimischen Sicherungstöpfe einzahlen. Wie gut die Einlagensicherung ist, hängt aber nicht nur vom System selbst, sondern auch von der Wirtschaftskraft des jeweiligen Landes ab. Denn wird es für den Sicherungsfonds zu viel, springt der Staat ein und entschädigt euch.

## ETC

Steht für Exchange Trade Commodities, auf Deutsch börsengehandelte Waren. ETCs bilden also die Wertentwicklung eines beliebigen Rohstoffs nach. Das können Erdöl oder Erdgas sein, Industrierohstoffe wie Kupfer

> GUT ZU WISSEN
>
> **Schuldverschreibung**
>
> Eine Schuldverschreibung ist ein Wertpapier, dessen Emittent, also Herausgeber, sich zu einer bestimmten (Geld) Leistung verpflichtet.

oder Zink, Edelmetalle wie Gold oder aus dem Agrarbereich zum Beispiel Mais, Weizen, aber auch Schweine und Rinder.

Im Vergleich zu einem breit aufgestellten ETF investiert der ETC meistens aber nur in einen Rohstoff. Und: Ein ETC ist kein Fonds, sondern eine Schuldverschreibung und gehört damit nicht zum Sondervermögen. Bei Zahlungsunfähigkeit ist das angelegte Geld gesetzlich nicht geschützt.

Manche ETCs nehmen eine gewisse Sicherung vor, indem sie den betreffenden Rohstoff physisch bei einem Treuhänder hinterlegen. Das geht bei Gold, bei Schweinen wird das schwieriger. Dennoch sind auch diese ETCs gegen das Ausfallrisiko abgesichert, etwa über eine Versicherung, Bareinlagen oder Wertpapiere mit sehr guter Bonität.

## ETFs

ETFs sind passiv gemanagte Indexfonds. Indexfonds bilden einen bestimmten Börsenindex nach. Zum Beispiel den DAX, den Euro Stoxx 50 oder den S&P 500. Alle Aktien, die in diesem Index gelistet sind, werden für den ETF gekauft. Aktien, die in dem Index mehr Gewicht haben, werden entsprechend mehr gekauft. Das ist alles. Mehr passiert nicht, die Aktien werden einfach liegengelassen. Darum heißt es: passiv gemanagt. Kein Fondsmanager schichtet und gewichtet um (was in der Regel auch deutlich mehr Kosten als Nutzen verursacht).

Der Name ETF steht für Exchange Traded Funds, also: Fonds, die an der Börse gehandelt werden. Dadurch sind sie einfach zu kaufen und zu verkaufen. Herkömmliche Investmentfonds werden direkt von der Fondsgesellschaft abgegeben – vermittelt durch eine Bank oder Sparkasse, inklusive entsprechender Provision. Das erklärt dann auch die Vorliebe mancher Berater:innen für dieses Investment.

Am 11. April 2000 ging in Deutschland der erste ETF an den Start. Die Deutsche Börse bot zwei ETFs auf die beiden großen europäischen Indizes Euro Stoxx 50 und Stoxx Europe 50 an. Heute, mehr als 20 Jahre später, sind ETFs der Renner. Allein im Jahr 2021 stieg das investierte Volumen von Privatanlegern in Deutschland innerhalb eines Jahres um rund 70 Prozent auf mehr als 83 Milliarden Euro. Weltweit lag das verwaltete ETF-Vermögen 2022 bei rund 8.998 Milliarden US-Dollar.

Über ETFs gibt es viel zu sagen, aber wenig zu erklären, daher ist der Beitrag in diesem Kapitel nur kurz. Alles rund um ETFs als Geldanlage findet ihr ab → Seite 75.

## Ethereum

Das zweitwichtigste Krypto-Netzwerk ist Ethereum, Basis der Kryptowährung Ether. Ethereum ist ein dezentrales System, das ebenfalls über Blockchains verschlüsselt. Es wurde 2013 entwickelt und kam 2015 auf den Markt. Im Unterschied zum Bitcoin ist die Menge an Ether nicht begrenzt.

Für Vermögenstransaktionen verwendet Ethereum eine eigene Kryptowährung: Ether, abgekürzt ETH. Im Gegensatz zum Bitcoin kann man mit Ethereum aber nicht nur Transaktionen von Vermögenswerten durchführen, sondern auch digitale Verträge, sogenannte „Smart Contracts" abschließen. Solche Verträge treten unter bestimmten zuvor festgelegten Bedingungen selbstständig in Kraft. Einfacher ausgedrückt kann man sagen, das sind Verträge, die sich automatisch ausführen, sogenannte „If-This-Then-That"-Verträge: Sobald eine bestimmte Bedingung erfüllt ist – die bestellte Ware kommt an Ort X an – wird automatisch eine damit verknüpfte Aktion ausgelöst – die Ware wird bezahlt.

Bei der Umstellung auf Ethereum 2.0 weicht die bisherige Ethereum-Blockchain einer neu entwickelten Beacon-Chain, die weniger Strom benötigt, weil Ether dann nicht mehr schürfbar, sondern nur noch „stakebar" ist. Beim Staken setzt man eigene Coins ein, um die Transaktion durchzuführen und neue Blocks zu erstellen. Als Belohnung gibt's Ether. Das neue System soll einfacher und kostengünstiger sein, weil es keine riesige Rechnerleistungen mehr nötig macht und damit mehr Menschen dazu bringen soll zu staken. Und je mehr Menschen mitmachen, desto schwieriger ist es zu betrügen. Das Prinzip ist dabei vergleichbar mit Festgeldzinsen auf Sparanlagen. Vereinfacht gesagt: Wer bestimmte Ether-Bestände hält und zur Verfügung stellt, wird mit Ether-Zuwachs belohnt.

Um grundsätzlich das Privileg zu erhalten, neue Blocks zur Blockchain hinzufügen zu können und eine Belohnung zu erhalten, müssen die Prüfer erst einmal 32 Ether einsetzen. Eine ziemliche Stange Geld. Es soll eine Absicherung sein, damit sie im Interesse der Blockchain handeln. Bisher wurden Blocks von denjenigen geschürft, die über die meiste Rechenleistung verfügen. Beim Proof-of-Stake-Konsens hingegen werden Blocks in der Regel proportional verteilt, basierend darauf, wie viel Ether jemand eingesetzt hat. Also: Eine Person, die 5 Prozent der Gesamtsumme eingesetzt hat, wird am Ende 5 Prozent der neuen Blocks validieren und die entsprechende Belohnung erhalten. Bei Ethereum 2.0 werden Prüfer nach dem Zufallsprinzip ausgewählt werden. Die Umstellung von Ethereum 2.0. wurde mehrfach verschoben. Die Sicherungstechnik zu verändern ist mit großen Risiken verbunden.

## Finfluencer

Erklären auf YouTube, Instagram oder TikTok alles rund um das Thema Geld. Sie versuchen zum einen Begriffe wie ETF oder Risikostreuung verständlich zu machen, zum anderen präsentieren sie ihren Followern ihr eigenes Portfolio, um diese zum Nachmachen anzuregen. Viele Finfluencer zeigen weder ihr Gesicht noch Privates – es geht nur um Zahlen, Prozente und die nächste „spannende" Geldanlageidee.

## Fintechs

Sind junge Unternehmen, die mit Hilfe neuer Technologien Finanzdienstleistungen anbieten. Das reicht von Banking-Apps bis zu Robo-Advisors, Crowdfunding, Bitcoinhandel und Zinsportalen. Dank ihnen ist die Geldanlage bequemer und kostengünstiger geworden. Das bekannteste deutsche Fintech-Unternehmen ist der Online-Broker Trade Republic.

## Freistellungsauftrag

Der Freistellungsauftrag ist ein Formular, mit dem ihr eure Bank anweist, die Steuern auf eure Kapitalerträge nicht automatisch abzuführen. Einen solchen Freistellungsauftrag könnt ihr erteilen, wenn eure Erträge unter 1.000 bzw. 2.000 Euro (für Verheiratete) liegen. Habt ihr keinen Freistellungsauftrag erteilt oder sind die Kapitalerträge höher als 1.000 bzw. 2.000 Euro, führt euer Kreditinstitut dann vom übersteigenden Betrag 25 Prozent Abgeltungssteuer plus Solidaritätszuschlag und gegebenenfalls Kirchensteuer automatisch an das Finanzamt ab.

HINTERGRUND

### Weg zum Warenkorb

Wenn ihr genau recherchieren wollt, was im Warenkorb alles drin ist:

## Inflationsrate

Die Inflations- oder Teuerungsrate drückt die Veränderung der Verbraucherpreise innerhalb eines Monats oder Jahres aus. Also wie viel Butter, Brillen, Bekleidung, Benzin oder der Besuch im Kino teurer geworden sind, im Vergleich zum Jahr davor. Die Grundlage für die Messung bildet ein Warenkorb (→ Kasten oben) in dem die Preisentwicklung von 650 Güterarten zusammenge-

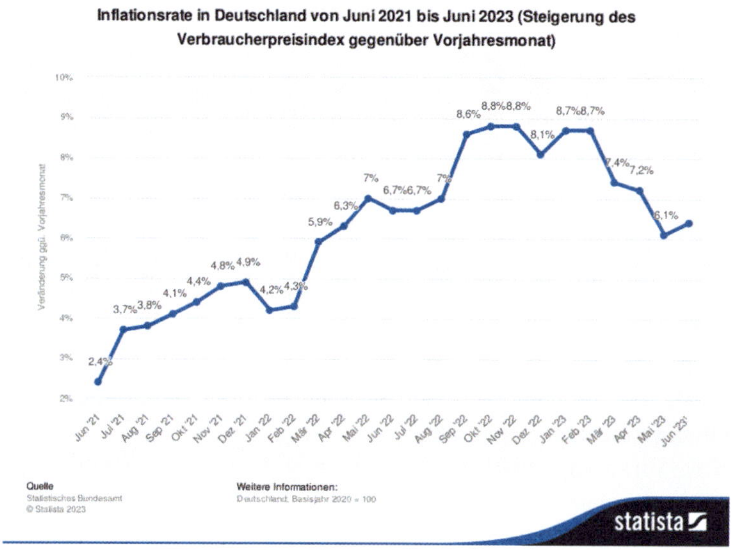


fasst wird. Dieser repräsentiert alle von privaten Haushalten in Deutschland gekauften Waren und Dienstleistungen.

Das geht von Nahrungsmitteln über Ausgaben für die Gesundheit bis zur Miete. Bei einem länger anhaltenden Anstieg des Preisniveaus spricht man von Inflation, bei einem anhaltenden Rückgang von Deflation.

Die Entwicklung der Inflationsrate hat handfeste Konsequenzen. Je höher sie ist, desto stärker fällt der Wert des Geldes. Bei einer jährlichen Inflationsrate von 7 Prozent sind 1.000 Euro nach einem Jahr nur noch 930 Euro wert und nach fünf Jahren keine 700 Euro mehr. Für Sparer:innen ist das besonders bitter. Wer in den vergangenen Jahren sein Geld in festverzinsliche Anlagen investiert hatte, bekam eh kaum Zinsen, aber die wenigen wurden noch von der Inflation aufgefressen. Schon bevor sie auf 7 Prozent angestiegen war. Auch eine Inflationsrate von 2 Prozent wird für Sparer:innen zum Ärgernis, wenn die Zinsen darunter liegen.

Im Jahr 2022, nach Beginn des Krieges in der Ukraine, stiegen die Preise wie seit 70 Jahren nicht mehr. Im Herbst auf mehr als 10 Prozent. Inflationsraten, die mehr und mehr zum Problem wurden und die ihr vermutlich auch bemerkt habt. Beim Einkaufen, Tanken, Reisen. Alles ist teurer geworden. Der Hauptgrund sind die gestiegenen Energie- und Lebensmittelpreise. Mit schrittweisen Zinserhöhungen versucht die Europäische Zentralbank seit Sommer 2022, die Inflationsrate zu dämpfen.

## Investmentfonds

Ein Investmentfonds sammelt das Geld von vielen Anlegern ein, um es dann zu investieren. Durch so einen gemeinsamen Topf steht eine viel größere Summe zur Verfügung und das Fondsmanagement kann viele verschiedene Aktien kaufen, also breit streuen, und damit sicherer anlegen.

Es gibt sehr viele verschiedene Fondsarten. Je nach Ausrichtung des Fonds wird in Aktien, Renten, Immobilien, Indizes, Wälder, Filme oder Schiffe investiert. Das Risiko der Anlage ist entsprechend unterschiedlich. Es gibt Spezialfonds, die nur institutionelle Anleger – das sind Banken und Versicherungen, die das geschäftlich machen – kaufen können. Und es gibt Publikumsfonds für alle.

Aktienfonds oder Aktienindexfonds investieren in Aktien und Indizes. Sie tun das auf der ganzen Welt, für alle Länder und Regionen, für jede Branche, nachhaltig, als Schwerpunkt oder gemischt. Es gibt eigentlich nichts, was es nicht gibt. Je mehr Aktien aus verschiedenen Branchen der Investmentfonds enthält, desto niedriger ist das Risiko großer Verluste. Genauso verhält es sich auch mit der länderübergreifenden Streuung. Je mehr Länder im Fonds vertreten sind, desto besser.

Rentenfonds investieren in festverzinsliche Wertpapiere wie Staatsanleihen oder Anleihen von Unternehmen. Je nachdem, wie gut die Bonität dieser Emittenten – also der herausgebenden Unternehmen – ist, wird auch das Risiko geringer oder höher. Rentenfonds schwanken nicht so stark wie Aktienfonds, haben dafür aber eine niedrigere Rendite.

Geldmarktfonds legen das Geld in festverzinslichen Wertpapieren an, deren restliche Laufzeit unter einem Jahr liegt. Dabei kann es sich um Anleihen oder Termingelder handeln. Klassischerweise nutzen Großinvestoren wie Staaten, Banken oder große Unternehmen den Geldmarkt, um ihr Kapital kurzfristig anzulegen. In Geldmarktfonds kann aber jeder investieren. Da Geldmarktfonds vom Zinsniveau abhängen, war die Rendite in den letzten Jahren schlecht.

## Kryptowährungen

Sind digitale Zahlungsmittel, die wegen ihrer Verschlüsselungstechnik Kryptowährungen genannt werden. Das Wort „Krypto“ kommt aus dem Griechischen und bedeutet verborgen.

Nach dem Erfolg des Bitcoins, der ersten Kryptowährung, sind tausende digitaler Währungen entstanden. Schätzungen gehen von knapp 20.000 aus. Die aktuell wichtigsten Coins wie der Bitcoin, Ether, Dogecoin, Tether und Ripple werden in unserem Wiki-Money erklärt.

Besonders unter den Kryptowährungen sind die Stablecoins. Diese Coins sind an den

US-Dollar gebunden und schwanken damit kaum. Für die Nutzer fungieren sie als eine Art Tauschwährung, um in Kryptowährungen zu investieren. Der Vorteil im Vergleich zum Dollar: Zeitersparnis. Die Transaktionen gehen vergleichsweise schnell, weil die Investoren die Kryptowelt nicht verlassen müssen. Sie tauschen hier andere Coins in Stablecoins um, zum Beispiel wenn der Markt unruhig ist und andere Kryptowährungen fallen. Hat sich die Lage geändert, können sie fix zurücktauschen. Mit echten Dollar dauert das alles manchmal mehrere Tage.

Die Zukunft der Kryptowährungen ist ungewiss. Während die einen fest an die Technologie glauben und mit der Verschlüsselungstechnik nicht nur die Banken, sondern auch Notare als zukünftig überflüssig betrachten, sind andere skeptischer. Wie steht es mit der Privatsphäre, wenn meine Miete, mein Lohn, meine ganzen Transaktionen für immer im Netz gespeichert und für so viele Menschen einsehbar sind? Auch die extremen Kursschwankungen und hohen Verluste im Jahr 2022 haben die Szene selbst verändert. Viele Unternehmen haben ihre Zahlungsmöglichkeiten mit Coins zurückgenommen. Aus Begeisterung ist Vorsicht geworden.

## MSCI World

Ist ein Aktienindex, der die Kursentwicklung von über 1.500 Aktien aus 23 Industrieländern abbildet (laut Factsheet von Mai 2023). Er gehört zu den wichtigsten Indizes weltweit, vielleicht ist er sogar der wichtigste. Der MSCI World enthält nur große und mittelgroße Unternehmen aus Industrieländern. Welches Land ein Industrieland ist, das entscheidet der Herausgeber des Index. China oder Brasilien sind nicht vertreten. Sie werden, genau wie Südkorea, als Schwellenland eingestuft und entsprechend sind keine Unternehmen ihres Landes im Index aufgenommen.

Der MSCI World deckt etwa 85 Prozent der sogenannten Marktkapitalisierung jedes vertretenen Landes ab. Die Marktkapitalisierung eines Landes ist der Börsenwert aller seiner börsennotierten Aktiengesellschaften. Besonders stark im MSCI World sind die USA vertreten. Fast 70 Prozent der gelisteten Wertpapiere gehören zu US-Unternehmen. Deutsche Aktien machen rund 2,5 Prozent aus.

Der MSCI World wird von dem US-amerikanischen Finanzdienstleister MSCI herausgegeben. Dieser betreut viele weitere Indizes, unter anderem auch den Index MSCI all Countries. Darin sind 2.900 Unternehmen aus 47 Ländern, darunter 24 Schwellenländer, zu finden.

## Neobroker/Discountbroker

Sind erst in den letzten Jahren entstanden und groß geworden. Neobroker versprechen sehr günstigen und schnellen Wertpapierhandel über einen browsergestützten Web-Trader, also ein Anbieter, bei dem ihr im Internet Wertpapiere handeln könnt. Meistens geht das über eine Trading-App fürs Smartphone. Reguläre Bankgeschäfte werden nicht angeboten, Filialen gibt es in der Regel auch nicht. Das schlägt sich in den Kosten nieder. Häufig werden nicht einmal Depotgebühren fällig, wenn das Depot aktiv genutzt wird. Zu den Neobrokern zählt man zum Beispiel Trade Republic, Scalable Capital, Smartbroker oder Finanzen.net Zero.

Der Handel über Neobroker ist unabhängig von den Öffnungszeiten der Börsen möglich. Ein Auftrag wird über einen Market-Maker oder über einen Handelsplatz ausgeführt.

HINTERGRUND

Der Market-Maker, manchmal auch Skontroführer genannt, organisiert den Kauf oder Verkauf der Wertpapiere, indem er sie Kundinnen und Kunden abkauft und an andere verkauft.

Die Anbieter erhalten von den Handelsplätzen für jeden Trade eine kleine Rückvergütung („payment for orderflow"). Neobroker haben nicht das ganze Angebot an Wertpapieren im Programm, da sie den Handel sonst nicht so preiswert anbieten könnten. Auch die Auswahl an Handelsplätzen ist eingeschränkt. Nicht alle bieten alles an. Wer spezielle Vorlieben bei der Geldanlage hat, sollte sich darüber vorab informieren.

Onlinebroker sind auch Informationsplattformen. Dort finden sich aktuelle Zahlen wie Echtzeitkurse oder verschiedene Statistiken. Auch Wirtschaftsnachrichten und Unternehmensdaten werden dort veröffentlicht. Zusätzlich werden unterstützende Angebote beispielsweise zur Fundamental- oder technischen Analyse bereitgestellt.

## Order

Ist der Auftrag, Wertpapiere zu kaufen oder zu verkaufen. Ihr könnt eine Order direkt einer Bank erteilen oder den Auftrag online aufgeben. Die Order wird dann weitergeleitet und entsprechend euren Wünschen und den Möglichkeiten des Marktes umgesetzt.

## Portfolio

Ist der gesamte Bestand eurer Geldanlage. Also die Zusammenfassung all eurer Vermögenswerte, von Anleihen und Immobilien über ETFs bis Tagesgelder.

## Ratingagenturen

Sie bewerten die Kreditwürdigkeit von Unternehmen und Staaten. Dazu zählen zum Beispiel Moody's, Fitch Rating und Standard & Poor's. Für ihre Einstufungen verwenden Ratingagenturen Buchstabencodes. Die Skala beginnt in der Regel mit der Bestnote „AAA" („Triple-A"), die beispielsweise Deutschland regelmäßig erhält. Es folgen „AA", „A", „BBB", „BB", „B", „CCC", „CC", „C" – und schließlich „D".

Die meisten Stufen können mit Plus- und Minuszeichen noch weiter unterteilt werden. Schon ab „BB+" wird es kritisch. Anleihen, die so eingestuft werden, bezeichnet man auch als „Ramsch" („Junk"). Eine Einstufung mit „D" bedeutet, dass der Schuldner nicht mehr bezahlen kann. Nach dem kriegerischen Angriff auf die Ukraine ist Russland von den Ratingagenturen auf „C" heruntergestuft worden.

## Renten

Ist eine andere Bezeichnung für festverzinsliche Wertpapiere, also Anleihen, Obligationen und Pfandbriefe. All diese Papiere sind im Prinzip nichts anderes als ein an der Börse gehandelter Kredit. Anleger:innen stellen dem Kreditnehmer für einen zuvor definierten Zeitraum Geld zur Verfügung und bekommen dafür feste Zinsen, eine Rente.

## Robo-Advisors

Sind Programme, die nach Angaben des Anlegers oder der Anlegerin deren Geld investieren und verwalten. Die Bezeichnung setzt sich aus den englischen Vokabeln robot für Roboter und advisor für Berater zusammen.

Robo-Advisors gibt es seit 2014. Die Programme suchen mit Hilfe eines Algorithmus ein Portfolio für euch aus. Grundlage sind eure Präferenzen, wie zum Beispiel eure Risikobereitschaft oder wie viel Erfahrung ihr mit den verschiedenen Anlageklassen habt. Die Programme des Robo-Advisors werden mit Hilfe von Finanzberatern und IT-Spezialisten erstellt.

## Spread

Ist die Differenz zwischen dem besten Kauf- und Verkaufskurs zu einem bestimmten Zeitpunkt. Die Höhe des Spreads spiegelt die Einschätzung der Marktteilnehmer zum Aktienkurs wider. Je kleiner der Spread ist, desto einheitlicher schätzen Käufer und Verkäufer den Wert einer Aktie ein.

Zudem zeigt ein enger Spread, dass die Marktliquidität hoch ist, also viele Käufer und Verkäufer am Markt aktiv sind. Der Spread wird auch als Geld-Brief-Spanne bezeichnet.

## Ripple

Ebenfalls unter den Top Ten der Coins: Ripple mit seiner Digitalwährung XRP. Das Besondere an Ripple: Im Gegensatz zu anderen Kryptowährungen will er die Banken nicht ersetzen, sondern mit ihnen arbeiten. Ripple selbst ist eigentlich eine Softwarelösung, mit der sich Geld transferieren lässt. Die Transaktionen werden auf der Blockchain von Ripple gespeichert, mit der sich weltweit Zahlungen abwickeln und Währungen tauschen lassen.

Ripple übernimmt dabei die Rolle eines Mittelsmanns zwischen zwei Parteien. Vor allem Banken und Finanzdienstleister nutzen Ripple, weil die Transaktionen in Sekundenschnelle ausgeführt werden können. Auch weltweit. Das kann, gerade über Ländergrenzen hinweg, sonst auch mal Tage dauern. Ein weiterer Vorteil für die Banken ist, dass sie nicht nur XRP handeln können, sondern auch Fiatwährungen – das sind alle nationalen Währungen, die nicht an den Preis eines Rohstoffes gebunden sind – sowie andere Kryptowährungen und Rohstoffe. Und die Transaktionen sind sehr günstig. So ist Ripple für die Banken eine günstige Wechselstube.

Ripple wurde 2012 gegründet. Anders als beim Bitcoin beruht XRP nicht auf einem Peer-to-Peer Netzwerk, sondern auf dem Unternehmen Ripple. Es sind also nicht alle Nutzer gleichberechtigt miteinander verknüpft, sondern Ripple hat das Netzwerk organisiert. So gibt es 150 Validierer und 35 Prüfer. Deshalb diskutiert die Szene, ob Ripple zentral oder dezentral aufgebaut ist.

Das wirkliche Problem für Ripple ist allerdings die US-Börsenaufsicht. Sie sagt, dass der Token von Ripple ein Wertpapier ist und hätte registriert werden müssen. Im Juli 2023 erringt Ripple aber einen umstrittenen Teilsieg vor Gericht.

## Tether

Ist eine ganz besondere Kryptowährung, ein sogenannter Stablecoin. Ein solcher Coin will wertstabil sein, die heftigen Schwankungen der anderen Coins soll es bei Stablecoins nicht geben. Um das zu erreichen, koppeln sich Tether an den US-Dollar. Die Wertstabilität der Coins wird umgesetzt, indem Reserven – zum Beispiel andere Währungen – gehalten werden. Das ist teuer für den Anbieter.

Tether (to tether heißt auf Deutsch: anbinden) ist der bekannteste Stablecoin. Tether kam 2014 auf den Markt und ist nach Marktkapitalisierung die drittgrößte Kryptowährung. Vor allem die Umsätze, also wie viel Tether gehandelt wird, sind beeindruckend. So wird mit Tether ein Großteil des Bitcoin-Handels ausgeführt. Dadurch, dass die Coins an den Dollar gebunden sind und im Gegensatz zu anderen Kryptowährungen nicht so stark schwanken, bieten sie eine gewisse Sicherheit. Der Kursverlauf bestätigt das. Während Tether im Jahr 2022 0,14 Prozent zugelegt hat, haben die anderen Kryptowährungen Abstürze hinter sich. Der Bitcoin verlor rund zwei Drittel seines Wertes. Der Dogecoin gut 40 Prozent.

Dennoch ist einiges an Tether undurchsichtig. Es gibt immer wieder Gerüchte, dass das Unternehmen nicht genug Barreserven hält, um die Deckung der Kryptowährung gewährleisten zu können. Und sie versäumen es gelegentlich, Finanzberichte rechtzeitig zu veröffentlichen. Auch enge geschäftliche Verbindungen von Tether zu anderen Unternehmen, wie der Kryptobörse Bitfinex, wurden lange nicht so offengelegt, wie es das sollte. Wundern kann man sich auch über die Umsätze mit Tether. Sie sind enorm hoch, obwohl sich kaum ein Privatanleger dafür interessiert. Das Kryptoportal Protos hat Ende 2021 analysiert, wer eigentlich Tether im Wesentlichen nutzt. Ergebnis: Rund 55 Prozent aller Coins werden von nur zwei großen Kryptohändlern gehalten: Alameda Research und Cumberland.

## Verwahrentgelt

Ist ein schöneres Wort für Negativzins oder Strafzins, die die Banken nicht so mögen. Müsst ihr Verwahrentgelt bezahlen, bekommt ihr für eure Einlagen kein Geld, sondern müsst welches bezahlen, dass die Bank euer Geld „verwahrt". In der Regel fällt Verwahrentgelt bei einem bestimmten Betrag auf Giro- oder Tagesgeldkonten an. Die Freigrenzen, ab denen es zu zahlen war, lagen bei mindestens 25.000 Euro, bei den meisten Banken eher bei 50.000 Euro. Inzwischen verzichten die meisten Geldinstitute angesichts steigender Zinsen wieder auf dieses Entgelt.

## Wertpapier

Die bekanntesten Wertpapiere sind Aktien oder Anleihen. Aber ganz allgemein gesprochen ist ein Wertpapier eine Urkunde, die ein Recht schriftlich festhält. Das kann das Recht an einer Beteiligung sein, wie bei Aktien, oder an einem Kredit, wie bei Anleihen. Zum Sammelbegriff Wertpapier zählen Aktien, Obligationen, Optionsscheine, Anleihen und Wandelanleihen.

Wenn ihr heute Wertpapiere kauft oder verkauft, werden sie nur noch digital verbucht, aber früher gab es noch das Papier, die Urkunde, die beim Verkauf weitergegeben wurde. Erst der Besitz des Wertpapiers gab dem Eigentümer dann die vereinbarten, die verbrieften Rechte.

## Wertpapierkennnummer (WKN)

Ist für deutsche Wertpapiere das, was Autokennzeichen für Autos sind. Dank der Bezeichnung durch die WKN können sie genau identifiziert werden. Jede Aktie, jede einzelne Bundesanleihe in Deutschland hat ihre eigene Nummer.

Wertpapierkennnummern gibt es nicht für alle Wertpapiere, sondern nur für sogenannte Effekten. Das sind Aktien, Anleihen und Fondsanteile. Wenn ihr eine Order aufgebt, braucht ihr die WKN eures Wertpapiers. Ihr findet sie im Internet. Internationale Aktien haben eine Internationale Wertpapierkennnummer, die ISIN.

### Zinseszins

Der Zinseszins ist der Zins des Zinses. Ein Beispiel verdeutlicht das: Wenn ihr 1.000 Euro zu 5 Prozent anlegt, habt ihr nach einem Jahr 1.050 Euro (wir lassen die Gebühren hier mal weg ...). Nach zwei Jahren sind es aber nicht nur 1.100 Euro, denn die 50 Euro Vorjahreszinsen werden ja auch mit fünf Prozent verzinst. Darum habt ihr nach zwei Jahren 1.102,5 Euro. Das ist der Zinseszins.

**→ TIPP**

**Wie sich das lohnen kann, könnt ihr mit dieser Formel selbst ausrechnen (es gibt aber auch Zinsrechner im Internet, die das schnell erledigen – zum Beispiel www.matherechner.de!):**

Kapital nach n Jahren ($K_n$), Jahre ($n$)

$$K_n = K_0 * (1 + p)^n$$

Startkapital ($K_0$), 100% ($1$), Zinssatz ($p$)

## Wirtschaftlicher Background

Ihr, die Unternehmen mit ihren Produkten und Dienstleistungen, der Staat, die Banken, alle haben ihre „Aufgabe“ in einem wirtschaftlichen System. Im Folgenden bekommt ihr einen kleinen Einblick, wie das alles zusammenhängt, welche Auswirkungen Zinsentscheidungen der Banken oder eine Steigerung der Nachfrage haben. Die Hintergründe zu kennen kann euch helfen, die Entwicklung des Marktes besser einschätzen und verstehen zu können. Und damit auch gute wirtschaftliche Entscheidungen für euch zu treffen.

### Der Markt

Ein Markt ist volkswirtschaftlich ein Ort, an dem Angebot und Nachfrage zusammentreffen. Dort werden Güter oder Dienstleistungen getauscht, für die zuvor ein Preis bestimmt wurde. Angebot, Nachfrage und Preis stehen in enger Verbindung zueinander. Die Theorie sagt: Wenn die Nachfrage bei gleichbleibendem Angebot steigt, steigt auch der Preis. Auf der anderen Seite kann die Nachfrage gesteigert werden, indem der Preis gesenkt wird. Wird hingegen mehr angeboten als nachgefragt wird, sinkt der Preis.

Ein einfaches Beispiel macht das deutlich: Auf einem Getreidemarkt wird Weizen und Hirse angeboten. Wenn die Käufer sich um die Hirse reißen, aber den Weizen links liegen lassen, wird der Preis für die Hirse steigen und der für den Weizen fallen. Da Hirse mehr Geld bringt, wird in Folge mehr Hirse angebaut und angeboten werden, Weizen hingegen wird für die Verkäufer uninteressanter, das Angebot an Weizen wird zurückgehen. Das Angebot hat sich der Nachfrage angepasst. Der Markt hat es geregelt. Aber wie das Wort schon vermuten lässt, weil gewisse Regeln angewandt werden konnten und bestimmte Voraussetzungen angenommen wurden.

Wir sind hier von einem vollkommenen Markt ausgegangen. Ein Markt ist vollkommen, wenn fünf Punkte gelten. Zum einen müssen auf dem Markt mehrere Anbieter und mehrere Nachfrager zusammenfinden. Der Markt muss also ein Polypol sein (im Gegensatz zum Monopol, wo es nur einen Anbieter oder Nachfrager gibt). Zum zweiten geht die Volkswirtschaft davon aus, dass alle Käufer und Verkäufer rational handeln, also keine Präferenzen haben, welche Hirse sie kaufen. Außerdem, Punkt drei, sind die Güter, die angeboten werden, homogen, Hirse A ist also genauso gut wie Hirse B. Als vierte Grundlage geht man davon aus, dass Markttransparenz herrscht. Das bedeutet, es gibt keine Informationsunterschiede unter den Marktteilnehmern. Jeder weiß alles über die Menge an Hirse und ihre Qualität. Und der fünfte Punkt, der einen Markt vollkommen macht: Alle Akteure auf dem Markt haben die Möglichkeit, auf Veränderungen sofort zu reagieren. Räumliche oder zeitliche Unterschiede gibt es nicht. Die Volkswirtschaft spricht von unendlicher Reaktionsgeschwindigkeit. Spätestens hier ist klar, dass es einen solchen vollkommenen Markt nicht gibt. Die Grundlagen von Angebot und Nachfrage stimmen dennoch. Vor allem an der Börse, dem Markt, der zumindest volkswirtschaftlich am ehesten als vollkommen bezeichnet werden darf.

Es gibt unterschiedliche Arten von Märkten, beispielsweise den organisierten und den nicht-organisierten. Für den Kapitalmarkt bedeutet das: Organisierte Märkte unterliegen Gesetzen und werden vom Staat kontrolliert. Dazu gehört die Börse Xetra. Auf dem freien, nicht organisierten Kapitalmarkt finden hingegen hauptsächlich Transaktionen zwischen Unternehmen und/oder privaten Haushalten statt. Wer Geld verleiht oder sein Auto dem Nachbarn verkauft, zum Beispiel.

Der Kapitalmarkt hat auch noch den grauen Markt zu bieten. Die Anbieter dort benötigen für ihre Tätigkeit keine Erlaubnis der BaFin, der Bundesanstalt der Finanzdienstleistungsaufsicht, werden also weder staatlich kontrolliert noch beaufsichtigt. Deshalb tummeln sich dort auch undurchsichtige Anbieter.

## Die Zinsen

Zinsen sind der Preis für das Überlassen von Kapital. Wer Geld bei der Bank anlegt, bekommt dafür jetzt wieder Zinsen von der Bank. Wenn die Bank Geld verleiht, nimmt sie dafür Zinsen von euch.

Wie hoch diese Sparzinsen oder Dispozinsen sind, hängt von unterschiedlichen Faktoren ab, auf die wir gleich eingehen.

Die Banken orientieren sich an den Leitzinsen. Das sind die Zinsen, die sie selbst an ihre zuständige Zentralbank oder andere Banken zahlen müssen, wenn sie sich Geld leihen, oder die sie bekommen, wenn sie Geld anlegen. Oder einen Wechsel verpfänden. Es gibt nämlich nicht DEN weltweit festgelegten Leitzins. Je nach Land werden unterschiedliche Zinssätze zu Leitzinsen gemacht. In den USA ist es der Federal-Funds-Rate. Das ist der Zinssatz, zu dem sich Banken untereinander täglich Geld leihen. In China und Japan ist es der Diskontsatz, der Zins, zu dem Banken Wechsel verpfänden.

In der EU haben wir sogar mehrere Leitzinsen, auch wenn häufig von DEM Leitzins gesprochen wird. Eigentlich gibt es nämlich drei verschiedene Leitzinsen, die die Europäische Zentralbank (EZB) festlegt. Der Leitzins für das Hauptrefinanzierungsgeschäft, den Spitzenrefinanzierungssatz und den Einlagensatz.

Der Zinssatz für das Hauptrefinanzierungsgeschäft ist der wichtigste Leitzins – und wenn von DEM Leitzins in der EU gesprochen wird, ist er gemeint. Zu diesem Zinssatz leihen sich Geschäftsbanken von der EZB Geld. Die Laufzeit beträgt mindestens eine Woche. Braucht eine Bank über Nacht Kapital, bezahlt sie den Zinssatz für die Spitzenrefinanzierung. Dieser Zinssatz ist also faktisch der höchste, den ihr für Tagesgeld bekommen würdet, da eure Bank sonst mehr Zinsen an euch als an die andere Bank zahlen würde.

BEISPIEL

### Wenn Banken Geld leihen

Eure Bank kann sich 100.000 Euro zu 1 Prozent bei der Zentralbank leihen. Oder sie könnte von euch 100.000 Euro als Tagesgeld bekommen. Für die Bank sind beides „Schulden", die sie verzinsen muss und sie sucht sich die günstigste Variante. Die Guthabenzinsen, die sie an euch zahlen müsste, kann sie zudem selbst festlegen.
Daher wird sie euch nicht mehr als die 1 Prozent Zinsen zahlen, die bei der Zentralbank anfallen.

Auch die Untergrenze wird auf diese Weise bestimmt. Legt eine Bank ihr Geld bei der Zentralbank an, bekommt sie dafür den Einlagensatz. Da sich beim Geldleihen keine Bank mit einem niedrigeren Zins begnügen wird, ist das faktisch die Untergrenze des Zinses für das Tagesgeld am Geldmarkt.

In der Eurozone legt die EZB die Leitzinsen fest. Für deren zinspolitische Entscheidungen spielen vor allem die wirtschaftlichen Umstände und die Inflationsrate die größte Rolle. Die EZB soll mit ihrer Zinspolitik die Inflationsrate auf zwei Prozent halten. Das Preisniveau einer Volkswirtschaft stabil zu halten gehört zu den sechs Wirtschaftszielen eines Landes, ebenso wie zum Beispiel ein stetiges und angemessenes Wirtschaftswachstum.

Gerade aktuell kann man sehen, dass das nicht einfach umzusetzen ist. Die Unternehmen brauchen wegen der Corona-Krise und den Problemen durch den Krieg in der Ukraine billiges Geld, um so gut wie möglich durchzukommen. Höhere Zinszahlungen für ihre Kredite könnten viele Firmen in noch größere Schwierigkeiten bringen. Auf der anderen Seite ist die Inflationsrate schon seit Monaten auf einem so hohen Stand wie noch nie und Verbraucherinnen und Verbraucher leiden unter den gestiegenen Preisen. Ein Problem in weiten Teilen der Welt. In den USA hat die Notenbank, die Fed, die Zinsen von 0,25 Prozent im März 2022 schrittweise angehoben, sodass die Zinsspanne aktuell zwischen 5 und 5,25 Prozent liegt. Und auch die Europäische Zentralbank hat seit Juli 2022 den Leitzins insgesamt neunmal erhöht: Zuletzt im Juli 2023 auf 4,25 Prozent.

Was aber verändert eine Zinserhöhung? Oder warum sind niedrige Zinsen eigentlich wichtig für die Unternehmen? Zinsen spielen in der Marktwirtschaft und an der Börse eine entscheidende Rolle. Das war in den vergangenen Jahren gut zu beobachten. Weil die Zinsen niedrig waren und in vielen wichtigen Industriestaaten immer niedriger wurden, sanken auch die Kreditzinsen immer weiter. Unternehmen und Verbraucher kamen günstig an Geld. Der deutsche Staat konnte sich dank seines guten Rankings und der niedrigen Zinsen lange Zeit Geld leihen und musste überhaupt keine Zinsen dafür bezahlen. Das hat sich nach den Zinserhöhungen im Jahr 2022 geändert. Dennoch schmilzt die hohe Inflation immer noch einen Teil der Schulden weg. Darüber haben sich auch viele Immobilienkäufer gefreut. Die lange niedrigen Hypothekenzinsen haben die Nachfrage nach Eigentum heftig angeheizt – genauso wie die Preise für den Quadratmeter.

Sparer:innen hatten in den vergangenen Jahren mehr und mehr das Nachsehen. Für festverzinsliche Anlagen gab es keine Zinsen mehr, was bedeutete, dass die Rendite durch die Inflation ins Minus rutschte. Nicht erst bei den sehr hohen Inflationsraten der letzten Monate, sondern auch schon, als die

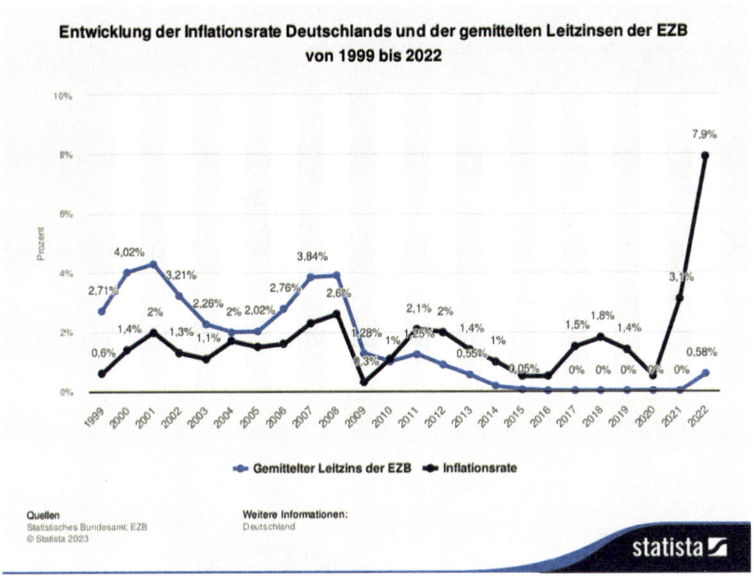


Inflation noch auf den volkswirtschaftlich angestrebten 2 Prozent lag.

Wenn es für festverzinsliche Anlagen weniger Zinsen gibt, werden Aktien für Anleger:innen interessanter. Vor allem die großen Versicherungen und Fonds, die mit Billiarden Euro hantieren, müssen dann verstärkt in den Aktienmarkt investieren. Irgendwo musste das Geld ja angelegt werden. Entsprechend schnell erholten sich die Kurse, trotz der enormen Krisen, die es in den vergangenen Jahren gab und gibt.

Niedrige Zinsen stimulieren also die Wirtschaft. Es wird mehr ausgegeben, weil es günstige Kredite gibt und weniger gespart – es lohnt sich ja nicht so. Eine höhere Nachfrage auf dem Markt aber führt zu steigenden Preisen und einer entsprechenden Inflationsrate. Die Folge: steigende Zinsen ...

Was aber, wenn die Zinsen steigen? Dann bezahlen die Banken einen höheren Preis für das Geld, das sie sich von ihrer Zentralbank leihen und legen das entsprechend auf die Kunden um. Die Kredite werden also auch für alle anderen teurer. Die Baukredite für die Immobilienkäufer, die Investitionskredite für die Unternehmen, die Dispokredite für alle. Es werden in der Folge weniger Menschen einen Kredit aufnehmen. Das spiegelt sich aktuell in der Entwicklung der Bauzinsen wider. Allein die Annahme von steigenden Leitzinsen hat dazu geführt, dass die Zinsen für Baukredite von 0,9 Prozent Ende 2021 auf über 3 Prozent im Juli 2022 geklettert sind. Als dann die tatsächlichen Zins-

schritte folgten, zogen auch die Bauzinsen weiter an. Anfang 2023 mussten in der Regel schon mehr als 4 Prozent für ein Hypothekendarlehen gezahlt werden, mehr als das Vierfache als ein Jahr zuvor. Tendenz wohl weiter steigend.

Aber, auf der anderen Seite, werden durch steigende Zinsen auch festverzinsliche Anlagen wieder interessanter. Sparer:innen und vorsichtigere Anleger:innen können etwas aufatmen. Diejenigen, die allerdings schon festverzinsliche Anleihen haben, werden sich ärgern. Wenn die Zinsen steigen, fallen die Kurse der Anleihen. Damit wird die Rendite wieder angeglichen.

Auch den Aktienmarkt kosten steigende Zinsen Kapital, weil einige Investoren dann umschichten. Sie verkaufen Aktien und investieren in Anleihen. Auch weil eine Erhöhung der Kreditzinsen auf die Gewinne der Unternehmen drückt. Die Börse reagiert also in der Regel mit Abschlägen auf eine Zinserhöhung. Das muss nicht am Tag der Erhöhung selbst sein, das kann auch in den Wochen vorher passieren. Vieles nehmen die Börsianer schon vorweg – es ist eingepreist, heißt es dann.

Steigende Zinsen bedeuten also: Die Kredite werden teuer, die Spareinlagen werfen mehr ab, der Konsum sinkt (Geld anlegen lohnt sich wieder). Steigende Zinsen entziehen dem Markt also Geld. Die Nachfrage geht zurück und so auch die Preise. In der Theorie. In nächster Zeit können wir verfolgen, wie die Wirtschaft und die Preise dieses Mal reagieren. In den vergangenen Monaten waren vor allem die Energie- und Nahrungsmittelpreise der Grund für die hohe Inflationsrate. Das Problem: das verknappte Angebot durch den russischen Angriffskrieg auf die Ukraine. Die steigenden Zinsen werden also den Inflationsdruck dämpfen, aber mehr Gas oder Gemüse oder Getreide kommt dadurch nicht auf den Markt.

## Die Rolle der Banken

Banken sind spätestens seit der Bankenkrise 2008 in Verruf geraten. Bis heute hat sich das kaum geändert. Aber nicht nur ihre Reputation hat gelitten. Die Unternehmensberatung McKinsey & Company fasste es in ihrer 2021 veröffentlichten Studie so zusammen: „Der Finanzsektor in Deutschland hat insgesamt an Relevanz und Wertschätzung verloren."

Dabei war der eigentliche Auftrag der Banken ein wichtiger im Wirtschaftssystem: die Vermittlung von Geld. Das Einsammeln der Spareinlagen und das Ausgeben von Krediten. Das Bindeglied zwischen Unternehmen und Sparern. Und das Erbringen verschiedener Finanzdienstleistungen.

Die Bedeutung der Banken war lange Zeit unbestritten. Erst in den vergangenen Jahrzehnten hat sich das geändert. In meiner „Wirtschaftslehre für den Bankkauf**mann**" (aus dem Jahr 1989!) werden die Aufgaben der Banken auch noch folgendermaßen beschrieben:

- → Nötig für die Auszahlung von Löhnen und Gehältern (okee)
- → Zahlungen im In- und Ausland schnell und kostengünstig weiterzuleiten (Nö!!)
- → Wichtig, um die verschiedenen Sparformen zu organisieren und beratend zur Seite zu stehen (äh, also wirklich nicht)
- → Kreditbedarf kann sonst nicht gedeckt werden (auch nicht mehr).

Heute gibt es Fintechs, Crowdfunding, blitzschnelle Überweisungen durch die Welt und selbstständige Anleger:innen. Vieles kann das Internet besser, weil schneller und günstiger. Die Banken versuchen sich im Wandel, doch braucht man sie wirklich noch?

Im Moment können sich vermutlich die wenigsten vorstellen, dass man auf Banken wirklich völlig verzichten kann, doch neue Technologien wie die Blockchain könnten das möglich machen. Die Rolle der Banken hat sich schon und wird sich weiter ändern. In welche Richtung – das bleibt spannend!

# Was passt zu mir?

**Nach dem Schnelleinstieg schauen wir uns an, was der Markt an Anlagemöglichkeiten so alles hergibt. Hier erfahrt ihr mehr zu Chancen, Risiken und Hintergründen der Anlageklassen. Ihr könnt entweder von Anlageform zu Anlageform springen und dabei checken, welche was für euch wäre. Oder ganz zielgerichtet auf die Suche nach mehr Infos über eure Anlage-Favoriten gehen.**

Noch einmal kurz zur Erinnerung: Eine Geldanlage ist nur dann gut, wenn sie auch zu euren Zielen passt. Davon hängt ja ab, in welches Produkt ihr euer Geld überhaupt und wie lange steckt. Völlig okay, wenn ihr da noch keinen Lebensplan bis zur Rente habt. Und von daher auch nicht genau wisst, welche Summe ihr wann benötigen werdet. Dann ist euer Plan ganz einfach, Vermögen aufzubauen – und die Bausteine der Geldanlage dann immer anzupassen, wenn sich bei euch was tut. Also wenn ihr zum Beispiel mehr verdient, etwas erbt oder ihr vielleicht eine Familie gründen oder eine Wohnung kaufen wollt.

CHECKLISTE

- ☐ Wollt ihr eine größere Summe auf einmal anlegen oder kleinere Beträge ansparen?
- ☐ Wie viel Geld habt ihr dafür vorgesehen oder übrig?
- ☐ Soll das angelegte Geld flexibel zur Verfügung stehen?
- ☐ Wie lange wollt ihr sparen? Wann braucht ihr das Geld?
- ☐ Wie sicher soll eure Geldanlage sein? Wie viel Risiko darf es sein?
- ☐ Wie wichtig sind euch nachhaltige Kriterien bei der Geldanlage?
- ☐ Wie viel Zeit und Aufwand wollt ihr fürs Geldanlegen aktivieren?

## Tagesgeld

Ein Tagesgeldkonto könnt ihr alle gut gebrauchen – zum Beispiel für den Notgroschen. Das Tagesgeld hat zwei große Vorteile: Es ist sicher und flexibel. Flexibel, weil sowohl Zinsen als auch Laufzeit variabel sind. Hier kommt ihr also täglich an euer Geld, daher auch der Name Tagesgeld. Bei den meisten Banken ist das Tagesgeldkonto kostenlos, es fallen also keine Kontoführungsgebühren für euch an. Und sicher ist das Tagesgeld, weil in den allermeisten Fällen der Einlagenschutz greift, falls die Bank Pleite geht.

> HINTERGRUND
>
> **Wie gut solche Sicherungssysteme sind, zeigte sich aktuell. Mit dem russischen Angriff auf die Ukraine gerieten europäische Töchter von russischen Banken unter Druck, auch weil die Kunden ihre Konten räumen wollten. Die Amsterdam Trade Bank musste bereits Insolvenz anmelden. Doch ihre Anleger:innen wurden entschädigt.**

In einem solchen Fall übernimmt der Staat, in dem die Bank ansässig ist, und zahlt euch bis zu einem Höchstbetrag von 100.000 Euro pro Person euer Geld zurück. Dieser Einlagenschutz gilt in den meisten westlichen EU-Staaten. Hinter den deutschen Banken steht eines der sichersten Einlagenschutzsysteme der Welt (der Staat, der haftet, muss ja auch zahlen können).

Das Tagesgeld ist das moderne Sparbuch. Wie beim Sparbuch (→ Seite 72) auch orientieren sich die Zinsen, die ihr bekommt, an den Leitzinsen der Europäischen Zentralbank (→ Seite 63). Das bedeutet, dass ihr zurzeit (Juli 2023) als Neukunde gut 3,5 Prozent Zinsen bekommen könnt. Während es lange Zeit fast gar keine Zinsen fürs Tagesgeld gab, winken nun bessere Konditionen, wenn ihr euer Geld erstmals auf einem Tagesgeldkonto parkt.

Aber aufgepasst: Viele Neukundenangebote sind begrenzt, beispielsweise für einen Zeitraum von drei oder sechs Monaten. Schaut daher unbedingt darauf, wie hoch dann der Anschlusszins ist! Mitte 2023 lag der laut Finanztest zwischen 0,30 und 2,30 Prozent. Ein Vergleich lohnt sich also!

Außerdem begrenzen manche Banken den Anlagebetrag, mal werden maximal 50.000 oder 100.000 Euro mit dem Neukundenzins belohnt – was ihr aber vielleicht vernachlässigen könnt 🙂

Wichtig ist jedoch zu checken, ob die Zinsen idealerweise monatlich, vierteljährlich oder jährlich gutgeschrieben werden. Denn durch die monatliche Zinsgutschrift erhöht sich mit dem Zinseszins-Effekt eure Rendite.

Wenn ihr euch also eine Bank mit guten Konditionen aussucht, könnt ihr die Inflation etwas abfedern. Denn auch mit 3,5 Prozent Zinsen wird euer Geld bei einer höheren Inflationsrate immer weniger wert.

Aber um euer Geld, zum Beispiel für Anschaffungen, kurz zu verwahren oder euren Notgroschen zu lagern, ist ein Tagesgeldkonto das Richtige. Zwei bis drei Monatsgehälter hierauf sind ein gutes finanzielles Polster, sozusagen die Reserve, damit ihr im Fall der Fälle liquide seid.

Zum langfristigen Sparen für größere Anschaffungen – dafür eignet sich das Tagesgeld allerdings nicht.

**GUT ZU WISSEN**

Das Tagesgeldkonto ist flexibel wie ein Girokonto und meist besser verzinst als ein Sparbuch (→ Seite 72). Der Zinssatz ist üblicherweise nicht festgelegt und die Bank kann ihn jederzeit ändern. Dieser variable Zins unterscheidet das Tagesgeld vom Festgeld (→ Seite 73), bei dem der Zins für die gewählte Anlagedauer festgeschrieben ist.

Ein Tagesgeldkonto könnt ihr fast überall eröffnen. Die besten Konditionen gibt es zumeist bei Direktbanken (→ Seite 132). Die Kontoeröffnung läuft in der Regel unkompliziert und schnell online (zum Postident- oder Videoident-Verfahren → Seite 140).

Außerdem wichtig: Vom Tagesgeldkonto könnt ihr nur Geld auf das hinterlegte Referenzkonto überweisen, nicht an externe Empfänger. Also zurück auf euer Girokonto – ob ihr das nun bei dieser Bank oder einem anderen Institut führt.

**→ TIPP**

**Zu aktuellen Tagesgeldvergleichen der Stiftung Warentest geht es hier:**

Vorsicht bei Tagesgeldkonten im Ausland, vor allem wenn sie mit hohen Zinsen locken. In der aktuellen Marktlage gibt es gute Tagesgeldrenditen nur bei entsprechendem Risiko. Die Einlagensicherung gilt aber nicht für alle Länder, nicht mal für alle Länder in der EU. In Deutschland hingegen sind bei den meisten Kreditinstituten im Insolvenzfall sogar Anlagebeträge von mehreren Millionen Euro abgesichert.

→ **TIPP**

**Einlagensicherung**

Wie sicher euer Geld bei einer Bank angelegt ist, könnt ihr hier checken:

Fazit: Zur Sicherheit, für den Notgroschen, um aktuelle Finanzlöcher stopfen zu können, solltet ihr ein Tagesgeldkonto haben – aber es ist ungeeignet für die langfristige Geldanlage. Auch nicht, wenn die Zinsen noch ein bisschen weiter steigen …

**GUT ZU WISSEN**

Auch einen festen Betrag, den ihr in den nächsten Monaten oder absehbar in nächster Zeit braucht, etwa für den Kauf eines Autos, solltet ihr nicht in Anlagen mit deutlichen Kursschwankungen wie Aktienfonds oder ETF-Anlagen stecken. Hier sind Tagesgeld- oder Festgeldkonto die passende Wahl.

## Sparbuch

Als Babygeschenk von der heimischen Bank zur Geburt übergeben, findet es sich in den meisten Schubladen bis heute: das Sparbuch. Es bleibt der Spitzenreiter unter den Geldanlagen. Wie beim Tagesgeld wird euer Erspartes hier variabel verzinst. Das bedeutet, die Banken können den Zinssatz täglich ändern!! Je nachdem was der Markt hergibt, bekommt ihr mal etwas mehr Zinsen, doch viele Jahre gab es immer nur weniger und weniger … Erst die jüngsten Zinserhöhungen haben das geändert, die Problematik für euch aber bleibt.

Die niedrigen Zinsen, gepaart mit der kräftigen Inflation, schmelzen euer Gespartes weg, statt es zu vergrößern. Daher hat das Sparbuch in den letzten Jahren keinem Sparer und keiner Sparerin Freude bereitet.

Das Gute am Sparbuch: Die Eröffnung und die Führung eines Sparkontos kostet nichts und ihr könnt jeden Betrag einzahlen. Zu klein gibt es nicht. So kann es auch von Kindern genutzt werden, um ihre ersten Erfahrungen beim Sparen zu machen. Die Auszahlungen sind auf 2.000 Euro pro Monat begrenzt. Wollt ihr mehr abheben, ist eine Kündigung nötig. Die Frist liegt bei mindestens drei Monaten.

Fazit: Das bessere Sparbuch ist das Tagesgeld. Es ist genauso sicher, es gibt aber in der Regel etwas mehr Zinsen und ihr kommt damit jederzeit an euer ganzes Geld.

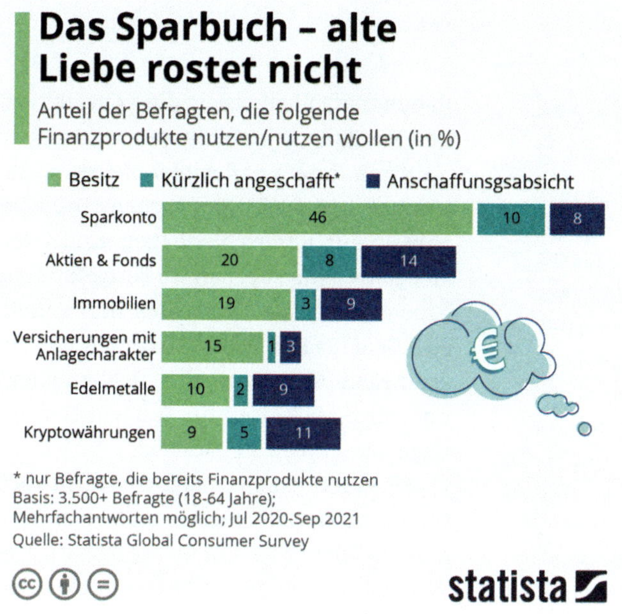


## Festgeld

Fester Zins für eine feste Zeit – das ist Festgeld. Eine sichere Anlage, aber unflexibel. Sicher, weil auch hier das Einlagensicherungssystem greift, unflexibel, weil weder die anfangs vereinbarte Laufzeit noch die Zinsen verändert werden können. Einmal angelegt, kommt ihr erst am Ende der Laufzeit wieder an euer Geld. Vorteil allerdings: Häufig gibt es für Festgeldanlagen höhere Zinsen als für Tagesgeld (→ Seite 70). Ein Festgeldkonto gibt es bei fast allen Kreditinstituten. Die besten Konditionen bieten hier meist auch Direktbanken.

Die Laufzeiten bei Festgeldern schwanken zwischen einem Monat und zehn Jahren. In der Regel gilt: Je länger die Laufzeit, desto höher die Zinsen. Wenn ihr euer Geld für ein Jahr fest anlegt, habt ihr dafür im Mai 2023 maximal 3,5 Prozent bekommen. Bei einer Laufzeit von zwei Jahren waren es 3,6 Prozent laut Vergleich der Stiftung Warentest.

Das Zinsbarometer zeigt derzeit zwar nach oben, doch die hohe Inflation drückt die Rendite weiterhin ins Minus.

Dennoch gibt es einige Gründe, euer Geld in Festgeld zu stecken. Zum Beispiel, wenn ihr genau wisst, dass ihr euer Geld einen überschaubaren Zeitraum nicht braucht und es absolut sicher anlegen möchtet. Viel-

> **! ACHTUNG**
>
> Bei mehrjährigen Festgeldanlagen ist es gut zu wissen, wo eure Zinsen landen. Werden sie auf euer Girokonto ausgezahlt – wie das meistens der Fall ist –, müsst ihr sie versteuern. Es gibt aber auch Festzinsanlagen, bei denen die Zinsen dem Anlagekonto gutgeschrieben und im nächsten Jahr mitverzinst werden. Das ist gut, da ihr so den Zinseszins noch bekommt (→ Seite 61). Ob diese Zinsen dann auch jährlich versteuert werden müssen oder alle Zinsen zusammen erst am Laufzeitende steuerpflichtig werden, das müsst ihr erfragen.

leicht, weil ihr dann eine Reise machen oder ein Auto kaufen wollt. Für eine Festgeldanlage bekommt ihr in der Regel mehr Zinsen als für ein Tagesgeld, das täglich verfügbar ist. Sicher ist aber auch, dass das Festgeld am Ende weniger wert sein wird – denn die Inflation treibt die Preise in die Höhe, ihr verliert Kaufkraft, wie die Ökonomen sagen.

Wenn ihr etwas flexibler bleiben wollt, könntet ihr auch in verschiedene Festgeldkonten mit unterschiedlichen Laufzeiten anlegen – eine sogenannte Festgeldtreppe bauen. Das bietet zum einen den Vorteil, euer Geld für den gewählten Zeitraum sicher anzulegen. Aber eben auch nicht zu lange, um steigende Zinsen für Festgeld-Neuverträge mitnehmen zu können.

Bei einer Festzinsanlage solltet ihr auch prüfen, ob sie am Ende der Laufzeit einfach ausläuft oder ob sie einige Tage oder gar Monate vor dem Ende der Laufzeit gekündigt werden muss. Verpasst ihr die Kündigungsfrist, verlängert sich eure Anlage vielleicht automatisch. Und dann können die neuen Konditionen für die verlängerte Festgeldanlage viel schlechter sein als die ursprünglichen – und ihr kommt wieder nicht an euer Geld. Checkt das sicherheitshalber in den Vertragsbedingungen!

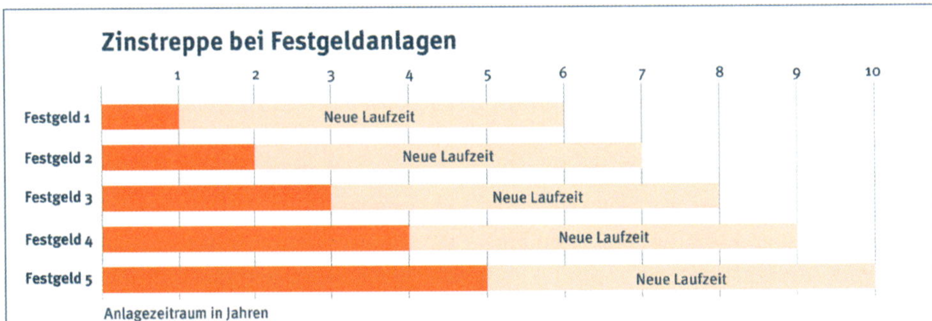

**ACHTUNG**

Vorsicht ist angesagt bei Festgeldangeboten über marktüblichen Zinsen, die ihr häufig auch im Netz findet! Nicht selten verstecken sich dahinter Betrugsangebote von Vermittlern die vorgeben, mit Banken aus der EU zusammenzuarbeiten, die unter die EU-Einlagensicherung fallen. Die EU-Einlagensicherung gilt allerdings nur für Banken mit Sitz in der EU, nicht für Unternehmen, die vermitteln. Außerdem ist die Einlagensicherung Ländersache. Bei der Stiftung Warentest findet ihr eine Warnliste mit Abzockern, die mit riskanten und betrügerischen Festzinsangeboten ködern wollen.

## ETF

Vor allem drei Dinge sind für eine erfolgreiche Geldanlage wichtig: breite Streuung, langer Anlagehorizont, geringe Kosten. All das bieten ETFs – der Knaller der Geldanlage. Mit keiner anderen Investition könnt ihr so entspannt gutes Geld verdienen. ETFs sind ein ideales Anlageprodukt für jeden und jede, auch für Einsteiger:innen, denn sie sind leicht zu verstehen. Und: Gute Renditen gibt es auch noch.

### Was ist ein ETF?

ETF steht für Exchange Traded Funds, also börsengehandelter Fonds. Das Besondere an einem ETF ist aber etwas anderes: Hier wird der Fonds nicht aktiv durch einen Fondsmanager gemanagt wie bei einem Aktien-, Immobilien- oder Rentenfonds (→ Seite 107), sondern einfach passiv ein Börsenindex nachgemacht.

Fondsmanager der aktiven Fonds verwalten das Geld der Anleger:innen. Sie beobachten und analysieren die Märkte, die Unternehmen und deren Bilanzen und versuchen, vielversprechende Aktien herauszupicken, die zu den Anlagevorgaben des Fonds passen. Sie entscheiden, welche Werte der Fonds hält, kauft oder verkauft. Dabei sind sie bestrebt, die Risiken für die Investoren zu begrenzen und eine gute Wertsteigerung zu erzielen. Es gibt sogar gesetzliche Bestimmungen dazu. Aber Fondsmanagement kostet Geld – das der Anleger:innen, also euer Geld!

Dagegen kauft der Anbieter des ETF in der Regel genau die Aktien, die auch in dem ausgesuchten Index enthalten sind (in welcher Form der Indexnachbau – synthetisch oder replizierend – erfolgen kann, erklären wir auf → Seite 81). Ein ETF, der den DAX (→ Seite 21) abbildet, hat alle 40 Aktien, die dort gelistet sind, im Portfolio. Nicht mehr und nicht weniger.

Damit die Wertentwicklung des Index richtig erfasst wird, ist es aber nicht nur wichtig, dass die Aktie im Index gelistet ist, sondern auch mit welchem Anteil. Da beispielsweise die SAP-Aktie im DAX fünfmal so stark gewichtet ist wie die von Adidas, wandern für eine Adidas-Aktie fünf SAP-Titel in den ETF. Sind alle Aktien des entsprechenden Index im Portfolio des ETF gelandet, passiert nichts mehr. Gar nichts mehr. Kein Fondsmanager kauft oder verkauft irgendwas. Alles bleibt, wie es ist, es sei denn, der Index ändert seine Zusammensetzung. Der Fonds wird passiv gemanagt, nennt sich das. Und das spart viel. Vor allem euer Geld.

## Kosten

Ein passiv gemanagter ETF reduziert die Kosten eines Fonds deutlich. Weniger umschichten bedeutet weniger Transaktionskosten und vor allem weniger Gehälter für Fondsmanager, die für ihre Expertise zum Umschichten ja auch bezahlt werden wollen. Für euch bedeutet es: Weniger Gebühren und damit eine höhere Rendite.

Der Unterschied, was euch jährlich ein ETF oder ein aktiv gemanagter Fonds kosten würde, ist beträchtlich. Die Verwaltungsgebühren für aktiv gemanagte Aktienfonds liegen in der Regel zwischen 1,5 bis 2 Prozent eures Fondsvermögens. Die Gebühren für ETFs hingegen liegen dagegen meist zwischen 0 und 0,8 Prozent. Ihr könnt also teilweise zwei Prozentpunkte pro Jahr an Gebühren sparen. Rechnet das mal auf 25 Jahre hoch …

**HINTERGRUND**

Transaktionskosten werden (in der Regel) fällig beim Kauf oder Verkauf von Wertpapieren.

**→ TIPP**

Der Fondskostenrechner der Verbraucherzentrale hilft euch, Kostenvergleiche schnell selbst anzustellen.

Neben den jährlichen Gebühren zahlt ihr bei aktiv gemanagten Fonds beim Kauf noch den Ausgabeaufschlag. Und der kann auch mal ordentliche fünf oder sechs Prozent betragen. Damit ist allein durch die Kosten das erste Anlagejahr bei einem aktiven Fonds häufig renditefrei – für euch.

> **GUT ZU WISSEN**
>
> Der Ausgabeaufschlag ist eine einmalige Gebühr, die beim Kauf von Fondsanteilen anfällt. Er wird auch „Lead“ oder „Agio“ genannt und vor allem für den Vertrieb der Fondsanteile erhoben. Ihr könnt ihn leicht selbst ausrechnen: (Ausgabepreis x 100 : Rücknahmepreis) - 100 = Ausgabeaufschlag (Prozent). Kauft ihr also für 105 Euro einen Fondsanteil und bekommt 100 Euro dafür zurück, zahlt ihr 5 Prozent Ausgabeaufschlag. Dessen Höhe ist von Fonds zu Fonds unterschiedlich. Bei Rentenfonds beträgt er im Durchschnitt 3 Prozent, bei Aktienfonds 5 Prozent.

Bei ETFs gibt es in der Regel keinen Ausgabeaufschlag. Ein paar Gebühren fallen dennoch auch bei passiven Fonds an. Dazu gehören etwa die Transaktionskosten sowie die Total Expense Ratio (TER) des ETF.

Transaktionskosten (→ Seite 76) zahlt ihr beim Kauf und Verkauf eines ETF. Wie hoch sie sind, hängt davon ab, wo ihr euer Depot habt. Es gibt Depotanbieter, die gar keine Transaktionskosten nehmen, andere verlangen eine pauschale Gebühr und die nächsten prozentuale Sätze.

Die TER sind die Gebühren, die der ETF-Anbieter veranschlagt, um seine Kosten zu decken. Ihr findet sie in den Unterlagen des Anbieters oder auf seiner Website. Bei ETFs liegt die TER in der Regel zwischen 0,1 und 0,5 Prozent im Jahr.

## Rendite

Durch ihre geringen Kosten gepaart mit der Grundidee, den Aktienmarkt sehr breit abzubilden, sind ETFs hinsichtlich der Rendite schwer zu schlagen. Verständlicherweise. Wenn der Markt, denn Indizes und damit ETFs spiegeln den Markt ja wider, wenn also der Markt sieben Prozent zulegt, müsste der Fondsmanager eines aktiven Investmentfonds, um für euch die gleiche Rendite zu erwirtschaften, knapp neun Prozent rausholen. Den Markt zu schlagen ist schon nicht einfach, aber gleich um zwei Prozentpunkte ...

Ihr könnt euch vorstellen, wie häufig das nicht klappt. Die Ratingagentur Scope schaut sich regelmäßig an, wie viele aktive Fondsmanager dieses Ziel erreichen. Die untersuchten 2.000 weltweiten Aktienfonds schaffen es in der Regel nicht, den MSCI World (→ Seite 56) zu schlagen. Im Jahr 2021 gelang das nur 13,1 Prozent.

Auch wenn es aktuell am Aktienmarkt turbulent zugeht, langfristig ist die Wertentwicklung der ETFs sehr erfreulich. Indexfonds auf den MSCI World (→ Seite 56), dem Weltindex, in dem mehr als 1.500 Unternehmen aus 23 Ländern vertreten sind, haben in den vergangenen 44 Jahren jedes Jahr im

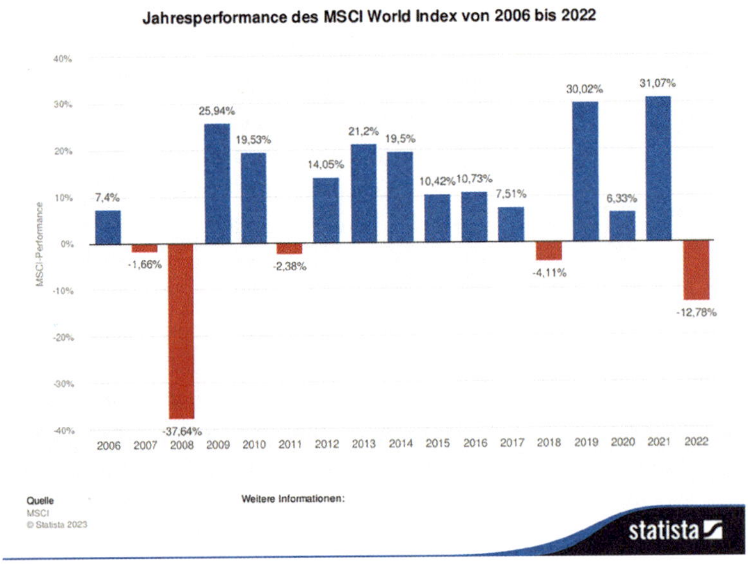


Durchschnitt 6,7 Prozent Rendite abgeworfen.

Es wird aber auch deutlich, warum es bei ETFs genauso wichtig ist, einen langen Atem zu haben – wie bei allen Anlagen in Aktien. Immer wieder gab es Jahre, in denen die Verluste an den Märkten so hoch waren, dass es eine Zeit gedauert hat, bis sich die Kurse erholt hatten. Das wird sich auch in Zukunft nicht ändern. Aber wer zum Beispiel seit Mai 2000 jeden Monat 200 Euro in einen ETF auf den MSCI World gesteckt hat, kann jetzt stolze 100.000 Euro zusammen haben. Und das, obwohl es in dieser Zeit gleich zwei Börseneinbrüche gab.

Wenn ihr warten könnt und euer Geld langfristig anlegt, werdet ihr keine entspanntere, renditestärkere und sicherere (so viele Superlative!) Anlage finden. Und das nicht nur im Vergleich zu gewöhnlichen Investmentfonds (→ Seite 107), sondern auch im Vergleich zum eigenen Handeln. Das zeigte eine Untersuchung, die die Zeitschrift Finanztest 2017 veröffentlicht hat. Die Wirtschaftsprofessoren Andreas Hackethal und Steffen Meyer hatten von 2005 bis 2015 fast 40.000 Wertpapierdepots von Direktbankkunden unter die Lupe genommen. Dabei haben sie festgestellt, dass die Anleger:innen eine durchschnittliche Rendite von gerade mal 3,1 Prozent geschafft haben. Damit blieben sie weit hinter dem Plus der Märkte zurück. Hackethal und Meyer haben berechnet, dass, gemessen am durchschnittlichen

Depotrisiko, das sie in den Depots vorfanden, eine Rendite von 8,7 Prozent realistisch gewesen wäre. Dazu hätten die Anleger:innen nur eine Sache machen müssen: Nichts! Kein Kaufen und Verkaufen, kein Schnäppchen jagen, kein Umschichten. Einfach nur liegenlassen. Glaubt ihr nicht?

**→ TIPP**

Die Studie zum Nachlesen

Kurzum: Passives Anlegen ist nicht nur bei Fondsmanagern die bessere Strategie.

## Risiken

In der Regel gilt: Je höher die Rendite, desto höher das Risiko. Die Untersuchung von Hackethal und Meyer hat jedoch gezeigt: Das muss nicht sein. Die meisten Anleger:innen (86 Prozent) hatten ein schlechteres Chance-Risiko-Verhältnis als ein Mix aus Tagesgeld und MSCI World. Das liegt an der breiten Streuung des ETF. Die Anlage in Aktien wird sicherer, wenn in viele verschiedene Unternehmen investiert wird. Das Risiko verteilt sich, Stichwort Diversifikation (→ Seite 25), ihr erinnert euch sicher. Wenn ihr so anlegt, erschüttern euch Verluste einzelner Aktienkurse nicht zu sehr oder gar nicht. Eine breite Streuung ist also wichtig. Bei der Investition in einen ETF ist die Streuung schon enthalten, da der ETF einen Index spiegelt. Und Indizes sind in der Regel divers aufgestellt, weil sie versuchen, einen Großteil des Marktes zu repräsentieren. Mit dem Kauf eines ETF könnt ihr in die ganze Welt investieren. Breiter anzulegen – das ist nur schwer möglich. Aktiv gemanagte Fonds halten meist zwischen 50 und 150 Titel. In den großen Welt-Indizes sind mehr als 1.000 Unternehmen gelistet. Teilweise sogar über 4.000 Konzerne weltweit. Langfristig so breit zu investieren, reduziert euer Kursrisiko auf ein Minimum.

Doch wie sieht es aus mit dem Währungsrisiko? ETFs, die weltweit anlegen, werden häufig in US-Dollar geführt. Das liegt daran, dass die Fondswährung sich an der Währung orientiert, die für den zugrundeliegenden Index verwendet wird. Und die wiederum ist meist identisch mit der Währung, in der die meisten im Index enthaltenen Wertpapiere gehandelt werden. Da in den meisten Welt-Indizes US-Unternehmen die wichtigste Rolle spielen, laufen viele ETFs auf US-Dollar. Für das tatsächliche Währungsrisiko spielt aber nur eine Rolle, welche Unternehmen in dem Index gelistet sind. Bei einem weltweiten Index ist das Währungsrisiko also ähnlich breit gestreut wie das Kursrisiko. Insgesamt listet der MSCI World

23 Länder, da besteht für rund 90 Prozent der Aktien ein Währungsrisiko. Nämlich für alle Aktienunternehmen, die nicht im Euroraum ansässig sind. Es kann also sein, dass der Umtausch von Dollar, Yen, Pfund oder Franken in Euro euch Rendite kosten kann. Oder ein Extra-Plus obendrauf kommt. Das Währungsrisiko birgt ja auch eine Chance.

Es gibt aber auch ETFs, die das Währungsrisiko ausgleichen. Das kostet natürlich etwas und ist eigentlich für euch unnötig. Untersuchungen haben gezeigt, dass sich Währungsschwankungen bei langfristigen Anlagen ausgleichen.

## Transparenz

Ein weiterer großer Pluspunkt bei ETFs: Sie sind einfach zu verstehen. Ihre Zusammensetzung ist klar. Ihre Wertentwicklung ist leicht zu checken – da reicht ein kurzer Blick ins Internet. ETFs haben klare Regeln. Da gibt es keinen Strategiewechsel, keinen Fondsmanager, der von Windkraft auf Atomstrom umschwenkt.

Auf den Seiten der Anbieter findet ihr alle Informationen zu den angebotenen ETFs. Neben jeder einzelnen Aktie, die in dem Index steckt, wird auch dokumentiert, ob der ETF verschiedene Nachhaltigkeitskriterien (→ Seite 158) abdeckt oder in welche Branchen oder Länder prozentual wie viel investiert wird. Ihr wisst also ganz genau, in welche Unternehmen ihr euer Geld steckt. Welche Aktien aus welchen Bereichen in einem Investmentfonds (→ Seite 107) zu finden sind, ist deutlich schwerer zu klären. Oft kommen solche Infos nur an bestimmten Stichtagen.

## Sicherheit

Sollte die Bank, bei der euer ETF-Depot geführt wird, Pleite gehen, müsst ihr euch keine Sorgen machen: Auf das Vermögen der Fondsgesellschaft darf im Falle einer Insolvenz nicht zurückgegriffen werden. Eine spezielle Einlagensicherung ist daher auch nicht nötig.

## Indexnachbau

Die Wertentwicklung eines ETFs entspricht (fast) genau der Wertentwicklung des Börsenindex, den der ETF nachbaut. Wie dieser Nachbau, die Replikation, vonstattengeht, sagt euch die jeweilige Replikationsmethode des Fonds.

Es gibt im Wesentlichen drei Verfahren: die vollständige, die optimierte und die synthetische Replikation. Keine Sorge, das hört sich jetzt viel schwieriger an als es ist. Wir fangen mal von vorne an. Die meisten ETFs kaufen alle Wertpapiere, die im Index vertreten sind. Sie sind voll replizierend. Manche kaufen nur die wichtigsten Wertpapiere, das nennt man dann teilreplizierend oder optimiert. Das macht Sinn bei großen Indizes, weil die ständige Anpassung des Portfo-

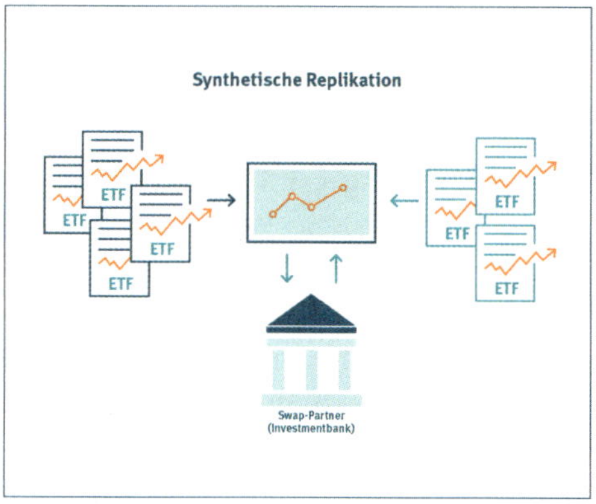


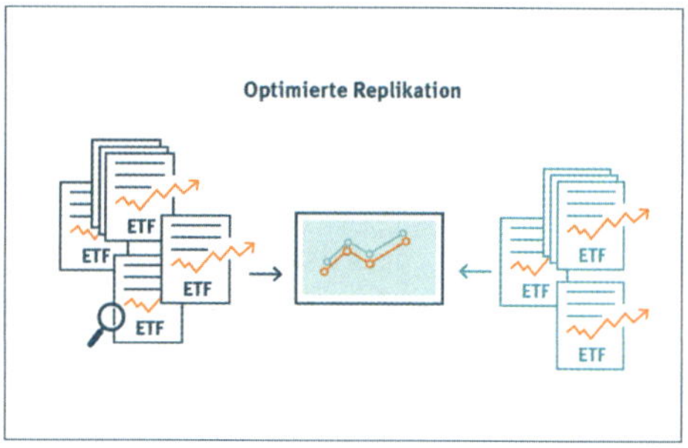


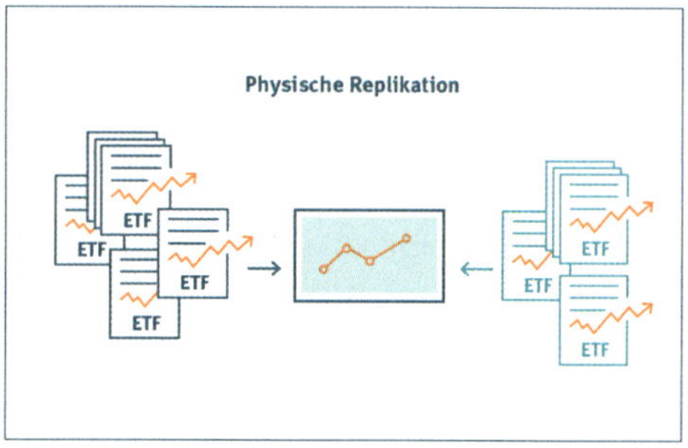


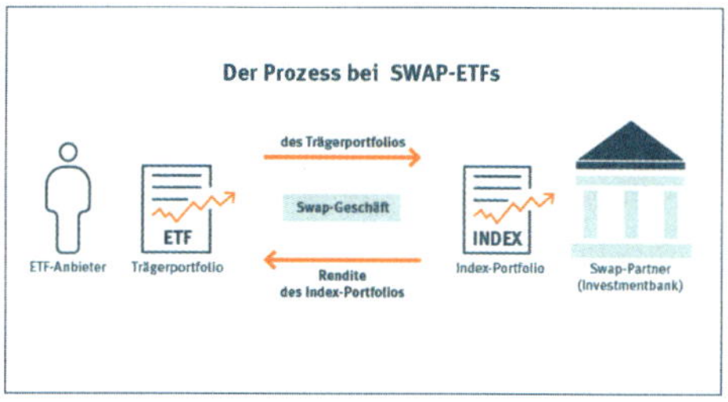


lios um kleine, wenig gehandelte Wertpapiere aufwendig und damit teuer ist. Der MSCI Emerging Market zum Beispiel hat viele Werte, die im Index mit weniger als 0,01 Prozent gewichtet sind. Diese Werte machen für den Kursverlauf keinen wirklichen Unterschied. Müssen sie nicht gekauft und verkauft werden, spart das aber Kosten.

Manche ETFs sind synthetisch. Das bedeutet, sie bilden den Index nicht direkt ab, sondern gleichen die Wertentwicklung über Tauschgeschäfte, sogenannte Swaps, mit Dritten aus. Das funktioniert folgendermaßen: Der Anbieter X möchte einen synthetischen ETF auf den Index ABC auflegen. Dazu schließt X einen Vertrag, den Swap, mit einer Bank Y ab. Darin garantiert die Bank Y dem ETF-Anbieter X die Rendite für den Index ABC zu bezahlen. Im Gegenzug erhält die Bank Y die Rendite aus dem Trägerportfolio. Das Trägerportfolio hat der ETF-Anbieter X eingerichtet. Euer Geld wird in das Trägerportfolio investiert, wenn ihr in den ETF anlegt. Die Aktien im Trägerportfolio haben nichts mit den Aktien in dem Index ABC zu tun, der eigentlich abgebildet werden soll. In diesem Trägerportfolio liegen andere Aktien, es können aber zum Beispiel auch Anleihen sein oder Gold. Der Swap besteht aus dem Renditetausch zwischen X und Y.

Das Risiko bei solchen ETFs besteht darin, dass Bank Y Pleite geht und eure garantierte Rendite nicht mehr bezahlen kann. Außerdem schließt der ETF-Anbieter den

Swap gern mit seiner Muttergesellschaft ab. Darunter leidet die Kostentransparenz, da ihr anfallende Gebühren nicht mehr so einfach nachvollziehen könnt.

Der Vorteil Swap-basierter ETFs liegt darin, dass ihr über diesen Umweg auch in Märkte investieren könnt, bei denen das sonst nicht möglich wäre. Zum Beispiel ermöglichen sie Investments in Unternehmen aus Ländern, in denen ausländische Anleger:innen nur begrenzt oder gar keine Aktien kaufen dürfen, wie Vietnam. Die meisten ETFs auf dem Markt kaufen aber tatsächlich alle Aktien, die in dem Index gelistet sind. Eine Methode, die die meisten Anleger:innen vermutlich vorziehen, auch wenn es hier ebenfalls ein kleines Aber gibt. Die meisten ETF-Anbieter behalten sich nämlich die Möglichkeit vor, die Wertpapiere, die der Fonds besitzt, zu verleihen. Die Leihenden zahlen dafür eine Gebühr an den Fonds. Das ist erst einmal gut, denn mehr Geld in der Fondskasse bedeutet auch mehr Geld für euch.

Aber: Höhere Renditen gibt es nicht ohne ein höheres Risiko. Und so stellt auch die Leihgebühr letztlich eine Entschädigung für das Risiko dar, das der ETF eingeht, indem er die Wertpapiere aus der Hand gibt. Denn: Sollte der Ausleihende zahlungsunfähig werden, erhält der ETF die Papiere womöglich nicht zurück. Um dieses Risiko klein zu halten, versuchen die ETF-Anbieter die Wertpapiere nur gegen Sicherheiten zu verleihen. Zudem gibt es Regularien, die verhindern, dass die Verluste größer als 10 Prozent werden können.

Ärgerlich ist der Umgang mit dem Gewinn aus dem Geschäft. Während ihr zwar das Risiko der Wertpapierleihgeschäfte tragen müsst, bekommt ihr von den Erträgen daraus nur einen Teil. Denn die ETF-Anbieter räumen sich normalerweise das Recht ein, 50 Prozent der Erträge aus Leihgeschäften für sich zu behalten.

## Flexibilität

ETF heißt ja Exchange Traded Funds, weil ETFs an der Börse gehandelt werden. Ihr könnt also jederzeit euren ETF verkaufen. Ab und zu geht mal das Gerücht um, dass den ETFs nicht genügend Barmittel zur Verfügung stünden und es mal eng werden könnte bei Auszahlungen. Das ist vielleicht, theoretisch, bei bestimmten Nischenprodukten, in ungewöhnlichen Momenten, für eine kurze Zeit möglich.

In der Regel aber gilt: Ihr kommt jederzeit an euer Geld. Mit einem Klick ist der ETF an der Börse verkauft. Das geht häufig sogar schneller und einfacher als bei aktiven Fonds, die man an die Fondsgesellschaft zurückgeben oder im außerbörslichen Handel verkaufen muss, wenn der Fonds nicht an der Börse notiert ist.

## Anlageklassen

ETFs bilden nicht nur Aktienindizes nach, sondern zum Beispiel auch Anleihe- oder Rohstoffindizes. ETFs auf Goldindizes sind in Deutschland nicht mehr zugelassen. Dennoch könnt ihr mit ETFs nicht nur weltweit, sondern auch in alle möglichen Anlageklassen, also Anleihen, Aktien, Rohstoffe, Kryptowährungen, Gold oder Immobilien investieren. Das Grundprinzip bleibt immer dasselbe: Der ETF baut einen Index nach. Fertig.

## Kritikpunkte?

Natürlich gibt es auch Kritik an ETFs. Viele der Punkte treffen aber auch auf Investmentfonds zu. Wie zum Beispiel, dass ihr beim Kauf von Fonds – und auch ein ETF ist ja ein Fonds – auf euer Stimmrecht verzichtet. Ja, das stimmt. Das wird dann von der Fondsgesellschaft ausgeübt.

Ein weiterer Kritikpunkt, der immer wieder genannt wird: ETFs würden einen Abschwung, einen eventuellen Crash verstärken. Stimmt das?

ETFs spiegeln einen Marktindex. Fällt der Index, fällt der ETF. Er verstärkt dadurch den Trend nicht, er drückt ihn nur aus. Erst wenn Anleger:innen ihre Anteile am ETF verkaufen, stößt auch der ETF-Anbieter die entsprechenden Anteile ab. Finden sich dann weniger Käufer als Verkäufer, sinkt der Preis. Der sinkende Preis könnte dann weitere Verkäufe nach sich ziehen und so weiter und so weiter ... Dieses Phänomen kommt euch sicher bekannt vor: Panikverkäufe. Sie gab es leider schon immer und haben nichts mit ETFs zu tun, sondern mit der Psychologie des Menschen. Ruhe bewahren und langfristig denken schützt euch am besten.

Ein weiterer Punkt, den Kritiker bei einer Investition in ETFs bemängeln, ist, dass die Märkte durch das passive Investieren ineffizient würden. Aktives Investment würde Unternehmen für ihre gute Entwicklung belohnen, weil mehr Aktien von dem besser performenden Unternehmen nachgefragt würden. Umgekehrt würde es den Kurs der Aktiengesellschaft durch abnehmende Nachfrage drücken, wenn das Unternehmen schlechte Nachrichten hat. Dieses Korrektiv des Marktes ginge verloren, wenn es zu viele passive Investoren gäbe.

Ihr merkt schon, hier quält sich der Konjunktiv durch die Sätze. Nicht ohne Grund. Denn damit es so weit kommt, ist ganz schön viel Marktmacht von Seiten der privaten ETF-Anleger nötig. Und so weit sind wir noch nicht. Und werden es wohl auch nie sein.

Aber richtig ist: Je weniger Teilnehmer den Markt beobachten, analysieren und aktiv handeln, desto weniger effizient geht es zu. Doch so populär ETFs auch gerade sind, es werden natürlich nie alle Anleger:innen in ETFs investieren. Zum einen wird es immer Investoren geben, die aktiv in einzelne Unternehmen anlegen wollen.

Zum anderen wird der Markt das korrigieren. Wenn durch zu viel passives Anlegen die Kurse der Indexaktien übertrieben zugelegt haben, schlägt die Stunde der aktiven Fondsmanager (→ Seite 75). Jetzt können sie die unterbewerteten Aktien herauspicken und damit ihrem Fonds gute Renditen und interessierte Anleger:innen bescheren.

Ein ETF kann nicht in verschiedene Anlageformen investieren. Während es mit dem Kauf eines Mischfonds (→ Seite 111) möglich ist, in Aktien UND Anleihen zu investieren, müsst ihr euch bei einem ETF für eine Anlageklasse entscheiden. Wenn ihr in mehrere Anlageklassen investieren möchtet, müsst ihr euch mehrere ETFs suchen. Dennoch kein echter Nachteil – Mischfonds sind nicht gerade renditestark, weil sie noch teurer im Unterhalt sind als Aktienfonds.

## Wie ihr den Richtigen findet

In den vergangenen Jahren haben sich die guten Renditen der ETFs bei den Anlegern herumgesprochen – und die Anbieter haben reagiert. Das Angebot an ETFs ist stark gestiegen. Die wichtigsten ETF-Anbieter in Deutschland sind iShares (BlackRock), Lyxor, Xtrackers (DWS Investment), UBS ETF, Amundi ETF, Vanguard, Invesco, ComStage und Deka Investments. Auf ihren Internetseiten findet ihr alles zu den ETFs, die sie im Angebot haben. Und das sind viele. Mittlerweile gibt es fast nichts, was es nicht gibt. Ihr habt die Qual der Wahl.

**→ TIPP** Die Besten herausfiltern
Dabei hilft euch die Empfehlungsliste „Die besten im Portfolio" von Finanztest:

Werfen wir also einen Blick auf die Kriterien, die euch bei der Auswahl unterstützen.

Wollt ihr in einen ETF investieren, fragt euch, welche Anlageklasse in Frage kommt. Wollt ihr in Aktien, Anleihen, Kryptowährungen oder Rohstoffe anlegen? In Devisen, Gold oder Immobilien? Fast alles ist möglich, wenn auch nicht unbedingt sinnvoll.

Da die meisten ETFs Aktienindizes abbilden, konzentrieren wir uns darauf (erst einmal, alles andere → Seite 80). Überlegt, in welchen Markt ihr euer Geld stecken wollt. Ob die Unternehmen groß, mittel oder klein sein sollen. Welche Länder oder Branchen in Frage kommen. Wie breit ihr streuen wollt. Wie wichtig euch Nachhaltigkeit (→ Seite 171) ist. Grundsätzlich ist es gut, euch auf etablierte Indizes zu konzentrieren, die den Markt gut abdecken. Folgende Indizes könnten unter diesen Aspekten für euch interessant sein:

- Für Aktien der Eurozone ist dies etwa der Euro Stoxx 50. In dem Index sind die 50 führenden Unternehmen aus der Eurozone gelistet. Wollt ihr zusätzlich europäische Unternehmen aus Ländern, die den Euro nicht eingeführt haben, wie der Schweiz, kommt der Stoxx Europe 50 oder der Europe Stoxx 600 in Betracht. Unter den europäischen Indizes streut er am breitesten. Mit ihm investiert ihr in 600 Unternehmen aus 17 Ländern.
- Für nordamerikanische Aktien sind der S&P 500, der MSCI USA oder der MSCI North America gut geeignet. Der bekannteste Index für Aktien aus der gesamten entwickelten Welt ist der MSCI World. Für Investitionen in Schwellenländer hat sich der MSCI Emerging Markets durchgesetzt. Rund 1.400 Aktien aus 24 Ländern werden darin geführt. China stellt dabei mit knapp einem Drittel aller Titel den größten Anteil.
- Eine noch breitere Streuung mit mehr als 3.000 Aktien bilden der MSCI All Country World Index sowie der FTSE All World Index ab. Der MSCI All Country World Index, auch gern mit dem Kürzel ACWI versehen, umfasst Unternehmen aus 23 Industrie- und 27 Schwellenländern. Auf die Schwellenländer entfällt ein Anteil von rund 10 Prozent. Dadurch sinkt der Anteil der US-Aktien im Vergleich zum MSCI World von 70 auf 60 Prozent. Noch breiter ist der FTSE All World aufgestellt. Er bildet die Wertentwicklung von knapp 4.000 Aktienkursen ab. Die US-Unternehmen sind mit 55 Prozent eher untergewichtet. In den meisten Welt-Indizes haben sie größeres Gewicht, 70 Prozent sind keine Seltenheit.

## Vergleichen

Habt ihr euch entschieden, zum Beispiel für einen ETF auf den MSCI World, vergleicht die Anbieter zunächst nach Kosten und Größe. Warum Kosten ein wichtiges Kriterium sind, ist klar. Bei der Größe eines ETFs erschließt sich das erst auf den zweiten Blick.

Die Größe eines ETFs drückt sich, wie bei anderen Fonds auch, im Fondsvolumen aus. Das Fondsvolumen ist das ganze Geld, das in einem ETF steckt. Je größer das Fondsvolumen, desto besser ist der ETF auf dem Markt aufgestellt. ETFs brauchen eine gewisse Größe, um rentabel arbeiten zu können, weil ihre Gebühren so niedrig sind. Ist das Fondsvolumen auf Dauer nicht hoch genug, kann der ETF wieder vom Markt genommen werden. Ist zwar nicht schlimm, aber lästig und mit Extrakosten verbunden, da ihr in einem solchen Fall eben wieder einen neuen ETF suchen müsst. Laut den Anbietern von ETFs liegt die Benchmark, ab der sich die Verwaltung eines ETFs lohne, zwischen 50 und bis zu 100 Millionen Euro Fondsvermögen.

## Präferenzen klären

Es gibt ETFs, die die Dividenden ausschütten und andere, die sie direkt wieder anlegen (thesaurieren). Beides hat seine schönen Seiten. Bei einem thesaurierenden ETF, also wenn das Geld im Fonds verbleibt, nehmt ihr den Zinseszins (→ Seite 74) noch mit. Wenn ihr lieber ab und zu ein paar Euro extra auf eurem Konto haben möchtet, nehmt einen ausschüttenden ETF. Der überweist euch die Dividenden direkt.

Bei thesaurierenden Fonds ist der Vorteil, dass ihr euch nicht um die Wiederanlage der Erträge kümmern müsst und den Zinseszinseffekt nutzt – ohne weitere Kosten beim Kauf von neuen ETF-Anteilen.

Ob der ETF die Dividenden an euch ausschüttet oder in den ETF reinvestiert, lässt sich bei manchen Anbietern im Namen erkennen. Allerdings nicht überall gleich. Ausschüttende ETFs werden mit D, Dis oder Dist bezeichnet, vom englischen „distributing". Thesaurierende ETFs bekommen die Kürzel C oder Acc, nach „accumulating".

Wenn ihr nachhaltige EFTs favorisiert, ist die Abkürzung ESG für Environment, Social and Governance oder SRI für Social Responsible Investment im ETF-Namen der richtige Wegweiser. Stehen diese Kürzel bei einem ETF im Titel, dann bedeutet das: Der entsprechende Index wurde nach Nachhaltigkeitskriterien gefiltert (→ Seite 171). Dadurch sind aber deutlich weniger Titel in dem ETF gelistet. Die Streuung ist also nicht so hoch. Beim MSCI World beispielsweise bleiben von mehr als 1.500 Titeln noch 400. Dennoch war es in den letzten Jahren kein Nachteil, in grüne Investments zu gehen. Die Renditen haben sich von Anfang 2017 bis Anfang 2022 bei beiden Indizes verdoppelt.

## Wie kriegt ihr ihn?

ETFs werden zwar von Fondsgesellschaften ausgegeben, aber selten von eurer Filialbank vor Ort angeboten. Das liegt unter anderem daran, dass die meisten unter ihnen keine ETFs im Programm haben und lieber eigene Finanzprodukte verkaufen, an denen sie durch die Provisionen etwas mitverdienen. Alles, was ihr an einem ETF spart, bekommt ja auch irgendjemand nicht.

Darum müsst ihr euch in der Regel selbst kümmern, wie ihr ETFs in euer Depot (→ Seite 131) bekommt. Aber keine Sorge, das ist überhaupt kein Problem!

Wenn ihr euch für einen Index entschieden habt, in den ihr investieren wollt, könnt ihr im Netz die Anbieter suchen, die den entsprechenden ETF im Programm haben. Auf den Seiten der ETF-Anbieter findet ihr die Factsheets und alle weiteren wichtigen Infos zu dem ETF. Es wird in der Regel sogar jede einzelne Aktie und ihre Gewichtung aufgeführt. Natürlich gibt es Angaben, welche Länder und Branchen vertreten sind, wie viel er kostet und ob der Index Nachhaltigkeitskriterien berücksichtigt. Außerdem erfahrt ihr, wie der ETF repliziert, ob er thesauriert oder ausschüttet und vieles mehr.

Die großen Indizes wie der MSCI World werden von vielen Fondsgesellschaften als ETFs angeboten. Da könnt ihr nach euren Präferenzen aussuchen. Diese ETFs bekommt ihr auch bei jeder Onlinebank oder über euer Onlinedepot bei der Hausbank. Ihr müsst dazu nur die WKN (Wertpapierkennnummer) (→ Seite 60) oder die ISIN (International Securities Identification Number) eures Wunsch-ETFs wissen. Die erfahrt ihr mit einer kurzen Recherche im Internet. Entweder sucht ihr über den Index nach passenden ETFs oder ihr präferiert einen Anbieter und schaut dort nach den Identifikationsnummern. Egal wo, ihr werdet schnell fündig werden.

Nicht jeden ETF könnt ihr über jedes Depotkonto kaufen. Wenn eure Onlinebank nur bestimmte ETFs anbietet und ihr euer Konto nicht wechseln wollt, schaut euch zuerst die Anbieter an, die ihr problemlos über euer Depot kaufen könnt. Wenn euch allerdings das Investment besonders wichtig ist oder es ein besonders gutes Angebot gibt, spricht auch nichts gegen einen Wechsel der Bank. Eine Anlage in einen ETF ist langfristig orientiert, da solltet ihr euch mit eurer Entscheidung wohlfühlen.

Habt ihr eine Entscheidung gefällt, die WKN oder die ISIN herausgefunden, wickelt ihr den Kauf über euer Depot ab. Überlegt euch genau, wie viele Anteile ihr kaufen wollt oder könnt und ob ihr genug Geld auf dem Auszahlungskonto habt. Das Auszahlungskonto, auch Referenzkonto genannt, ist meistens das Girokonto, über das eure Käufe und Verkäufe abgerechnet werden. Bei manchen Onlinebrokern braucht ihr zusätzlich noch ein Verrechnungskonto (→ Seite 140), auf das dann das Geld für eure Aktienkäufe überwiesen wird.

Fazit: Ein ETF ist immer so gut wie der Index, den er abbildet. Bezieht sich euer ETF auf große Aktienindizes, seid ihr auf der sicheren Seite: die Titel darin gehören immer zur Crème de la Crème. Ihr investiert in der Regel in die besten Unternehmen auf der Welt, eines Landes, Gebietes oder einer Branche, wenn ihr einen ETF auf einen solchen Index kauft. Denn, wenn eine gelistete Aktiengesellschaft weniger Gewinn macht, der Kurs abrutscht, ein anderes Unternehmen zu den Wichtigsten aufsteigt, dann tauscht der Index die Aktienunternehmen aus. Oder wenn sich ein neues Unternehmen etabliert, wie der 2003 gegründete Tesla-Konzern, dann müsst ihr euch nicht darum kümmern und überlegen, ob ihr Aktien kauft oder nicht. Wenn das Unternehmen erfolgreich genug ist, um in der ersten Liga mitzuspielen, rutscht die Aktie über den ETF automatisch in euer Depot hinein. Daher kann man ganz klar sagen: ETFs sind die beste langfristige Aktienanlage für Einsteiger:innen (und für alle anderen auch). Breit aufgestellt, gut verständlich, mit niedrigen Kosten und beeindruckenden Renditen.

## Sparpläne – ein guter Plan

Jetzt habt ihr schon einige Anlageformen kennengelernt – und vielleicht schon was Passendes gefunden? Da stellt sich natürlich auch die Frage wie ihr vorgeht, um dauerhaft und bequem Vermögen aufbauen zu können. Ideal sind dabei Sparpläne – die es als Bank- und Wertpapiersparpläne gibt.

Banksparpläne funktionieren vergleichsweise simpel. Ihr überweist zum Beispiel monatlich einen bestimmten Betrag auf ein Sparkonto, das eure Bank dann zu festgelegten Konditionen anlegt und am Ende der Laufzeit dann an euch zurückzahlt – plus Zinsen. Die Verzinsung kann entweder variabel oder über die gesamte Laufzeit festgelegt sein. Möglich sind auch Modelle, bei denen die Zinsen von Jahr zu Jahr ansteigen (Wachstumssparen) oder neben der variablen Basisverzinsung mit zusätzlichen Bonuszahlungen belohnt werden. Vorausgesetzt, ihr haltet bis zum Ende durch, wächst euer Erspartes dank des Zinseszinses im Lauf der Jahre immer schneller. Und jetzt kommt das Aber: Banksparpläne erreichen in Niedrigzinszeiten nur eine minimale Rendite (sind allerdings maximal sicher!). Die besten Sparpläne findet ihr hier:

Daneben werden Aktien-, Fonds- oder ETF-Sparpläne angeboten. In solche Wertpapiersparpläne zu investieren ist deutlich rentabler. Wenn ihr also langfristig in Raten Geld ansparen wollt, das ihr die nächsten zehn oder 15 Jahre nicht benötigt, ist das ein super Plan! Bei Wertpapiersparplänen kauft ihr von euren Sparraten jedes Mal ein paar der Anteile des entsprechenden Wertpapiers. Auch in diesem Fall könnt ihr Rhythmus und Höhe der Einzahlung jederzeit anpassen. Nur die Rendite ist deutlich höher. Eine Win-win-win-Situation, wenn ihr so wollt. Flexibel, ziemlich sicher und erfreuliche Renditen.

Es gibt Sparpläne auf alles Mögliche. Unter anderem auf passive Indexfonds, also auf ETFs. Da bei passiv gemanagten Fonds keine

**GUT ZU WISSEN**

Augen auf bei den Kosten: Gerade wenn ihr nur kleine Beträge anspart, sind die Gebühren beim Sparplan ein Renditekiller. Wenn diese etwa pro Monat für jede Order anfallen, lohnt es, den Sparplan einfach nur alle drei Monate, dafür aber dann mit einer höheren Summe anzusparen. Zum Sparplan-Vergleich geht es hier:

Kosten für das aktive Managen der Fonds anfallen, gehört der ETF-Sparplan zu den Knallern bei den Fondssparplänen. Mit einer kleinen Rate könnt ihr weltweit in Aktien investieren – was geringes Risiko bedeutet, die Rendite steigert und deren Einrichtung bei einzelnen Anbietern sogar kostenlos oder gegen geringes Entgelt zu haben ist (zu den Einzelheiten → Seite 134).

Ein ETF-Sparplan ist auf längere Zeit angelegt. So können auch miese Jahre an der Börse wieder aufgefangen werden. Außerdem ist der Einstiegszeitpunkt nicht so entscheidend, weil die investierten Beträge zunächst nur gering sind. Sparpläne sind also auch eine Möglichkeit für euch in den Aktienmarkt einzusteigen, wenn es gerade nicht so optimal läuft.

Beim Ausstiegszeitpunkt sieht das anders aus. Da steckt euer ganzes Kapital drin. Ist der Zeitpunkt ungünstig, könntet ihr den Sparplan verlängern oder das Kapital umschichten. Das bedeutet, Anteile am ETF zu verkaufen und in eine sicherere Anlage anzulegen. Vermutlich wird das bei euch nicht nötig sein, da ihr auch die Zeit für sehr lang angelegte Sparpläne habt, die bisher immer gute Renditen erwirtschaftet haben.

Da es bei Sparplänen um den langfristigen Vermögensaufbau geht, sind besonders thesaurierende ETFs vorteilhaft. Denn die zahlen die Dividenden nicht aus, sondern legen sie wieder im Fondsvermögen an. Auf diese Weise nehmt ihr noch den Zinseszins mit. Es gibt auch Depotbanken, die die Dividenden wieder für euch anlegen, selbst wenn der Fonds nicht thesaurierend ist. Manche machen das sogar kostenlos.

## Sparen zur „Chefsache" machen

„Geschenktes" Geld – zu schön, um wahr zu sein, denkt ihr vielleicht. Aber vermögenswirksame Leistungen (VL) des Arbeitgebers gehören in diese Kategorie. Je nach Arbeits- oder Tarifvertrag werden bis zu 40 Euro im Monat zusätzlich zum Gehalt gezahlt. Da kann über die Jahre ein schönes Sümmchen zusammenkommen! Und eine Zulage des Staates (Arbeitnehmersparzulage) gibt es auch noch obendrauf, wenn ihr (noch) ein eher niedriges Einkommen habt.

> **WICHTIG**
>
> **Die Arbeitnehmersparzulage müsst ihr mit der jährlichen Steuererklärung beantragen. Bank oder Bausparkasse stellen hierzu einen Nachweis aus, der zur Anlage N der Steuererklärung gehört. Allerdings: Die Förderung wird erst nach Ende der siebenjährigen Laufzeit auf euer VL-Vertragskonto ausgezahlt!**

Die vermögenswirksamen Leistungen fließen in spezielle Verträge (werden also nicht als zusätzliches Gehalt an euch ausgezahlt!), die stets über sieben Jahre laufen. Sechs Jahre ansparen, dann ein Jahr Wartezeit, in dem keine Beiträge fließen. Danach kommt ihr an das Geld. Ein Bausparvertrag (→ Seite 119), eine laufende Bausparfinanzierung, ein Banksparplan oder ein VL-Fondssparplan sind dabei die Optionen, mit denen man das Sparen zur „Chefsache" machen kann. Zuschuss vom Staat gibt es nur, wenn ihr das Geld in einen VL-Fondssparplan oder einen Bausparvertrag steckt oder eine Baufinanzierung tilgt.

Bei allen Varianten gibt es den Vertrag bei der Bank. Diesen müsst ihr an die Personalabteilung eures Arbeitgebers geben, damit bestätigt werden kann, dass der zugesagte Betrag in den von euch ausgesuchten Vertrag eingezahlt wird.

Überlegt, ob ihr noch selbst etwas zuschießen wollt. Falls euer Arbeitgeber nur wenig vermögenswirksame Leistungen zahlt (im öffentlichen Dienst sind es zum Beispiel 6,65 Euro pro Monat), könnt ihr die Beiträge aus eigener Tasche erhöhen. Das lohnt sich zum Beispiel, wenn ihr Anspruch auf staatliche Förderung habt. Denn die wird prozentual auf den Gesamtbetrag berechnet (bis maximal 480 Euro pro Jahr). Heißt also: Ihr bekommt mehr Geld dazu, je mehr Geld in den Vertrag fließt. Wenn ihr euch für eine VL-Option entschieden habt, die einen Mindestsparbetrag hat, müsst ihr sogar aufstocken, damit ihr den Vertrag überhaupt abschließen könnt.

Werfen wir einen Blick auf die VL-Vertragsvarianten. Bei VL-Banksparplänen gibt es keine Förderung – und nur wenige Banken bieten dieses Produkt überhaupt noch an. Bei den meisten Angeboten gibt es nur eine relativ geringe Grundverzinsung auf die vermögenswirksamen Leistungen. Dafür winkt am Ende der Laufzeit ein Bonus, wenn der Vertrag nicht vorzeitig gekündigt wird. Manche erzielen mit der Bonuszahlung eine höhere Rendite als etwa eine Anlage in Festgeld. Und: Das eingezahlte Geld ist ja immerhin „geschenkt" – und ihr wisst schon bei Vertragsabschluss genau, wie viel Geld ihr am Ende erhaltet.

**VL-Varianten, Zuschüsse und Einkommensgrenzen**

| VL-VERTRAG | ZUSCHUSS VOM STAAT | EINKOMMENSGRENZEN (MAX. ZU VERSTEUERNDES EINKOMMEN) SINGLE/EHEPAAR PRO JAHR | GEFÖRDERTE EINZAHLUNGEN UND SPARRATEN (BIS ZU) FÜR SINGLE/EHEPAAR PRO JAHR |
|---|---|---|---|
| Banksparplan | keiner | | |
| Bausparvertrag | Arbeitnehmersparzulage | 17.900 € / 35.800 € | 9 % von maximal 470 €/940 €, höchstens 43 €/86 € |
| | Wohnungsbauprämie | 35.000 € / 70.000 € | 10 % auf maximal 700 €/1.400 €, höchstens 70 €/140 €, VL werden nicht angerechnet |
| Sparplan für Aktienfonds | Arbeitnehmersparzulage | 20.000 € / 40.000 € | 20 % auf maximal 400 €/800 €, höchstens 80 €/160 € |
| Tilgung einer Baufinanzierung | Arbeitnehmersparzulage | 17.900 € / 35.800 € | 9 % auf maximal 470 €/940 €, höchstens 43 €/86 € |

Wenn ihr von den eigenen vier Wänden träumt (oder vielleicht schon eine Baufinanzierung tilgt), ist ein VL-Bausparvertrag häufig ein solider Baustein (Einzelheiten → Seite 119) zur Finanzierung. Dabei werden eine Ansparphase und eine anschließende Kreditphase zur Immobilienfinanzierung kombiniert. Vorteil: Die Zinsen für diesen Kredit, der erst in einigen Jahren abgerufen wird, stehen schon bei Vertragsschluss fest. Ein sicheres Polster also, wenn die Kreditzinsen in der Zwischenzeit steigen sollten. Und für den Fall, dass ihr nach der Ansparphase den Kredit doch nicht nutzen möchtet, winken dann häufig etwas höhere Zinsen für das angesparte Guthaben. Allerdings: Bei einem Bausparvertrag zahlt ihr zu Beginn erst einmal Abschlusskosten. Die mindern natürlich eure Rendite. Für den Abschluss spricht wiederum die staatliche Förderung. Das zu berechnen und zu überblicken, ist manchmal schwer. Da hilft euch eine anbieterunabhängige Beratung.

**→ TIPP**

**Die Verbraucherzentralen beraten auch zu Baufinanzierungsfragen**
**www.verbraucherzentrale.de/beratung**

Mit dem Arbeitgeber zum Aktionär oder zur Aktionärin werden – auch das geht: VL-Fondssparpläne sind dabei der Schlüssel zum Gang an die Börse. Zwar gilt auch hier, dass ihr nicht wissen könnt, wie viel die Einzahlungen am

> **GUT ZU WISSEN**
>
> Wenn ihr bei Abschluss des Bausparvertrags jünger als 25 Jahre seid, gibt es die Wohnungsbauprämie für die sieben Jahre Vertragslaufzeit auch, wenn ihr mit dem Geld dann keine Immobilie erwerbt. Nach der Sperrfrist von sieben Jahren könnt ihr das Geld frei nutzen, ihr verliert die staatliche Förderung dann nicht.

Ende der Vertragslaufzeit wert sein werden. Aber zum einen sind die angelegten Beträge niedrig (und ja quasi ein Add on zum Gehalt), zum anderen ist das Sparziel langfristig angelegt – kurzum also gute Voraussetzungen für einen Versuch im Aktiengeschäft.

Viele Banken bieten VL-Fondssparen fast nur in Form von aktiv gemanagten Fonds (→ Seite 107) an. Für den Sparbeitrag werden Anteile an Investmentfonds gekauft, die dann in einem Depot bei einer Fondsbank – oder eben der vermittelnden Bank – verwahrt werden. Das kostet jedoch eine Verwaltungsgebühr von 2 bis 3 Prozent pro Jahr auf den Wert der Anteile.

Auch beim VL-Sparen bieten sich günstige ETFs an, die beispielsweise den Aktienindex MSCI World abbilden. Allerdings: Nicht alle erhältlichen Fonds sind für eine VL-Anlage zugelassen. Und nur bei wenigen Anbietern sind VL-fähige ETFs überhaupt im Angebot: etwa bei Comdirect, Finvesto, Ginmon und Oscar.

## Aktien

Zurück zu den Produkten, die zu euch passen könnten: Wenn ihr Aktien kauft, werdet ihr Unternehmer:in, ihr kauft euch ein kleines Stück der entsprechenden Aktiengesellschaft. Dafür bekommt ihr, wenn die Geschäfte gut laufen und das so beschlossen wurde, einen Gewinnanteil: die Dividende. Und – hier kommt die gute Nachricht – schon die kann ganz ordentlich ausfallen. Allein unter den 40 Aktiengesellschaften, die im DAX gelistet sind, findet ihr im Jahr 2022 zwölf Konzerne mit Dividendenrenditen zwischen 4 und fast 10 Prozent (→ Seite 93).

Renditebooster aber sind die eventuellen Kursgewinne an der Börse. Fünf bis zehn Prozent Gewinn kann man hier auch schon an einem Tag machen. Aber eben auch fünf bis zehn Prozent Verlust. Der Kurs einer Aktie entsteht aus Angebot und Nachfrage. Je nachdem wie viele Käufer auf Verkäufer treffen, steigt oder sinkt der Kurs.

Oftmals sind die Gründe für die Kursveränderung viel mehr psychologischer als wirtschaftlicher Natur. Daher kann auch niemand, wirklich NIEMAND vorhersagen, wie sich eure Aktien in den nächsten Monaten oder Jahren entwickeln werden. Es gibt le-

**BEISPIEL**

Wenn zehn Menschen bei eBay (inzwischen umbenannt in Kleinanzeigen) das gleiche Buch ersteigern wollen, ist das gut für den Preis. Meldet sich hingegen niemand, muss der Verkäufer den Preis absenken, um doch noch ein Angebot zu erhalten.

diglich ein paar Faktoren, die euch bei einer Einschätzung helfen. Dazu gehören zum Beispiel die Gewinnaussichten eines Unternehmens. Aber auch Dinge, die mit dem Unternehmen nichts zu tun haben, wie die Zinsentwicklung (→ Seite 63) oder wirtschaftliche Bedingungen (→ Seite 61).

Diese Informationen fließen alle irgendwie in den Kurs ein. Meistens allerdings nicht die aktuellen Zahlen. An der Börse wird die Zukunft gehandelt. Sechs Monate wären sie voraus, sagen die Börsianer. Damit meinen sie, dass viele Geschäftszahlen und Wirtschaftsdaten schon geschätzt worden sind, auf diese Schätzungen hin Aktien veroder gekauft wurden und die Kurse entsprechend reagiert haben. Darum steigt der Kurs auch nicht automatisch an, nur weil das Unternehmen eine glänzende Bilanz veröffentlicht hat. Nur, wenn diese glänzende Bilanz nicht erwartet worden wäre, sie nicht bereits im Kurs eingepreist ist, wie es an der Börse heißt, dann könnte der Kurs anziehen. Wenn

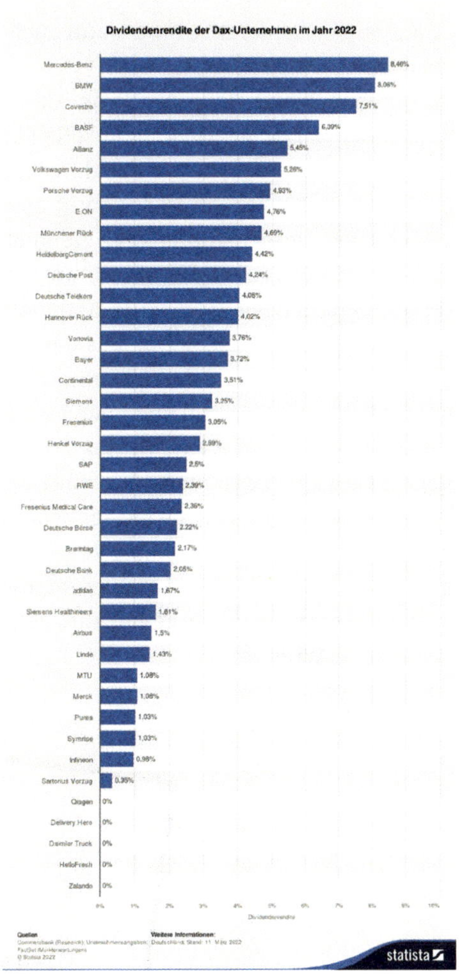

er aus einem anderen Grund dann nicht doch fällt …

Apropos Bilanz: Beim Kauf von Aktien wird gern der Tipp gegeben, man solle nur kaufen, was man versteht und sich durch die Bücher lesen. Das ist natürlich richtig, aber auch schwer umsetzbar und kann ziemlich deprimieren. Wer schon mal als Ahnungsloser vor dem Jahresbericht einer Aktiengesellschaft gesessen hat, weiß, was das bedeutet. Dazu kommt, dass Großunternehmen jede Menge Möglichkeiten haben, um Dinge in ihrer Bilanz, sagen wir mal, so variabel zu gestalten, dass nicht immer auf den ersten Blick klar ist, wie es tatsächlich im letzten Jahr gelaufen ist. Selbst für Profis nicht. Und wie sehr man verschleiern und auch die Spezialisten täuschen kann, zeigt das Beispiel Wirecard.

> **HINTERGRUND**
>
> **Wirecard war ein DAX-Unternehmen, das mit gefälschten Bilanzen Milliarden veruntreut hat. Sie haben damit alle hinters Licht geführt, die Prüfer, die Banker, die BaFin, den Staat.**

Daran könnt ihr auch sehen, worauf es wirklich ankommt: Wenn ihr in Einzelaktien investieren wollt, solltet ihr wissen, was ihr da kauft. Was das Unternehmen macht. Das Geschäft verstehen. Wirklich verstehen. Die Idee dahinter. Euch vielleicht sogar fragen, ob ihr die Geschäfte auch gut findet. Wie nachhaltig (→ Seite 158) sie sind. Ob ihr an das Unternehmen glaubt oder nur mit der Aktie spekuliert.

„Wenn du nicht bereit bist, eine Aktie für zehn Jahre zu behalten, dann denk erst gar nicht darüber nach, sie für zehn Minuten zu besitzen“, hat Warren Buffett (→ Seite 14, Kasten Hintergrund) gesagt. Und der sollte es ja wissen 😉.

Wenn ihr Aktien kauft, geht ihr ein Risiko ein. Immer. Wenn die Geschäfte des Unternehmens nicht gut laufen, wird der Kurs in der Regel nachgeben. Die Aktie wäre dann weniger wert und ihr würdet bei einem Verkauf weniger Geld bekommen, als ihr hineingesteckt habt. Dieses Risiko sinkt deutlich, je länger ihr die Aktien haltet.

Dennoch bleibt es bei einer Einzelaktie höher, als wenn ihr in einen Fonds investiert. Denkt an die erfreulichen Renditen der ETFs und ihre vergleichsweise sichere Aktienanlage durch die breite Streuung. Natürlich kann man daraus keine Prognose für die Zukunft ableiten, aber ihr solltet bedenken: Die Unternehmen wollen ja Gewinne machen. Wenn ihr also über eine längere Zeit in so verschiedene Unternehmen weltweit investiert, wie sie zum Beispiel der MSCI World (→ Seite 56) abbildet, seid ihr auch auf dem Aktienmarkt auf einer ziemlich sicheren Seite.

Aktien werden genau wie ETFs täglich an der Börse gehandelt. Ihr könnt also jeden Tag kaufen oder verkaufen. Also theoretisch, den längerfristigen Anlagehorizont bei Aktien hatten wir ja schon ... 😉.

Fazit: Langfristig bietet der Aktienmarkt sehr gute Renditechancen. Darum sollte die Anlageklasse Aktien auf jeden Fall in eurem Depot landen. Allerdings sind Einzelaktien mit einem hohen Risiko behaftet und das macht eine breite Streuung nötig. Aktienfonds und insbesondere ETFs sind deshalb häufig sinnvoller als Einzelaktien.

## Kryptowährungen

Sie existieren nur virtuell. Es gibt keine Münzen oder Scheine. Kryptowährungen sind nur eine Zeichenfolge in einem Computerprogramm. Im Folgenden stellen wir euch ein paar vor. Da es Tausende von verschiedenen Coins gibt und ständig neue dazukommen, kommt hier nur eine kleine Auswahl, mit der wir versuchen, den Markt ein wenig darzustellen und euch die Chancen und die enormen Risiken von Kryptowährungen näherzubringen.

### Bitcoin

Der Platzhirsch. Mit ihm und einer spannenden Idee fing alles an: Eine digitale Währung zu kreieren, die weder vom Staat noch von Banken kontrolliert wird. Das riecht nach Freiheit und Abenteuer. Was bei der Geldanlage allerdings problematisch werden kann.

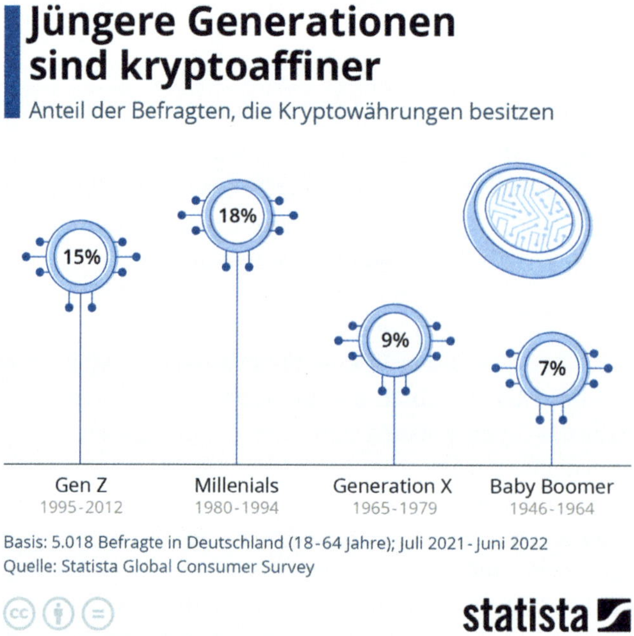


Wenn ihr euer Geld in Bitcoins oder andere Kryptowährungen steckt, ist das null abgesichert. Im Vergleich dazu: Andere Bankguthaben, wie Tagesgeld oder Festgeld, unterliegen der gesetzlichen Einlagensicherung. Die zahlt euch das Geld zurück, wenn die Bank Pleite geht. Doch bei Bitcoins gibt es so etwas nicht. Niemand kann garantieren, dass euer Bitcoin-Guthaben sichere Erträge erzielt oder ihr es nach einigen Jahren auch nur in Euro zurücktauschen könnt. Unglaubliche Gewinne oder Totalverlust – beides ist drin.

Die Schwankungsbreite des Kurses, die Volatilität, ist enorm. Das könnt ihr etwa an dieser Entwicklung gut nachvollziehen: Im April 2021 war ein Bitcoin 53.000 Euro wert, am 20. Juli war er um mehr als 50 Prozent auf gut 25.000 Euro gefallen, um gleich danach wieder durchzustarten. Im November 2021 kostete ein Bitcoin kurzzeitig mehr als 68.000 Euro, dann ging es, von kleinen Erholungspausen abgesehen, bergab. Im Juni 2022 bis unter 20.000 Euro. Im November 2022 erreichte er dann das Jahrestief von knapp über 16.000 Euro. Die Gründe für diese extremen Schwankungen sind unterschiedlich. Manchmal reicht schon ein Tweet.

> **ACHTUNG**
>
> **Bitcoins werden gern als digitales Gold bezeichnet, endlich, krisenfest usw. Doch die Krisen in letzter Zeit können das nicht bestätigen. Zu Beginn der Corona-Pandemie brach der Kurs um 50 Prozent ein und fiel auf unter 30.000 US-Dollar. Und der Krieg in der Ukraine drückte den Kurs noch weiter – während der Goldpreis stabil blieb.**

Zum richtigen Zeitpunkt ein- und auszusteigen ist bei Bitcoins (und genauso bei allen anderen Kryptowährungen) eure einzige Renditemöglichkeit. Ein Bitcoin selbst stellt keinen Wert dar. Anders als andere Anlagen: Wenn ihr eine Aktie kauft, gehört euch ein Unternehmensteilchen, wenn ihr Gold anlegt, steht dem immer ein materieller Wert gegenüber. Der Wert von Bitcoin und Co. wird nur durch die Nachfrage angeheizt.

Schwindet das Interesse, kann der Kurs schnell abrutschen. Eine Anlage in Bitcoins solltet ihr als Spielgeld betrachten. Nichts für die Altersvorsorge, aber vielleicht zum Spaß haben und Zocken. Und sich dessen auch bewusst sein. Denn was anderes als Zocken ist schwierig.

Bitcoins als Zahlungsmittel? Nur in Ausnahmefällen. Dagegen spricht, neben fehlender Akzeptanz in der Breite (Lebensmittel, Versicherungen, Miete, Gehalt), dass die Abwicklung auch ein gewisses Maß an Abenteuerlust erfordert. Schließlich schwankt der Wert des Bitcoin ganz enorm und so kann sich der Kauf eines Autos mit Bitcoins als deutlich teurer herausstellen als eine Überweisungsgebühr bei der Bank. Wer zum Beispiel am 19. September 2021 mit Bitcoin bezahlte, der musste für sein Fahrzeug mehr als 10 Prozent mehr hinblättern als ein Käufer am 21. September. In den zwei Tagen war der Kurs des Bitcoin um mehr als 10 Prozent gefallen. Das war irgendwann wohl auch den großen Unternehmen zu unsicher. Viele, darunter Tesla und Microsoft, akzeptieren mittlerweile keine Bitcoins mehr als Zahlungsmittel.

Damit ihr Bitcoins kaufen, verkaufen oder mit ihnen handeln könnt, braucht ihr ein „Wallet", einen digitalen Geldbeutel. Er muss zu der Technologie passen, auf der die Kryptowährung basiert. In eurem Wallet könnt ihr die Bitcoins verwalten. Der digitale Geldbeutel erlaubt euch auch den Zugriff auf die anderen Adressen in der Blockchain (→ Seite 44). Der Unterschied zu einem Bankkonto ist, dass nicht der Name in der Kontoadresse steht, sondern eine kryptische Zahl, der Inhaber bleibt anonym. In eurem Wallet verwaltet ihr nicht nur eure Kryptowährung, sondern befinden sich auch die Zugangsmöglichkeiten, der „private key" und der „public key". Wenn ihr zum Beispiel

einen Bitcoin verkauft, dann wird dieser an den public key des Empfängers geschickt. Und ihr legitimiert euch mit dem private key.

Es gibt verschiedene Arten von Wallets. Zum Beispiel Apps oder Software-Wallets. Damit seid ihr mit dem Internet verbunden und könnt schnell handeln. Das Problem: Sie gelten als nicht wirklich sicher. In der Vergangenheit haben immer wieder findige Kriminelle Wallets geknackt und abgeräumt. Ist der Code weg, sind die Coins weg. Sicherer sind Cold Wallets oder Hardware Wallets, die nicht mit dem Internet verknüpft sind und auf die nur ihr Zugriff habt.

Aber egal, ob ihr eure Zugangsdaten auf einen Zettel schreibt oder auf einer Art USB-Stick hinterlasst, eines ist sehr, SEHR wichtig in diesem Zusammenhang: Merkt euch die Zugangsdaten gut. Wisst ihr sie nicht mehr, kommt ihr nicht mehr an euer Wallet. Alles was darin ist, ist verloren. Die Geschichte von Stefan Thomas, einem deutschen Programmierer aus Kalifornien, der sein Passwort vergessen hat und nun nicht mehr an seine 7.000 Bitcoins kommt, macht deutlich, welche Auswirkungen das haben kann. Der Verlust von Thomas ist besonders hoch, aber grundsätzlich kommt das nicht so selten vor, wie man glauben könnte. Laut Marktforschungsunternehmen Chainalysis sind 20 Prozent aller Bitcoins in den letzten fünf Jahren nicht bewegt worden. Daher geht Chainalysis davon aus, dass sie verloren sind, weil deren Besitzer sich nicht mehr an ihr Passwort erinnern können. Aktuell (Mai

2023) sind das bei 19,4 Millionen ausgegebenen Bitcoins 3,88 Millionen Coins, an die ihre Besitzer nicht mehr kommen. Bei einem Kurs von knapp 25.000 Euro sind also mehr als 97 Milliarden Euro weg. Schade.

Die Zugangsdaten zu haben oder nicht zu haben, das kann also eine Frage von viel Geld sein. Auch für Diebe oder Betrüger. Daher ist es bei einem digitalen Geldbeutel noch wichtiger als sonst, Benutzernamen und Passwort sicher auszuwählen und sich dabei auch nur von absolut zuverlässiger Quelle helfen zu lassen. Betrügerische Broker gaben zum Beispiel vor, ihre Kunden beim Einrichten der Konten unterstützen zu wollen. So erfuhren sie die Zugangsdaten und räumten die Konten leer.

2021 war ein Rekordjahr für Betrug mit Kryptowährungen. Laut einem Report des Analysehauses Chainalysis stieg der Diebstahl von Kryptowährungen im Vergleich zum Vorjahr um über 500 Prozent auf über drei Milliarden Dollar.

Darum an diesem Punkt eine echte Empfehlung: Schaut genau hin, wer euer Geld bekommt. Und auf welche Art ihr angesprochen werdet. Dubiose Unternehmen oder entsprechende User nehmen gern über soziale Netzwerke Kontakt auf. Sie versprechen hohe Rendite oder Spitzeneinkommen zum Beispiel durch Krypto-Mining. Dabei sind oft weder die Angebote noch die Geschäftsmodelle irgendwie zu verstehen, geschweige denn seriös. Sitzt der Anbieter auch noch im Ausland, gerne auch auf karibischen Inselstaaten, lasst bloß die Finger davon. In einem solchen Fall könnt ihr euch nicht mal richtig gegen einen Betrug wehren.

Hinter vielen Angeboten stecken Schneeballsysteme. Damit das funktioniert, müssen aber immer mehr Menschen in die Coins investieren. Bleiben die Interessenten aus, bricht das System zusammen. Der Betrug durch Ruja Ignatova (→ **Hintergrund Seite 100**) mit ihrer Kryptowährung OneCoin ist ein spektakuläres Beispiel eines solchen Systems.

Unseriöse Anbieter sind gar nicht so schwer zu erkennen. Vorsichtig solltet ihr

> **! ACHTUNG**
>
> Wo so viel Geld zu verdienen ist, findet sich auch eine Menge unseriöser Angebote. 2021 kostete es Coinkäufer 2,8 Milliarden Dollar, als sie mit der neuen Masche „Rug Pull“ betrogen wurden. Dabei gaben vermeintliche Entwickler vor, Kryptowährungsprojekte zu erstellen, sammelten Geld ein und verschwanden dann. Teuer war auch der Fall der türkischen Internetplattform Thodex. 400.000 Menschen hatten ihr Geld auf der Plattform angelegt, als der Gründer mit deren Geld untertauchte. Der Schaden für sie geht in die Milliarden.

sein, wenn die Angebote mit extrem hohen Renditen oder Einkommen locken oder, wie schon erwähnt, die Firmen ihren Sitz im Ausland haben. Ein weiteres Indiz ist fehlende Transparenz – sowohl des Produkts wie des Unternehmens. Wenn das Impressum fehlt, Finger weg! Auch wenn der Anbieter ein bisschen aufdringlich ist, unaufgefordert Kontakt aufnimmt oder möchte, dass ihr Freunde werbt, ist das auch kein gutes Zeichen.

2020 wurden erste Regeln aufgestellt. Für das Verwahren von Kryptoanlagen ist seither eine Erlaubnis der Bundesfinanzaufsicht nötig.

## Risiken

Der Totalverlust ist euer größtes Risiko bei dieser Investition. Das gilt auch für den Marktführer Bitcoin. Ihr solltet euch immer vor Augen führen, dass bei dieser Anlage KEIN Wert im Hintergrund steht. Ausschließlich Angebot und Nachfrage bestimmen den Preis.

HINTERGRUND

**Die Betrugsmasche der Ruja Ignatova**

Als Krypto-Queen geriet Ruja Ignatova in die Schlagzeilen, nachdem sie mit der nicht existierenden Kryptowährung OneCoin und einem ausgeklügelten Schneeballsystem weltweit wohl mindestens vier Milliarden Dollar von arglosen Menschen erbeutet hatte. Größer als der Bitcoin sollte die Währung werden – so das Versprechen, um Investoren anzuziehen. Ermittler gehen davon aus, dass OneCoins nicht auf die für Kryptowährungen übliche Weise geschürft wurden. Außerdem wurde der Wert des OneCoins vom Unternehmen und nicht von der Marktnachfrage bestimmt.

Falsche Angaben und Zusicherungen wirkten doppelt fatal, weil OneCoin-Investoren aufgefordert worden waren, Pakete der Kryptowährung auch an Freunde und Verwandte zu verkaufen.

Die selbsternannte „Bitch of Wall Street" verschwand 2017 spurlos – die US-Bundespolizei FBI hat sie inzwischen auf die Liste der „Ten most wanted" gesetzt. Allein in Deutschland haben etwa 60.000 Anleger:innen in die wertlosen Coins investiert.

## Andere Kryptowährungen

Der Erfolg des Bitcoin lockt Nachahmer an. So soll es mittlerweile viele Tausend Kryptowährungen geben, aber genau kann das niemand sagen. Dazu ist der Markt zu heftig in Bewegung. Bitcoin ist nach Marktkapitalisierung, das bedeutet die Anzahl der Coins multipliziert mit dem aktuellen Wert, Marktführer. Allerdings bringen es mittlerweile jede Menge der digitalen Währungen auf mehr als eine Milliarde Dollar Marktkapitalisierung, darunter Ethereum, Tether, Ripple und die Spaßmünze Dogecoin.

Vor wenigen Jahren hatten nur rund zwei Dutzend Kryptowährungen eine zehnstellige Marktkapitalisierung. Nach wie vor gibt es zahlreiche kleine Währungen, die nur ein paar Cent wert sind. Und nach wie vor solltet ihr genau hinsehen, in was ihr investiert. Einige Kryptowährungen mit ihren Vor- und Nachteilen sowie ihren Besonderheiten gegenüber dem Bitcoin stellen wir euch auf den nächsten Seiten vor. Die Risiken und Chancen bei einer Investition in Coins bleiben aber in etwa immer gleich. Daher gilt auch für die folgenden Kryptowährungen: Das ist keine Geldanlage, sondern Zocken. Und nur was für euch, wenn ihr den Nervenkitzel mögt, alles verlieren zu können!

## Ethereum

Die zweitwichtigste Kryptowährung nach dem Bitcoin ist Ether. Ether gehört zum Kryptosystem Ethereum und wird zur Umsetzung der Geschäfte von Ethereum verwendet. Ethereum selbst ist eine digitale Plattform, über die ihr zum Beispiel Verträge verwalten könnt. Solche digitalen Verträge nennt man „Smart Contracts“.

Ein Smart Contract führt automatisch einen vereinbarten Prozess B aus, wenn eine Situation A eingetreten ist. Notare, Banken oder andere Drittparteien müssen nicht mehr zwischengeschaltet werden. Diese Automatisierung spart Geld und Zeit. Die Sicherheit wird durch die Blockchain als öffentliches Kassenbuch gewährleistet.

Über Ethereum kann man auch andere Token auf den Markt bringen. Andere Coins oder auch Security Token. Sie repräsentieren einen bestimmten Vermögenswert. Das kann Teil eines wertvollen Bildes oder einer Immobilie sein. Grundsätzlich repräsentiert ein Token Rechte an Wertpapieren oder Vermögensanlagen.

Aufgrund dieser technischen Möglichkeiten bietet Ethereum mehr als nur eine digitale Währung. Es handelt sich dabei eigentlich um ein digitales Sicherungssystem, das mit eigener Kryptowährung arbeitet. Es steht also ein bisschen mehr dahinter als nur eine digitale Währung. Ein Investment ist natürlich dennoch extrem riskant. Der Kursverlauf von Ethereum spricht Bände.

Spannend wird es mit Ethereum 2.0. Wird der technische Wandel reibungslos funktionieren? Eines der Hauptziele ist die Erhöhung der Kapazität, sodass Transaktionen schneller durchgeführt werden können. Zu viele User haben das jetzige Netzwerk überfordert. Außerdem soll der Energieverbrauch einer Transaktion damit um 99 Prozent gesenkt werden. Unter der alten Technik hatte eine Transaktion mit Ethereum noch einen $CO_2$-Fußabdruck, der 667.551 Visa-Transaktionen entspricht. Eine wesentliche Änderung auf der Ethereum 2.0-Blockchain wird die Umstellung von Mining auf Staking sein. Das heißt, die Kontrolle der Transaktionen und ihre Belohnung funktionieren anders (Wiki-Money → Seite 52). Das könnte ein wichtiger Schritt in die Zukunft sein.

Für Anleger:innen ändert sich nichts. Ihr könnt die Coins weiterhin über die großen Kryptobörsen kaufen und müsst euch dazu ein Konto und ein Wallet einrichten.

## Dogecoin

Der Dogecoin sollte eine Spaßwährung sein, doch der ist den Anleger:innen nach dem Kursverfall 2022 sicher gründlich vergangen. Im Vergleich zu seinem Höchststand, als der Coin mehr als ein halber US-Dollar wert war, bringt er es im Juli 2023 nur noch auf 7,5 Cent. Oder, wenn ihr das lest, auch nur noch die Hälfte davon, das Doppelte oder gar nichts mehr. Bei diesem Coin kann es schnell in die eine oder andere Richtung laufen. Die Volatilität ist ja immer ein Problem bei den Kryptowährungen, aber ganz besonders beim Dogecoin.

Das hat hauptsächlich zwei Gründe: Zum einen liegt es daran, dass ein großer Anteil aller Dogecoin-Bestände in der Hand weniger Investoren liegt. Laut Wall Street Journal gibt es zum Beispiel einen Großinvestor, der allein 28 Prozent der Coins hält. Mit einer solchen Marktmacht kann er den Kurs enorm beeinflussen. Seine Identität ist, wie bei Kryptowährungen üblich, nicht bekannt.

Zum anderen hängt der Dogecoin-Kurs auch von der Stimmung seiner prominenten Unterstützer ab. Nachdem Tweets von Elon Musk den Kurs des Dogecoin erst angefeuert haben, ging es auch mal in die andere Richtung. Im Mai 2021 sprach der Tesla-Chef im Zusammenhang mit Dogecoin von „Hustle“, was als „Abzocke“ übersetzt werden könnte – und der Kurs brach über Nacht um 28 Prozent ein. Im Februar 2022 fand er den Dogecoin wieder gut und akzeptiert ihn nun als Zahlungsmittel für ein paar Merchandising-Waren. Schwups, ging der Kurs nach oben. Wer mit Dogecoin verdienen möchte, hat also am besten einen guten Draht zu Elon Musk, Humor und gute Nerven.

Auch für den Handel mit Dogecoin gilt: Ihr braucht ein passendes Wallet. Kaufen könnt ihr die Coins mittlerweile bei allen großen Kryptobörsen.

## Ripple

Ripple ist eigentlich keine Kryptowährung, sondern ein Dienstleister mit Blockchain-Technologie, die hauptsächlich von Banken und Finanzdienstleistern genutzt wird. Das ist insofern ungewöhnlich, weil Kryptowährungen entstanden sind, um auf Banken verzichten zu können.

Ripple bietet die Blockchain-Technologie für Finanztransfers an. Die Digitalwährung von Ripple heißt XRP. Die Transaktionen werden auf der XRP-Blockchain gespeichert. Man könnte sagen, Ripple vermittelt zwischen zwei Parteien. Das Netzwerk wurde 2012 gegründet.

Ein Vorteil von Ripple ist unter anderem die Geschwindigkeit der Finanztransfers. Während Banküberweisungen auf herkömmlichem Weg, gerade ins Ausland, mehrere Tage in Anspruch nehmen können, schafft Ripple das in wenigen Sekunden – schneller als Transfers mit Bitcoins.

Die Banken nutzen Ripple aus zwei Gründen: die Transfers sind günstig – sie kosten den Bruchteil eines Cents – und es gibt viel zu handeln. Im Ripple-Netzwerk kann deutlich mehr gekauft und verkauft werden als nur die eigene Kryptowährung. Da gibt es Rohstoffe und Fiatwährungen (das sind alle nationalen Währungen, die nicht an den Preis eines Rohstoffes gebunden sind) wie Euro, US-Dollar, Schweizer Franken und viele andere mehr. Das günstige Ripple-Netzwerk nutzen die Banken quasi als Wechselstube, um global Überweisungen zu tätigen.

Fazit: Kryptowährungen sind nur was für Zocker. Auch wenn digitale Dienstleistungen wie bei Ethereum oder Ripple durchaus ihren Nutzen haben können, ist eine Investition extrem riskant. Wie sich der Markt entwickelt, ist noch völlig unklar. Ihr könnt viel Geld verdienen, aber genauso alles verlieren. Wenn euch das nicht stört und ihr kleine Beträge einsetzt: Have fun!

## Gold, Edelmetalle und Rohstoffe

„Gold, die sichere Anlage in der Krise". Das ist vermutlich der Mythos, den ihr am häufigsten hört und lest, wenn ihr es mit dem Edelmetall zu tun bekommt. Aber um es gleich vorwegzunehmen: So ist das nicht richtig. Auch der Goldpreis wird durch Angebot und Nachfrage bestimmt – entsprechend kann er ebenso heftig schwanken wie die Kurse von Aktien oder Devisen.

So halbierte sich der Goldpreis zwischen 1987 und 1999. Auch zwischen Oktober 2012 und Januar 2016 gab er 40 Prozent nach. Erst drei Jahre später zog der Preis wieder an. 2020, im ersten Corona-Jahr, lief es gut für Goldanleger. Nach einem kleinen Kursrutsch am Anfang der Pandemie erholte sich der Kurs prächtig. Zu Beginn der Ukraine-Krise stieg der Goldpreis dann auf über 2.000 US-Dollar, gab aber bis November 2022 deutlich nach, um sich schließlich wieder Richtung Kurshoch aufzumachen.

Ihr merkt schon, klare Hinweise darauf, dass Gold DIE krisenfeste Anlage ist, sehen anders aus. Allerdings glänzt Gold mit dieser Performance neben der anderen als krisenfest gepriesenen Anlage, dem Bitcoin. Die Kryptowährung hat seit Kriegsbeginn bis Ende 2022 mehr als 70 Prozent verloren.

Ein Vorteil von Gold: Allein durch seinen materiellen Wert bietet die Anlage eine gewisse Sicherheit. Gold hat noch nie und wird vermutlich auch nie seinen Wert vollständig verlieren. Gold wird schon Jahrtausende als Währung eingesetzt. Seine besondere Beschaffenheit und vor allem seine Beständigkeit machen es so besonders. Befürworter von Gold sagen, Gold habe Kriege, Depressionen und mehrere Währungsreformen überstanden und werde bis heute als Anlage geschätzt. Außerdem sei Gold, anders als Papiergeld, etwas Handfestes, Greifbares und stehe als natürlicher Rohstoff nicht unbegrenzt zur Verfügung. Diesem limitierten Angebot steht vor allem in den letzten Jahren eine ordentliche Nachfrage gegenüber, was den Preisanstieg erklärt.

Wenn ihr euch für Goldanlagen interessiert, könnt ihr entweder Goldbarren und -münzen kaufen oder alternativ Wertpapiere wie Goldaktien oder Goldfonds erwerben. Das Gewicht von Barren reicht von 1 Gramm bis zu etwa 12,5 Kilogramm. Münzen wiegen meistens zwischen einer zehntel Unze und einer Unze. Eine Unze ist das Standard-Gewichtsmaß für Edelmetalle und entspricht rund 31,1 Gramm. Der Goldpreis wird pro Unze angegeben.

Wenn ihr physisches Gold besitzen möchtet, wird das teuer. Das fängt schon beim Kauf an. Die Marge der Händler, also der Unterschied zwischen Kauf- und Verkaufspreis, ist gerade bei kleinen Barren oder Münzen happig. Für eine 1/10 Unze Krügerrand müsst ihr fast doppelt so viel bezahlen wie ihr dafür bekommt. Sammler- und Gedenkmünzen sind als reine Geldanlage nicht geeignet. Wegen des ideellen Wertes müsst ihr hohe Aufschläge auf den Materialwert zahlen. Da lohnt es sich eher, einen größeren Barren zu kaufen. Doch dabei müsst ihr wiederum bedenken, dass beispielsweise ein 100 Gramm Barren (rund 5.800 Euro im Juni 2023) eine hohe gebundene Investition ist, aus der ihr nur ganz oder gar nicht aussteigen könnt.

Außerdem: Eine Anlage in Gold ist nicht grün. Mit ökologischen und ethischen Gesichtspunkten ist sie schwer zu vereinbaren. Das liegt vor allem an zwei Dingen: Dem Einsatz giftiger Chemikalien, um Gold zu gewinnen, und den Arbeitsbedingungen in den Goldminen, wo die Arbeitenden, manchmal Kinder, erheblichen Gesundheitsrisiken ausgesetzt sind. Doch auch wenn der Goldhändler mit Nachhaltigkeit wirbt, müsst ihr genauer hinsehen. Der Begriff ist nicht per Gesetz definiert und es bleibt jedem selbst überlassen, wie er Nachhaltigkeit umsetzt. Ein Kompromiss bietet Recyclinggold. Das ist Gold, das bereits bestand, in Form von Zahngold oder Schmuck.

Achtung: Wenn ihr mit einer Goldanlage liebäugelt, solltet ihr einen möglichst renommierten Anbieter wählen. Auf dem Markt tummeln sich nämlich viele schwarze Schafe. Der Goldkauf unterliegt nicht der Aufsicht der BaFin (→ Seite 40). Im Internet findet ihr Plattformen, auf denen vor unseriösen Anbietern gewarnt wird.

Fazit: Gold als Ergänzung eurer Vermögensanlage ist gut. Fachleute raten, nicht mehr als 5 bis 10 Prozent eures Vermögens in Gold anzulegen.

Und nach der Lieferung, die einige hundert Euro kosten kann, stellt sich die Frage: Wohin mit den Barren? Zuhause lagern, auch im Safe, ist riskant. Um vor Diebstahl sicher zu sein, solltet ihr ein ausreichend versichertes Schließfach mieten. Das kostet aber zwischen 50 und 100 Euro jährlich. Die Kosten eines Goldinvestments drücken die Rendite nicht unerheblich. Und es gibt günstigere Möglichkeiten …

## Xetra-Gold oder Gold-ETC

Wer lieber keine echten Barren oder Münzen kaufen möchte, der kann sich mit Xetra-Gold auch ein Wertpapier zulegen. Diese Gold-ETCs – das Kürzel steht für Exchange Traded Commodities, also börsengehandelte Rohstoffe – sind preiswert, gut handel- und händelbar. Jedes Wertpapier verbrieft ein Gramm Feingold. Das physische Gold lagert im Zentraltresor für deutsche Wertpapiere in Frankfurt. Doch wenn ihr es selbst lagern möchtet, wird es gegen Aufpreis sogar auch ausgeliefert.

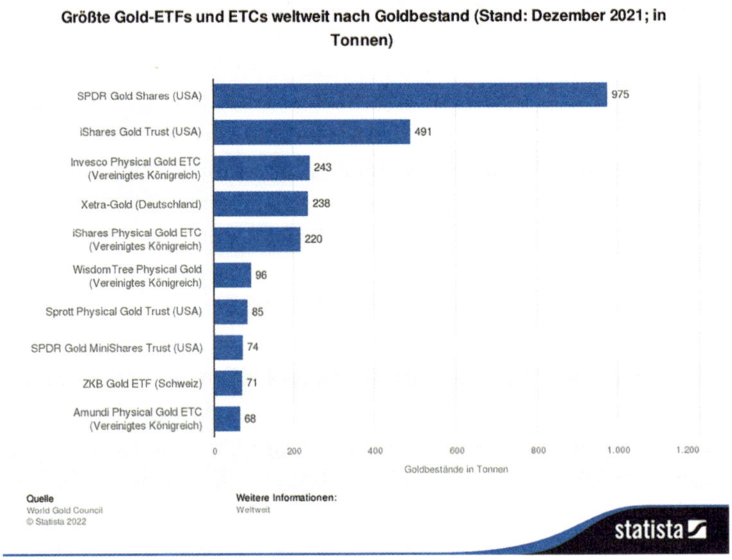


Der Vorteil der Goldwertpapiere: Man braucht kein Schließfach, ein Depot genügt. Und preiswert sind die Papiere auch. Die Kaufkosten für Gold-ETCs sind nicht höher als für gängige Aktien-ETFs, bei günstigen Direktbanken also sehr gering.

Doch es gibt auch einiges zu beachten und zu bedenken. ETCs sind Schuldverschreibungen. Damit habt ihr ein sogenanntes Emittentenrisiko. Das bedeutet: Wenn der Emittent, also der Herausgeber des Gold-ETC, zahlungsunfähig wird, bekommt ihr euer Geld nicht zurück.

Da ein ETC an die Wertentwicklung eines Rohstoffes gebunden ist, können die Kurse ordentlich schwanken. Die Ursachen dafür sind schwer abzuschätzen und können aus vielen Ecken herrühren. Sie können sowohl im unternehmerischen Umfeld begründet sein als auch von politischen Faktoren abhängen. Hohe Gewinne und hohe Verluste sind möglich.

Bei vielen ETCs kommt noch das Währungsrisiko dazu, da viele Rohstoffe – etwa Edelmetalle – hauptsächlich in US-Dollar gehandelt werden. Ihr könnt euch zwar gegen das Währungsrisiko absichern, aber dafür werden natürlich Gebühren fällig.

Fazit: Goldwertpapiere sind günstiger, nachhaltiger und flexibler als physisches Gold. Wollt ihr aber Gold kaufen, um bei einem Finanzcrash gut vorbereitet zu sein, dann müsst ihr bei Barren und Münzen bleiben – und auf die oben beschriebenen Punkte achten!

## Investmentfonds

Investmentfonds sammeln das Geld verschiedener Anleger:innen ein und investieren es dann in ein vorher festgelegtes Produkt. Das können Aktien sein, Indizes, Anleihen, Immobilien, Gold, Coins und vieles mehr. Die Vorteile für euch: breite Streuung, weniger Risiko, sehr viele Möglichkeiten.

Da Investmentfonds in der Regel jederzeit verkauft werden können, kommt ihr auch noch schnell an euer angelegtes Geld. Und viel Mühe macht die Geldanlage auch nicht: In der Regel müsst ihr euch, abgesehen vom jährlichen Depotcheck, nicht groß um die Anlage kümmern.

Kommt euch das bekannt vor? Natürlich! Alle diese Vorteile kennt ihr schon von ETFs. Auch ETFs sind ja eigentlich Investmentfonds, nur eben mit der passiven Anlagestrategie „liegen lassen". Alles über ETFs findet ihr ab → Seite 75. Hier schauen wir uns die aktiv gemanagten Fonds an.

Bei diesen ist mehr in Bewegung. Die Fondsmanager wählen aktiv, der Ausrichtung nach, entsprechende Produkte aus, also zum Beispiel US-Tech-Aktien und versuchen dann das Portfolio immer wieder der Marktsituation anzupassen. Welches Unternehmen entwickelt die besseren Produkte? Bei wem lief es gut? Wer verliert an Markteinfluss? Die Fondsmanager versuchen Veränderungen schneller umzusetzen als der Markt. Sie greifen aktiv in die Fondsbestände ein und schichten um. Das ist der Unterschied zu einem ETF, der passiv gemanagt wird. Allerdings hört sich das Umschichten besser an als es ist. In den meisten Fällen schaffen es die Anlageprofis der Fondsgesellschaften nicht, den Markt zu schlagen. Auf Sicht von 15 Jahren schneiden 85 bis 90 Prozent der Fondsmanager schlechter ab als ihr Vergleichsindex.

Da es im Fondsbereich praktisch nichts gibt, was es nicht gibt, finden hier alle ihr Deckelchen, egal wie die persönlichen Bedürfnisse und Interessen auch aussehen. Wobei ihr nicht vergessen solltet: Spezielle Interessen an besonderen Branchen oder Gebieten erhöhen euer Anlagerisiko in der Regel – weil dann nicht mehr so breit gestreut werden kann. Der Spezialfonds zum Extrathemenbereich ist nicht immer eine renditeträchtige Entscheidung. Sie kann auch ein Klumpenrisiko sein, also das Risiko in sich bergen, dass vereinfacht ausgedrückt, zu viel von einer Sache darin steckt. Verlieren diese Aktien an Wert, macht der Fonds große Verluste.

Fonds können durch ihr aktives Management flexibler auf spezielle Ansprüche eingehen. Sie können zum Beispiel rund um das Thema Nachhaltigkeit ihre Aktienauswahl nach bestimmten, eigenen Kriterien aussieben. Dadurch sind aktive Fonds oft grüner als passive, die lediglich den Mutterindex nach bestimmten Kriterien filtern (→ Seite 171).

Top 10 Fondsgesellschaften in Deutschland nach dem Scope KAG-Ranking (Stand: 30. September 2022)

Top 10 Fondsgesellschaften in Deutschland 2022 - Scope KAG-Ranking

| | Top-Ratings (Anzahl der Fonds) | Gesamt (Anzahl der Fonds mit Ratings) | Anteil in Prozent |
|---|---|---|---|
| Vanguard Investments | 26 | 36 | 72.2 |
| Wellington Management | 19 | 29 | 65.5 |
| BLI - Banque de Luxembourg Investments | 15 | 26 | 57.7 |
| T. Rowe Price | 19 | 33 | 57.6 |
| JPMorgan Asset Management | 49 | 87 | 56.3 |
| Deka | 74 | 133 | 55.6 |
| First Sentier Investors | 15 | 27 | 55.6 |
| Goldman Sachs AM | 29 | 54 | 53.7 |
| MFS | 16 | 30 | 53.3 |
| Fidelity International | 38 | 72 | 52.8 |

**Hinweis(e):** Deutschland; 30. September 2022

Weitere Angaben zu dieser Statistik, sowie Erläuterungen zu Fußnoten, sind auf Page 4 zu finden.

**Quelle(n):** Scope; ID 196148

2

statista

Investmentfonds können in verschiedene Anlageklassen investieren (Mischfonds), also zum Beispiel in Aktien UND in Anleihen. Das macht eine Geldanlage noch einfacher, aber auch teurer. Und damit kommen wir schon zum größten Nachteil eines Investmentfonds: seinen Kosten. Die liegen deutlich höher als bei ETFs, die in weiten Teilen die gleichen Vorteile bieten. Im Durchschnitt zahlen Anleger:innen zum Beispiel für einen weltweit anlegenden Aktienfonds rund 1,9 Prozent pro Jahr, für einen ETF werden nur 0,4 Prozent fällig. Der Grund für die höheren Gebühren: Das Umschichten kostet. Einmal die Transaktionen selbst und dann die Gehälter der Fondsmanager. Kosten, die normalerweise auch nicht durch eine exzellente Auswahl eines erfahrenen Fondsmanagers wieder ausgeglichen werden können. Daher: Achtet darauf, Kosten drücken immer eure Rendite. Das fängt mit dem Ausgabeaufschlag an und geht über die jährliche Fondsgebühr und reicht bis hin zur Erfolgsprämie.

Den Ausgabeaufschlag zahlt ihr einmalig, wenn ihr den Fonds kauft. Ihr könnt ihn ganz leicht selbst berechnen. Ihr müsst euch nur den Unterschied zwischen dem Ausgabepreis und dem Rücknahmepreis ansehen. Der Ausgabeaufschlag kann happig sein – viele Fonds nehmen fünf, manche gar sechs Prozent – und eure Geldanlage im ersten Jahr sogar unrentabel machen.

Neben der jährlichen Gebühr, die den Fonds am Laufen und ihre Manager bezahlt hält, gibt es noch die erfolgsabhängige Vergütung („Performance Fee"): Die berechnen einige Fonds zusätzlich, wenn der Fondsmanager die Wertentwicklung seines Vergleichsmaßstabes übertrifft oder ein bestimmtes Gewinnziel erreicht. Also das schafft, wofür man ihn eigentlich schon mit der jährlichen Gebühr bezahlt und womit der aktive Fonds sich eigentlich von einem passiven ETF unterscheiden soll.

Investmentfonds gibt es in unterschiedlichen Anlageklassen. Je nach Risikobereitschaft findet ihr alles, vom Renten- über Immobilien- bis hin zum Aktienfonds, dem Klassiker. Einige sehen wir uns gleich unten noch etwas genauer an. Innerhalb dieser Fondsarten könnt ihr noch zwischen verschiedenen Anlageschwerpunkten wählen, zum Beispiel bestimmte Branchen, Länder oder Unternehmensgrößen.

Es gibt offene und geschlossene Investmentfonds. Bei einem offenen Investmentfonds könnt ihr eure Anteile jederzeit verkaufen. Bei geschlossenen Fonds ist das nicht so. Dabei beteiligt ihr euch an größeren Investitionsprojekten und bekommt euer Geld erst am Ende der Mindestlaufzeit zurück. Solche geschlossenen Investmentfonds investieren typischerweise in Immobilien, Schiffe oder Flugzeuge, also schwer verkäufliche Vermögensgegenstände. Zwar locken bei solchen Fonds die Renditen, aber die Risiken sind enorm. Ihr könnt euer Geld komplett verlieren und müsst dabei noch zuschauen, weil ihr die Anteile nicht verkaufen könnt. Darüber hinaus können weitere Fallen in den Gesellschafterverträgen geschlossener Fonds lauern (Nachschusspflicht etc.).

Die Aktien, Anleihen oder andere Anlagearten, die der Fonds hält, schütten Dividenden, also Gewinnbeteiligungen oder Zinsen aus. Wenn der Fonds dieses Geld gleich wieder investiert, dann nennt man ihn thesaurierend.

## Aktienfonds

Die meisten Investmentfonds sind Aktienfonds. Das bedeutet, sie legen euer Geld ausschließlich in Unternehmensanteile an. Hier ist die breite Streuung, die Fonds bieten, besonders wichtig. Die Kursschwankungen bei einzelnen Aktien können sehr hoch sein. Je mehr verschiedene Aktien ihr im Depot habt, desto weniger belastet euch auch der Kursausschlag der einzelnen. Stichwort: Diversifikation.

Mit einem Aktienfonds könnt ihr mit kleinem Einsatz in der ganzen Welt investieren. Ihr könnt Zugang in Länder oder Branchen bekommen, die ihr allein wahrscheinlich nicht gefunden hättet.

Aktienfonds sind zudem eine entspannte Geldanlage. Wenig betreuungsintensiv. Einmal angelegt, vertraut ihr euch – bis ihr den Fonds verkauft – den Entscheidungen der Fondsmanager an. Allerdings solltet ihr einmal im Jahr einen Blick auf eure Geldanlage und ihre Entwicklung werfen.

Einen Aktienfonds solltet ihr für eine lange Anlagedauer halten. So etwa 15 bis 20 Jahre. In dieser Zeitspanne könnt ihr Verluste so abfedern, dass die Rendite gut ist.

## Rentenfonds

Die Renten, um die es hier geht, sind festverzinsliche Wertpapiere, Anleihen. Bei einem Rentenfonds kaufen die Fondsmanager also viele verschiedene Anleihen. Für euch heißt das, ihr leiht Unternehmen oder Staaten Geld und bekommt dafür Zinsen. Die Anleihen verbriefen die Schulden, die die Unternehmen oder Staaten bei euch haben.

Viele Anleger:innen investieren in Rentenfonds, um ihr Portfolio sicherer zu machen. Die fest vereinbarten Zinsen und die deutlich niedrigeren Kursschwankungen als bei Aktien, wirken oft ausgleichend. Wenn Aktien fallen, steigt die Nachfrage nach Renten häufig.

Interessant sind Rentenpapiere und entsprechend ihre Fonds, wenn die Zinsen hoch sind. Die sicheren Zinsen bieten dann eine schöne Rente. Aktuell sieht das allerdings anders aus. Die Staatsanleihen, die in den letzten Jahren ausgegeben wurden, mussten schon von wirtschaftlich schwer angeschlagenen Ländern kommen, damit die Zinsen noch über der Inflationsrate lagen. Kein gutes Investment. Zumindest nicht das sichere, das man euch von Rentenpapieren verspricht.

Auch Unternehmen, die Anleihen auf den Markt bringen, müssen nur dann höhere Zinsen zahlen, wenn sie es nötig haben. Gut laufende Unternehmen können momentan sehr günstig Kredite bekommen. Wenn sie sich auf dem Markt, also von euch, Geld leihen müssen, dann entweder, um Zinsen an die Bank zu sparen – und dann ist eure Rendite auch eher mau. Oder weil die Bank kein Geld mehr rausrückt. Dann ist das Investment riskant.

Das ist ein grundsätzliches Problem bei Rentenpapieren. Wenn der Emittent zahlungsunfähig wird, seht ihr euer Geld vielleicht nie wieder. Eine Einlagensicherung, wie bei klassischen Bankanlagen, gibt es hier nicht. Gut, ein Rentenfonds hat den Vorteil, dass er breit streuen, also in Unternehmen und Staaten weltweit anlegen kann. Bricht da ein Schuldner weg, fällt das nicht so sehr ins Gewicht. Aber dafür kommen die Kosten für den aktiven Fonds dazu. Ihr wisst Bescheid 🙂.

Rentenfonds sind momentan nicht zu empfehlen. Das liegt nicht nur an den aktuell niedrigen Zinsen, sondern vor allem an den Aussichten auf steigende Zinsen. Gerade durch die ungewöhnlich hohe Inflationsrate in den letzten Monaten gerieten und geraten die Zentralbanken weiter unter Druck, die Zinsen anzuheben (mehr zum Warum auf → Seite 63). Dann aber würden die Kurse für Anleihen fallen. Die Stiftung Warentest hat ausgerechnet, dass ein schneller Zinsanstieg von einem Prozent einen Renten-ETF mit Euro-Staatsanleihen im ersten Jahr 7,3 Prozent Rendite kosten würde. Doch selbst nur leicht steigende Zinsen würden die Rendite um 1,6 Prozentpunkte drücken. Ihr merkt schon: Die Rendite bei Renten hat viel weniger mit den fest vereinbarten Zinsen zu tun als mit der Zinsentwicklung. Da die aktuell nach oben geht, sind Rentenfonds momentan nicht zu empfehlen.

## Mischfonds

Wie der Name sagt, investiert ein Mischfonds in verschiedene Anlageklassen, am häufigsten in Aktien und Anleihen. Wie viel Prozent wovon, entscheidet der Fondsmanager je nach Marktlage und Ausrichtung des Fonds. Grundsätzlich werden Mischfonds in offensiv, ausgewogen oder defensiv eingeteilt. Ein offensiver Fonds hat mehr Aktien im Portfolio, ein defensiver mehr Anleihen. Manchmal werden flexible Mischfonds angeboten. Da wird dann alles ganz frei gemixt.

Grundsätzlich ist es eine sehr gute Idee, Aktien und Anleihen zu mischen. Allerdings ist es mit ziemlichen Kosten verbunden, wenn man es einen Fondsmanager machen lässt. Jetzt könnt ihr das ja auch selbst und spart dabei die Gebühren, die gerade bei einem aktiven Mischfonds ganz ordentlich ausfallen können. So liegt der Ausgabeaufschlag häufig bei drei Prozent, kann aber auch mal sechs Prozent betragen. Dazu kommen die jährlichen Gebühren von durchschnittlich 1 bis 1,5 Prozent. Da fahrt ihr mit einer selbstgewählten Mischung aus einem Renten-ETF (wenn die Zinsen wieder etwas höher sind) und einem Aktien-ETF deutlich besser.

## Immobilienfonds

Es gibt offene und geschlossene Immobilienfonds. Bei geschlossenen Immobilienfonds wird das Geld eingesammelt, das für die Umsetzung eines Projekts nötig ist, zum Beispiel für den Bau einer Wohnanlage oder eines Einkaufszentrums. Sind genug Investoren gefunden, wird der Fonds bis zum Ende des Projekts geschlossen. An das Geld kommt ihr dann also nicht mehr, bis das Projekt beendet ist. Durch den Kauf des Fondsanteils seid ihr Miteigentümer geworden, mit allen Chancen und Risiken.

Geschlossene Immobilienfonds sind sehr teuer und extrem riskant. Auch sehr große Anbieter mussten schon Insolvenz anmelden. In einem solchen Fall ist das investierte Geld weg. Und das ist in der Regel nicht ganz wenig, denn bei geschlossenen Immobilienfonds warten happig hohe Mindestanlagebeträge von 10.000 Euro und mehr und noch happigere Kosten. Da können mit Ausgabeaufschlag, Treuhänder, Steuerberater, Initiatoren und Kreditvermittler auch schon mal 15 bis 20 Prozent Gebühren zusammenkommen. Wenn ihr also 10.000 Euro einsetzt, werden nur 8.000 bis 8.500 Euro tatsächlich auch in das Projekt investiert.

Offene Immobilienfonds hingegen investieren in viele verschiedene Immobilien. Wenn ihr eure Anteile an einem offenen Immobilienfonds zurückgeben wollt, müsst ihr bestimmte Fristen einhalten. So unterliegen offene Immobilienfonds einer gesetzlichen Mindesthaltefrist von zwei Jahren und einer einjährigen Kündigungsfrist. Das gilt für alle Fondsanteile, die nach dem 21. Juli 2013 gekauft wurden.

> **HINTERGRUND**
>
> **Die Einführung der Fristen war eine weitere Reaktion auf die Finanzkrise. Die offenen Immobilienfonds waren in den Jahren 2007/2008 in Schwierigkeiten geraten, weil zu viele Anleger:innen gleichzeitig ihre Anteile zurückgeben wollten. Um alle Wünsche auf Rückgabe bedienen zu können, mussten Immobilien aus dem Fondsvermögen veräußert werden. Unter Druck und in kurzer Zeit lassen sich Immobilien aber nicht zu guten Preisen verkaufen.**

Manche Fondsgesellschaften legen zusätzlich bestimmte Rücknahmetermine fest – in den Vertragsbedingungen kann die Rückgabe auf lediglich einen Termin im Jahr beschränkt werden. Viele ermöglichen aber eine börsentägliche Rückgabe.

Es gibt bei offenen Immobilienfonds kein maximales Investitionsvolumen. Kommen neue Fondskäufer hinzu, werden einfach neue Immobilien gekauft.

In den letzten Jahren sind die Preise für Immobilien extrem gestiegen. Dennoch spiegeln die Renditen bei offenen Immobilienfonds das nicht wider. Während Immobilien seit 2019 zwischen 5,8 und 11,5 Prozent (2021) teurer geworden sind, liegen die Renditen bei offenen Immobilienfonds deutlich darunter. 2021 erwirtschafteten die von der Ratingagentur Scope untersuchten Fonds mit Wohnimmobilien eine durchschnittliche Rendite von 4,7 Prozent, also nicht mal 50 Prozent der Wertsteigerung, die die Immobilien in diesem Jahr hingelegt haben. Und dennoch nicht schlecht für die Anlageklasse. Mit Gewerbeimmobilien verdienten sie sogar nur 2,2 Prozent.

### Geldmarktfonds

Solche Fonds stecken euer Geld in Anleihen, die demnächst fällig werden, oder legen es bei anderen Banken oder der Zentralbank an. Hauptsache, das Geld ist schnell verfügbar. Um Rendite geht es hier nicht. Zumindest im Moment nicht.

Große Investoren wie Versicherungen oder Fonds investieren in Geldmarktfonds, um sofort umschichten zu können, wenn sich eine gute Anlagemöglichkeit bietet. Für euch sind Geldmarktfonds weniger relevant. Tagesgeld oder Festgeld sind die besseren Alternativen, schon allein wegen der, ihr ahnt es schon, Kosten.

GUT ZU WISSEN

**Investmentfonds bieten euch alles, was für eine gute Geldanlage nötig ist. Breite Streuung, sehr viele unterschiedliche Ausrichtungen, langen Anlagehorizont. Ihr könnt auch mit kleinen Beträgen und Sparplänen einsteigen. Sie sind, abgesehen von geschlossenen Fonds und offenen Immobilienfonds, schnell zu verkaufen. Der einzige Nachteil des aktiven Investmentfonds sind die hohen Kosten. Und die könnt ihr durch den Kauf eines passiven Investmentfonds, eines ETF, umgehen.**

## Festverzinsliche Wertpapiere

Diese sind in den vergangenen Jahren ein wenig in Vergessenheit geraten. Die niedrigen bis gar nicht vorhandenen Zinsen haben eine zu schlechte Rendite versprochen. In anderen Zinszeiten kann eine kleine Beimischung von festverzinslichen Anlagen das Risiko bei der Geldanlage abfedern. Und die Zinsen müssen ja nicht ewig so niedrig bleiben ... Allerdings:

ACHTUNG

**Bei negativen Renditen nach Inflation von minus 5 Prozent verliert ihr auch mit sicheren Anleihen (→ unten) auf Dauer Geld.**

Schauen wir uns dennoch mal an, was es da alles so gibt.

### Anleihen

Für Anleihen gibt es jede Menge Namen. Sie heißen Inhaberschuldverschreibungen, Staatsanleihen, Unternehmensanleihen, Corporate Bonds oder Pfandbriefe. Anleihen werden von Staaten oder Unternehmen ausgegeben. Kauft ihr eine Anleihe, dann leiht ihr dem jeweiligen Staat oder Unternehmen Geld. Ihr vergebt sozusagen einen Kredit, für den ihr feste Zinsen bekommt.

Die Höhe der Zinsen orientiert sich nicht nur an dem Zinsniveau bei der Ausgabe der Anleihe, sondern auch an der Laufzeit und der Bonität des Staats oder des Unternehmens, der oder das die Anleihe herausgibt. Diese Bonität, also wie gut das Unternehmen oder der Staat dastehen, wird von Ratingagenturen eingeschätzt. Dazu vergeben sie Bewertungen von AAA (Triple A, alles super, keine Liquiditätsprobleme) bis D (ist zahlungsunfähig). Je schlechter die Bewertung ausfällt, also je größer das Risiko ist, dass das Land seine Schulden nicht begleichen kann, desto tiefer muss es in die Taschen greifen, um Geld geliehen zu bekommen. Die höheren Zinsen gleichen das höhere Risiko aus.

Anleihen haben feste Laufzeiten. Von Anfang an wisst ihr also, wie lange ihr welche Zinszahlungen bekommt. Hättet ihr 1997 eine Bundesanleihe gekauft, würdet ihr jedes Jahr bis 2027 6,5 Prozent Zinsen bekommen. 2021 wurden Bundesanleihen mit einer Verzinsung von 0,0 Prozent ausgegeben. Der Staat zahlt damit für sein geliehenes Geld also keine Zinsen. Gut für das Haushaltsdefizit, schlecht für Anleger:innen.

Je länger die Laufzeit, desto mehr Zinsen werden gezahlt. Damit soll die längere Bindung des Geldes ausgeglichen werden. Laufzeiten können zwischen wenigen Monaten und 30 Jahren liegen. Aber auch wenn ihr eine 30-jährige Bundesanleihe überschrieben bekommen habt, müsst ihr sie nicht bis ans Ende der Laufzeit behalten. Denn viele Anleihen werden an den Börsen gehandelt. Ihr könnt sie also schnell und unkompliziert über eure Bank kaufen und verkaufen.

Die Zinsen der Anleihe werden regelmäßig ausgeschüttet. In der Regel jährlich. Man bezeichnet sie auch als Kupon. Wenn ihr eine Anleihe zwischen zwei Zinsausschüttungen kauft, werden die Zinsen anteilig angerechnet.

Die Rendite eurer Anleihe kommt nicht allein über die Zinsen. Auch der Kurs, zu dem sie an den Börsen gehandelt wird, wirkt sich auf euren Gewinn aus. Der Kurs wird dabei nicht in Euro angegeben, sondern in Prozent. Er ergibt sich, wie auch bei Aktien, aus Angebot und Nachfrage. Steigt der Kurs, steigt eure Rendite. Ein Kurs von 100 entspricht genau dem Nennwert der Anleihe. Der Nennwert ist das, was ihr am Ende der Laufzeit zurückgezahlt bekommt. Steigt der Kurs der Anleihe auf 105, dann hat sich der Wert eurer Anleihe um fünf Prozentpunkte gesteigert.

Die Kurse von Anleihen schwanken nicht so stark wie die von Aktien. Ob ein Kurs steigt oder fällt, liegt hauptsächlich an den gleichen drei Faktoren, die schon bei der Ausgabe der Anleihe die Zinshöhe beeinflusst haben. Das ist kein Zufall. An den Zinsen kann nachträglich nicht mehr gedreht werden, festverzinslich bleibt festverzinslich, aber den Kurs kann man beeinflussen.

Zum Beispiel, wenn die Bonität des Emittenten, also demjenigen, der sich das Geld bei euch leiht, sich plötzlich verändert. Das konntet ihr gut beobachten, als Putins Truppen den Krieg in der Ukraine begonnen haben. Die Kurse der russischen Staatsanleihen fielen ins Bodenlose, als daraufhin Sanktionen beschlossen wurden. Die Ratingagenturen bescheinigten Russland mit einem C-Rating den drohenden Staatsbankrott. Da wollte niemand mehr sein Geld in russischen Anleihen haben. Keine Käufer, aber viele Verkäufer – der Kurs brach ein.

Auch die Laufzeit einer Anleihe wirkt sich auf den Kurs aus. Je näher der Tag der Rückzahlung kommt, umso mehr gleicht sich der Börsenkurs der Anleihe ihrem Nennwert an. Das liegt daran, dass man nur den Nennwert am Tag der Rückzahlung überwiesen bekommt. Und dann zahlt im Vorfeld keiner mehr Geld für diese Anleihe.

Hauptsächlich passen sich die Kurse der Anleihen dem aktuellen Zinsniveau an. Ein Beispiel macht das deutlich: Noch mal zur Bundesanleihe von 1997. Wenn ihr heute so eine hochverzinste Anleihe haben wollt, müsst ihr tief in die Tasche greifen. Im Mai 2022 zum Beispiel stand sie auf einem Kurs von 130. Ihr müsst also rund 13.000 Euro investieren, um 10.000 Euro in fünf Jahren zurückzubekommen. So bleibt, trotz des hohen Zinses von 6,5 Prozent, nur ungefähr so viel Rendite wie bei vergleichbaren Staatsanleihen zu anderen Zinszeiten. Die Kursentwicklung federt die Zinsunterschiede ab. Entsprechend hat nach den Zinserhöhungen im Laufe der vergangenen Monate auch der Kurs der 6,5-prozentigen Bundesanleihe im Juni 2023 auf 115 nachgegeben.

Es gibt ein paar Messdaten, die euch helfen, den Markt richtig einzuschätzen. Zum einen ist das der deutsche Rentenindex, der REX. Sozusagen der DAX-Bruder für Anleihen. Der REX misst die durchschnittliche Wertentwicklung deutscher Staatsanleihen. Der REX wird täglich aus den Kassakursen von 30 Bundesanleihen, Bundesobligationen und Bundesschatzanweisungen ermittelt. Dazu werden Anleihen von ein bis zehn Jahren herangezogen und solche mit Zinshöhen von 6 Prozent, 7,5 Prozent und 9 Prozent. Die verschiedenen Anleihen werden dann noch nach ihrem Marktanteil der letzten 25 Jahre gewichtet. Am REX könnt ihr ablesen, wie sich eine durchschnittliche deutsche Staatsanleihe entwickelt hat. Der REX sinkt, wenn die Zinsen steigen und steigt, wenn die Zinsen sinken. Auf den REX werden, wie auf alle Indizes, auch ETFs angeboten.

Immer wieder fällt auch das Wort Umlaufrendite. Sie wird von der Bundesbank täglich berechnet und ist ein gewichteter Mittelwert aus den Renditen ausgewählter öffentlicher Anleihen und anderer deutscher Festzinspapiere. Diese ausgewählten Anleihen müssen mindestens vier Jahre Ge-

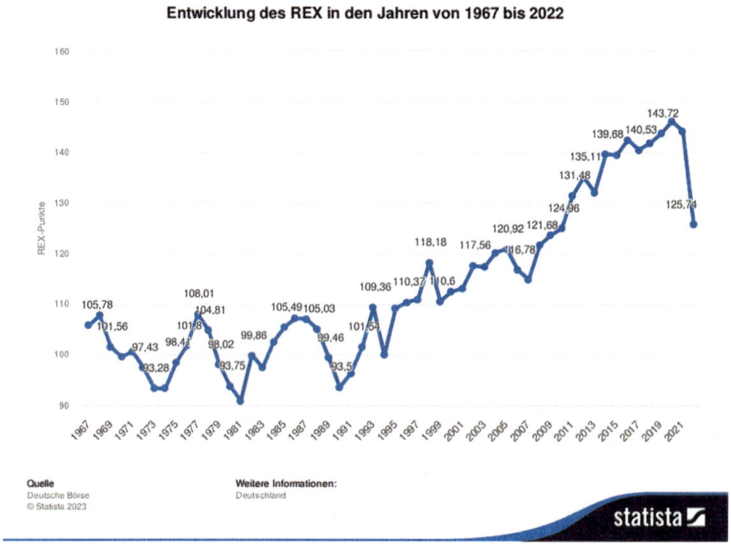


samtlaufzeit und drei Jahre Restlaufzeit haben. Die Umlaufrendite spiegelt das aktuelle Zinsniveau am Anleihemarkt wider. An ihr könnt ihr euch orientieren, wie viel Zinsen Anleihen aktuell abwerfen.

Der Euro-Bund-Future hingegen wagt einen Blick in die Zukunft. Er tut so, als würde er eine Bundesanleihe handeln, die mit sechs Prozent verzinst wird und eine Laufzeit von zehn Jahren hat. Das Ganze ist ein Termingeschäft. Das bedeutet, der Verkäufer verpflichtet sich zu einem vorher festgelegten Preis, die Ware, oder hier die fiktive Anleihe, zu kaufen. Das heißt, er muss schätzen, wie sich die Zinsen und entsprechend die Rentenpapiere entwickeln. Der Kursverlauf des Euro-Bund-Future ist daher ein aussagekräftiger Indikator für zukünftige Zinserwartungen. Wie bei allen Festzinspapieren sinkt der Kurs, wenn die Marktteilnehmer mit steigenden Zinsen rechnen und steigt, wenn sinkende Zinsen erwartet werden. Liegt der Kurs des Euro-Bund-Future unter 160 Punkten, besitzt die zugrunde liegende fiktive Bundesanleihe eine positive Rendite.

## Staatsanleihen

Staatsanleihen gibt es vermutlich von (fast) jedem Land der Welt. Sie finanzieren sich damit ihren Staatshaushalt. Deutschland bietet verschiedene Bundeswertpapiere an, die Bezeichnungen hängen mit der Laufzeit des Wertpapiers zusammen. Anleihen des Bundes mit einer Laufzeit von bis zu zwei Jahren heißen Bundesschatzanweisungen, bei fünfjähriger Laufzeit werden es Bundesob-

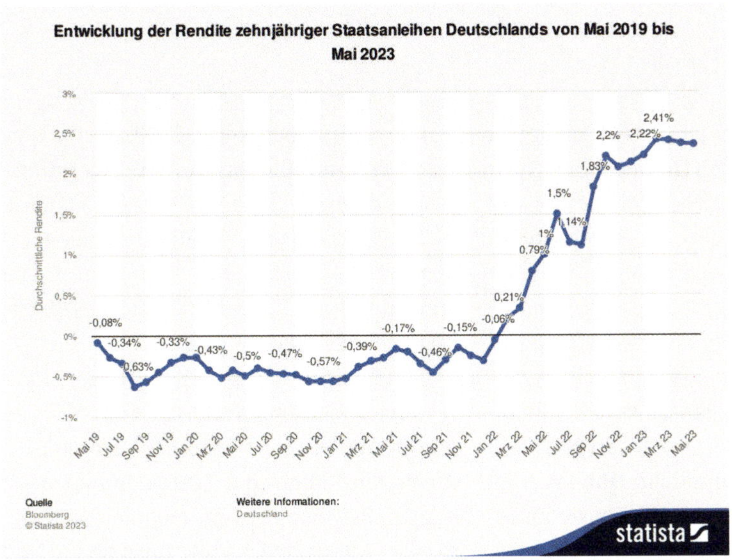


Im April des Jahres 2023 lag die Rendite deutscher Staatsanleihen mit zehnjähriger Laufzeit bei durchschnittlich etwa 2,36 Prozent. Verglichen mit dem April des Vorjahres ist dies ein Anstieg um rund 199 Prozent. Damals wurden zehnjährige Bundesanleihen noch mit ca. 0,79 Prozent verzinst.

ligationen. Die Laufzeiten der Staatsanleihen liegen zwischen sieben und 30 Jahren.

Lange Zeit gab es für deutsche Staatsanleihen keine Zinsen. Gar keine. Wer eine kaufte, gab also einen Kredit, für den man nichts bekam. Dennoch waren die Papiere heiß begehrt. Die Sicherheit, die mit ihnen verknüpft ist, schien für Anleger:innen die negative Rendite aufzuwiegen. Anfang 2023 zeigte die Renditekurve wieder nach oben.

## Unternehmensanleihen

Eine höhere Rendite, aber auch ein höheres Risiko versprechen Unternehmensanleihen oder Corporate Bonds. Mit eurer Investition leiht ihr einem Unternehmen Geld und bekommt dafür Zinsen. Alles wie gehabt. Ein bisschen spannender ist die Sache mit dem Kurs. Wenn das Unternehmen sich gut entwickelt und die Ratingagenturen die Bonität nach oben setzen, steigt der Kurs der Unternehmensanleihe. Darauf zu setzen ist aber sehr spekulativ.

Das ganze Investment ist riskant. Vielleicht nicht so sehr bei großen Unternehmen, aber bei den mittelständischen. Nach einer von der Unternehmensberatungsgesellschaft Capmarcon erstellten Statistik ging bei jeder vierten Anleihe von mittelständischen Unternehmen etwas schief. Entweder die Unternehmen konnten die Zinsen nicht bezahlen oder gleich die ganze Anleihe nicht. „Leistungsgestört" nennt sich das. Betroffen sind seit 2010 Investments in Höhe von 2,9 Milliarden Euro. Der Grund: Nicht selten bekommen die Unternehmen von den Banken schon kein Geld mehr und versuchen ihr Glück dann über eine Anleihe bei den Privatanlegern.

Fazit: Anleihen als festverzinsliche Wertpapiere werfen aktuell eine zu schlechte Rendite ab, um eine gute Anlage für euch zu sein. Die Anleihen, die höher verzinst sind, haben auch ein höheres Risiko. Statt einzelner Anleihen könntet ihr einen Anleihen-ETF kaufen. Das Risiko ist wegen der breiten Streuung dann geringer.

## Immobilien

Was sich definitiv gelohnt hat im letzten Jahrzehnt waren Immobilien. Vor allem in den Großstädten hat ihr Wertzuwachs den Eigentümern sehr hohe Renditen und den Mietern immer höhere Mieten beschert. Bundesweit haben sich die Preise für Ein- und Zweifamilienhäuser sowie Eigentumswohnungen zwischen 2010 und 2021 um mehr als 80 Prozent verteuert, hat die Bundesbank berechnet. Ein Hauptgrund: Die steigende Nachfrage der Käufer wegen der bislang günstigen Kredite.

Euch wird es egal sein, ob frühere Käufer super mit dem Kauf ihrer Immobilie gefahren sind, für euch bedeutet es aktuell: Die Preise sind hoch, die Zinsen immer noch vergleichsweise niedrig, ziehen aber langsam an. Lohnt sich ein Kauf also noch? Sind Immobilien eine gute Geldanlage?

### Vor- und Nachteile

So pauschal ist das nicht zu beantworten. Wie gut die Rendite einer Immobilie ist, hängt an einigen Faktoren. Der Wichtigste ist die Lage. Immobilienpreise steigen nur, wenn die Nachfrage größer ist als das Angebot. Daher ist die Preisentwicklung von Immobilien regional sehr unterschiedlich. Während die Preise in Berlin und München durch die Decke gingen, fielen sie in manchen ländlichen Gebieten sogar. Wenn ihr niemanden findet, der den wunderschönen Bauernhof in Brandenburg kaufen will, ist der Hof vielleicht irgendwann gar nichts mehr wert.

Ein weiterer wichtiger Faktor, der die Nachfrage nach Immobilien beeinflusst hat, sind die Zinsen. Und das gleich aus zwei

Gründen. Zum einen lohnt sich eine Investition in festverzinsliche sichere Anlagen nicht, wenn die Zinsen so niedrig sind wie in den letzten Jahren – da werden andere Anlagen interessanter. Zum anderen zahlt man für einen Kredit in Niedrigzinsphasen auch kaum Zinsen. Da kann es sich lohnen, Schulden zu machen, zumal wenn diese – und das ist auch aktuell noch so, trotz der steigenden Zinsen – teilweise von der Inflation getilgt werden. Dennoch bedeuten steigende Zinsen in der Regel eine gedämpfte Nachfrage nach Immobilien.

## Eigenkapital

Grundsätzlich gilt: Wenn ihr eine Immobilie kaufen wollt, braucht ihr Eigenkapital, um den Kreditbedarf zu verringern und die Bank zu beruhigen. Dort verleiht man nämlich lieber Geld, wenn schon welches vorhanden ist. Aber auch für euch ist das besser: Je mehr ihr dazugeben könnt, desto weniger Kredit müsst ihr aufnehmen, desto weniger kostet euch die Immobilie, desto besser wird eure Rendite.

Mindestens 20 bis 30 Prozent der Gesamtsumme solltet ihr an Eigenkapital aufbringen. Die Gesamtsumme setzt sich zusammen aus dem Kaufpreis, Steuern und Gebühren. Für die letzten beiden kommen nochmal mindestens 10 Prozent dazu.

**GUT ZU WISSEN**

**Eine Checkliste der Verbraucherzentrale hilft euch, wenn ihr die Gesamtkosten kalkulieren wollt, die beim Immobilienkauf auf euch zukommen. Auch um euer verfügbares Eigenkapital zu ermitteln, gibt es dort eine kleine Rechenhilfe:**

Wenn ihr auf die eigenen vier Wände spart, könnte auch ein Bausparvertrag ein nützlicher Baustein sein.

## Bausparvertrag: Sparen für die eigenen vier Wände

Ein Bausparvertrag war früher praktisch das Erste, was zukünftige Immobilienbesitzer sich angeschafft haben. Die Grundidee ist ja gut: Erst wird angespart und ihr bekommt dafür Zinsen von der Bausparkasse, dann wird der Kredit vergeben und ihr zahlt Zinsen an die Bausparkasse. Meistens sind die niedriger als bei gewöhnlichen Baukrediten.

Doch seit der Niedrigzinsphase haben es die Bausparkassen schwer. Zum einen gibt es jetzt überall Kredite mit niedrigen Zinsen, zum anderen wird die Ansparphase dadurch noch unrentabler. Aber schauen wir uns das genauer an.

Schließt ihr einen Bausparvertrag ab, kommen eine Spar- und eine Darlehensphase auf euch zu. In der Sparphase zahlt ihr regelmäßig Geld auf euer Bausparkonto ein, bis der Vertrag zuteilungsreif ist, ihr also den Kredit in Anspruch nehmen könnt. In der Sparphase bekommt ihr feste Zinsen. Im Moment sind die aber so gering, dass nicht nur die Inflation, sondern auch die Kosten eines Bausparvertrages (die Abschlussgebühr liegt zwischen 1,0 und 1,6 Prozent) jegliche Rendite in der Ansparphase zunichtemachen.

Nach einer gewissen Ansparphase ist der Bausparvertrag zuteilungsreif. Dann startet die Darlehensphase. Jetzt zahlt ihr das nun ausbezahlte Darlehen zu festen Zinsen zurück und wenn ihr Glück habt, liegen diese deutlich unter dem Marktzins.

Auch wenn ein Bausparvertrag ziemlich verstaubt daherkommt, hat er seine Vorteile: Ihr wisst heute schon, zu welchem Zinssatz ihr später euer Darlehen bekommt, egal wie der Markt sich bis dahin entwickelt. Außerdem braucht ihr durch das Bauspardarlehen einen geringeren Kredit von der Bank. Das kann euch Zinsen sparen, denn die Banken vergeben die Kredite günstiger, wenn sie einen geringeren Prozentsatz der Immobilie finanzieren müssen. Dazu müsst ihr es schaffen, den Bankkredit mithilfe des Bauspardarlehens unter 80 oder sogar 60 Prozent des Immobilienwerts zu drücken.

**! WICHTIG**

**Achtet darauf, keine überhöhten Vertragssummen abzuschließen. Dies ist wichtig, damit der Bausparvertrag auch dann zuteilungsreif ist, wenn ihr das Geld braucht. Auch muss das Verhältnis von Sparrate zu Bausparsumme stimmen. Bei vielen Tarifen beträgt der Regelsparbeitrag 4 Promille der Bausparsumme. Bei einem Bausparvertrag über 100.000 Euro sollte euer monatlicher Sparbeitrag also 400 Euro betragen.**

Ein weiterer Pluspunkt: Mit einem Bausparvertrag könnt ihr auch kleinere Darlehen aufnehmen, für die die Banken meist happige Zuschläge nehmen. Und: Bei einem Bausparvertrag unter 30.000 Euro ist noch nicht einmal ein Grundbucheintrag fällig. Das spart Notar- und Gerichtskosten.

In der Regel könnt ihr einen Bausparkredit sehr flexibel tilgen. Sondertilgungen oder auch komplette Rückzahlungen sind jederzeit möglich.

Außerdem könnt ihr euren Bausparvertrag zusätzlich füttern: durch vermögenswirksame Leistungen eures Arbeitgebers (→ Seite 89). Ob und wie viel der Betrieb sei-

**GUT ZU WISSEN**

Die Tarife der einzelnen Bausparkassen unterscheiden sich zum Teil deutlich voneinander. Achtet nicht nur auf den Darlehenszins, sondern auch auf die Verzinsung des Guthabens. Holt für eine bestimmte Bausparsumme Angebote unterschiedlicher Anbieter ein. Die Stiftung Warentest ermittelt mithilfe eines Internet-Rechners die besten Verträge für euer Vorhaben:
**www.test.de/bausparrechner**

**GUT ZU WISSEN**

Das zu versteuernde Einkommen ist NICHT euer Bruttoeinkommen: Vereinfacht spricht man vom zu versteuernden Einkommen, wenn von den Einkünften bei der Steuerberechnung noch Kosten und Freibeträge abgezogen werden. Dazu gehören Werbungskosten, Betriebs- und Sonderausgaben, Vorsorgeaufwendungen, Kinder- sowie weitere Freibeträge. Euer zu versteuerndes Einkommen findet ihr auf der zweiten Seite eurer Steuererklärung.

nen Beschäftigten als Zuschuss gewährt, steht in eurem jeweiligen Tarifvertrag oder in einer Betriebsvereinbarung. Manche Arbeitgeber zahlen bis zu 40 Euro pro Monat. Die Leistungen von Chef oder Chefin können später auch eingesetzt werden, um das Bauspardarlehen zu tilgen.

Als Bausparer könnt ihr auch eine Prämie vom Staat dazubekommen. Die sogenannte Wohnungsbauprämie. Die erhalten Singles mit einem maximalen zu versteuernden Jahreseinkommen von 35.000 Euro (Ehepaare bis 70.000 Euro). Der Staat gibt zehn Prozent dazu, allerdings wird bei 700 Euro für Alleinstehende (1.400 Euro für Verheiratete) gedeckelt.

Ihr bekommt also als Single maximal 70 Euro im Jahr, Ehepaare bis zu 140 Euro. Um die Förderung zu erhalten, müsst ihr mindestens 50 Euro im Jahr selbst einzahlen und 16 Jahre alt sein. Die Prämien werden auf einen Schlag ausbezahlt, wenn ihr euch das Darlehen auszahlen lasst und es wohnwirtschaftlich verwendet.

Eine Besonderheit für junge Bausparer: Wenn ihr bei Vertragsabschluss noch keine 25 Jahre alt seid, seid ihr nicht an den Verwendungszweck „Wohneigentum kaufen“ gebunden. Ihr könnt nach sieben Jahren frei über das Geld verfügen, sowohl über das angesparte Guthaben des Bausparvertrags als auch über die staatlichen Prämien. Frei verfügen bedeutet, damit machen was ihr wollt. Ihr könnt euch damit also auch Möbel oder ein E-Bike kaufen.

Der Antrag für die Wohnungsbauprämie wird mit dem Kontoauszug der Bausparkasse mitgeschickt, oder ihr könnt den Antrag online ausfüllen. Ihr habt zwei Jahre Zeit, um die Prämie zu beantragen.

## Kredit abbezahlen

Lasst uns annehmen, dass ihr erfolgreich gespart habt und eure Traumwohnung nun kaufen wollt. Unser Beispiel zeigt euch, wie viel ihr dann für die Rückzahlung einplanen müsst. Sagen wir die Wohnung selbst kostet 180.000 Euro. Inklusive der Grunderwerbssteuer (6 Prozent) und den Kosten für Notar, Makler und Co. müsst ihr 200.000 Euro zahlen. 40.000 Euro könnt ihr selbst beisteuern, ihr müsst also einen Kredit von 160.000 Euro und seine Zinsen abbezahlen können.

Bei einem Zinssatz von drei Prozent und einem Tilgungssatz von vier Prozent würde euch das jeden Monat 933,33 Euro kosten. Nach 15 Jahren hättet ihr noch eine Restschuld von knapp 39.000 Euro, die ihr dann mit einem neuen Kredit anschlussfinanzieren müsstet. Darum ist es gut, wenn ihr euch bei niedrigen Zinsen eine lange Zinsbindung in dem Kreditvertrag sichert. Auch geringe Zinserhöhungen machen bei der Rückzahlung nämlich richtig was aus.

Steigt der Zins auf fünf Prozent, erhöht sich eure monatliche Rate für den gleichen Kredit auf 1.200 Euro. Und bei sechs Prozent würden es jeden Monat 1.333 Euro. Das alles bei einem gleichbleibenden Tilgungssatz von vier Prozent, den wir empfehlen.

**→ TIPP**

**Mit dem kostenlosen Kreditrechner der Stiftung Warentest könnt ihr Angebote vergleichen, die Restschuld am Ende der Zinsbindung oder den passenden Tilgungssatz berechnen.**

Aber, wie auch immer, die Rückzahlung dauert viele Jahre, vielleicht Jahrzehnte. Darum müsst ihr gut überlegen, welche Rate ihr tatsächlich jeden Monat für diese Zeit bezahlen könnt. Eine Orientierung bietet dabei die Miete, die ihr bisher schon fürs Wohnen aufbringen musstet oder die Miete, die ihr für die Immobilie bekommen würdet, wenn ihr sie vermietet.

Damit kommen wir nun zu den zwei Dingen, die ihr mit der Immobilie tun könnt: selbst darin wohnen – oder sie vermieten. Die Möglichkeiten unterscheiden sich für euch finanziell hinsichtlich der staatlichen Förderung. Wenn ihr selbst einzieht, geht es euch vermutlich weniger um die Rendite, dafür mehr um euren Traum von den eigenen vier Wänden oder auch eine Absicherung im Alter. Darum kommen wir in Kapitel 5 zur Altersvorsorge auch noch mal zum Thema. Dort findet ihr auch alles zu Wohn-Riester (→ Seite 205), der Unterstützung des Staates, wenn ihr selbst einzieht.

Vermietet ihr, müsst ihr rechnen, ob das, was euch die Immobilie an Miete bringt, mehr ist als das, was euch die Immobilie kostet. Und damit sind nicht nur der Kaufpreis und die Extras gemeint, die noch obendrauf kommen, wie Grunderwerbsteuer oder Notarkosten, sondern die laufenden Kosten für die Instandhaltung und vor allem den Kredit. Insgesamt kommen da einige Ausgaben zusammen.

Wie hoch muss nun aber die Miete sein, damit sich der Kauf lohnt? Diese Kalkulation ist für jeden Immobilienkauf individuell, lasst euch beraten, bevor ihr Hunderttausende ausgebt. Die Verkäufer der Immobilien rechnen die Belastungen und die Mieteinnahmen gern mal schön. Gerade in der Niedrigzinsphase, in der wir uns immer noch befinden, gaukeln manche gerne mal einen größeren finanziellen Spielraum vor, als vielleicht tatsächlich vorhanden ist.

Immobilien haben einige grundsätzliche Vorteile. So sind sie zum Beispiel relativ wertstabil. Hohe Inflationsraten federn sie durch eigene Wertzuwächse ab. Krasse Kursschwankungen wie bei Aktien gibt es nicht. Wenn der bauliche Zustand in Ordnung und die Lage gut ist, werdet ihr kaum Geld verlieren. Bei den niedrigen Zinsen, bei denen sich eine Investition in festverzinsliche Anlagen nicht lohnt, lohnt sich vielleicht ein Kredit, für den ihr kaum Zinsen bezahlen müsst. Zumal dann die monatlichen Mietzahlungen flachfallen. Rechnet das mal aus: Wenn ihr jeden Monat 1.000 Euro Miete zahlt, sind das in zehn Jahren 120.000 Euro und in 40 Jahren fast eine halbe Million – Mieterhöhungen noch gar nicht mitgerechnet.

Dennoch gibt es einiges zu bedenken: Beim Kauf einer Immobilie bindet ihr euer Kapital für sehr, sehr lange Zeit. Die Preise auf dem Markt sind bereits so gestiegen, da könnt ihr nicht mehr mit den gleichen Renditen rechnen wie in der Vergangenheit. Kauft ihr eine Immobilie, um sie zu vermieten, also als Geldanlage, müsst ihr wissen: Mit dieser Anlage ist mehr Einsatz verbunden als buy and hold. Da müsst ihr euch kümmern. Das kann Zeit, Nerven und Geld kosten, denn mit dem Kauf ist es nicht getan. Die Immobilie muss in Schuss gehalten werden und ihr braucht einen finanziellen Puffer – falls ihr mal nicht vermieten könnt, der Kredit aber bedient werden muss ...

## Wie gehe ich es an?

Ein guter Start für einen Immobilienkauf ist eine gute Recherche. Überlegt euch, wie viel Geld ihr zur Verfügung habt, was ihr euch leisten könnt. Denkt daran, es geht nicht nur um den Kaufpreis, sondern Gebühren, Steuern, Instandhaltung, alles was dazu gehört. Steckt den finanziellen Spielraum sauber ab, sonst kann das für lange Zeit problematisch werden. Schaut euch an, wie sich die Preise dort, wo ihr kaufen wollt, entwickelt haben. Lohnt sich ein Kauf dort noch? Oder besser doch im Nachbarkreis?

→ **TIPP Vergleich von Mieten und Kaufpreisen**

Die Stiftung Warentest gibt für 401 Städte und Kreise einen detaillierten Überblick über Kaufpreise und Mieten, die je nach Lage und Ausstattung Ende 2021 gezahlt wurden.

Um herauszufinden, ob sich eine Immobilie langfristig rechnet, müsst ihr einen Investitionsplan aufstellen. Darin werden alle voraussichtlichen jährlichen Ausgaben und Einnahmen über mindestens 15 bis 20 Jahre vermerkt. So könnt ihr erkennen, ob und in welchem Jahr das Vermieten voraussichtlich Überschüsse abwirft und wann ihr zuschießen müsst.

Diese Berechnungen basieren auf Schätzungen, wie sich Mieten, Kosten, Immobilienpreise und Kreditzinsen künftig entwickeln. Es kann also immer auch anders kommen. Ihr merkt, ein Immobilienkauf ist eine Geldanlage, bei der es ein bisschen mehr zu bedenken gibt. Ob vor dem Kauf einer gebrauchten Immobilie oder dem Bau eines Hauses: Eine unabhängige Beratung hilft, Fallstricke zu erkennen und die Finanzierung auf ein sicheres Fundament zu stellen.

**GUT ZU WISSEN**

Welche Verbraucherzentralen zu Baufinanzierungsfragen beraten, könnt ihr über diesen Link herausfinden: **www.verbraucherzentrale.de/beratung**

→ **TIPP Wissenswertes zum Immobilienkauf**
Einige wichtige Details und Tipps rund ums Thema Immobilien findet ihr im kostenlosen E-Book der Verbraucherzentrale „Was Sie vor dem Bau oder Kauf einer Immobilie wissen sollten“, das ihr euch hier herunterladen könnt.

Fazit: Die Rendite durch Wertsteigerungen bei Immobilien war von 2010 bis 2020 beeindruckend. Davor war das nicht so. In den ersten zehn Jahren des Jahrhunderts dümpelten die Preise vor sich hin. Daher solltet ihr nicht mit einem Gewinn rechnen, wenn ihr eine Immobilie kauft. Ihre Preisentwicklung hängt von vielen Faktoren ab. Den Kredit hingegen mit seinen Zinsen, den müsst ihr immer zurückbezahlen. Natürlich bleibt den Besitzern von Immobilien, auch wenn der Wert nicht steigt, immer entweder die gesparte Miete oder das zusätzliche Einkommen durch Vermietung und Verpachtung. Doch das Vermieten und Verpachten macht Arbeit, eine gemütliche Geldanlage sieht anders aus. Und die Renditen? Die Stiftung Warentest hat errechnet, dass langfristige Renditen von 3 Prozent nach Steuern und mehr drin sind. Klar, bei anderen Anlagen winken andere Gewinne, aber da bleibt am Ende auch keine eigene Immobilie.

## No-Gos: Nachteilige Anlageprodukte

Nicht jede Anlage bringt am Ende Gewinn – das habt ihr bei den verschiedenen Formen gesehen. Ihr müsst Risiken und Ertragschancen genau justieren und die für euch passende Strategie finden (oder wie bei Bitcoins & Co. den Totalverlust einkalkulieren).

Es gibt aber auch Finanzprodukte, die von vornherein für euch ungeeignet sind. Entweder weil sie durch ihre komplexen Konstruktionen mit hohen Kosten verbunden oder schon grundsätzlich darauf ausgelegt sind, euch das Geld aus der Tasche zu ziehen.

Fangen wir mit Versicherungssparverträgen an: Sie werden als kapitalbildende Lebensversicherungen oder private Rentenversicherungen verkauft.

### Kapitallebensversicherung

Mit einer Kapitallebensversicherung euer Leben versichern und für die Rente ansparen – das war früher für viele Anleger:innen mal der „heiße Scheiß“. Früher, mit hohen Zinsen und der damaligen staatlichen und steuerlichen Förderung, da war das viel-

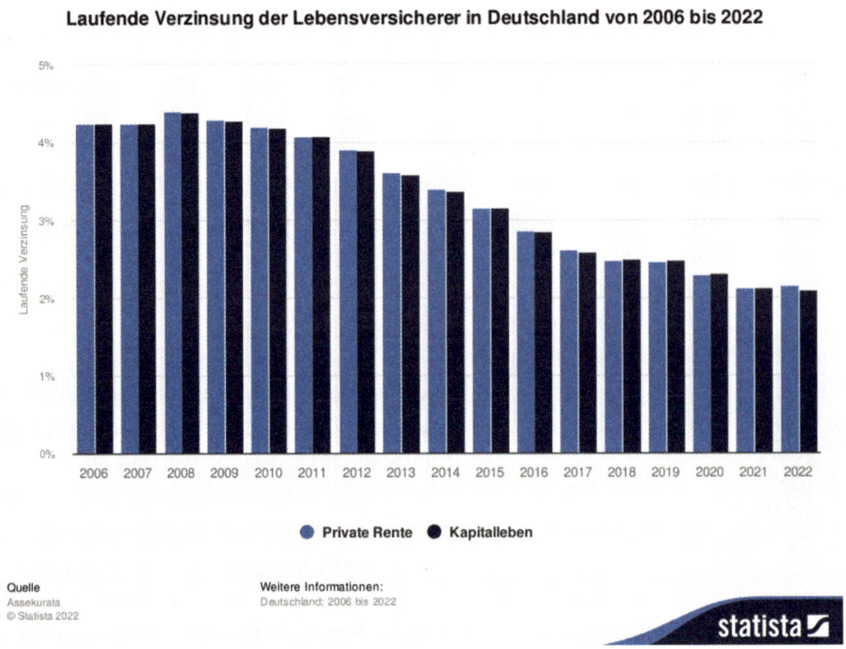


leicht noch richtig. Aber so wirklich gut – das war die Anlage auch damals schon nicht.

Heute macht eine Kapitallebensversicherung nur noch ganz, ganz selten Sinn. Sie ist unflexibel, intransparent und vermischt versichern mit sparen. Immer eine schlechte Idee, denn Versicherungen, die beides anbieten, sind nur schwer zu durchschauen. Die Frage, welcher Anteil eurer Beiträge in den Versicherungsschutz fließt und wie viel tatsächlich in eure Altersvorsorge, das lässt sich meist nur mit Mühe und Vorwissen ausrechnen. Wer es tut, merkt in der Regel, dass es deutlich günstiger wäre, sparen und versichern voneinander zu trennen. Von den laufenden Einzahlungen in eine private Lebens- oder Rentenversicherung werden euch zudem innerhalb der ersten fünf Jahre auch noch die Abschluss- und Vertriebskosten für die gesamte Vertragslaufzeit abgezogen.

Grundsätzlich läuft es folgendermaßen ab: Bei einer Kapitallebensversicherung zahlt ihr monatlich oder jährlich Beiträge an eure Versicherung (besser jährlich, das ist günstiger). Von diesem Beitrag werden die Gebühren der Versicherung bezahlt, der Todesfall abgesichert und ein Teil wird angespart. Dieser Sparanteil wird mit dem Garantiezins, also aktuell 0,25 Prozent, verzinst. Nur ein Teil eures eingezahlten Geldes wird also verzinst und dann auch noch schlecht. Kein gutes Geschäft für euch, aber für den Versicherungsvertreter. Seine Abschlussprovision kann schon mal 3 bis 5 Prozent der Vertragssumme betragen.

Am Ende der Ansparphase wird das Geld auf einen Schlag ausbezahlt. Wenn die Versicherung das Geld gut angelegt hat, kommen noch Überschüsse obendrauf. Das hat in den letzten Jahren wegen der niedrigen Zinsen nicht geklappt. Im Gegenteil, bei vielen Kunden ist die Auszahlung erheblich geringer als bei Vertragsbeginn vom Versicherer in Aussicht gestellt. Das liegt daran, dass die Versicherungen sehr konservativ in festverzinsliche Wertpapiere anlegen, was bei den niedrigen Zinsen zu wenig Rendite bringt.

Eine Lebensversicherung ist zudem unflexibel. Wer sich nicht sicher ist, ob er die Laufzeit durchhalten kann, sollte keine Kapitallebensversicherung abschließen. Denn: Vorher kündigen bedeutet Verlust!

Niedrige Zinsen, hohe Gebühren, unsichere Auszahlung und unflexibel. Ihr merkt schon, es gibt bessere Geldanlagen als eine Kapitallebensversicherung. Darum wird eine Kapitallebensversicherung heute gern als Rentenversicherung verkauft. Was an der grundsätzlichen Problematik der Anlage aber nichts ändert.

### Rentenversicherungen

Auch sie wurden früher millionenfach verkauft. Die feste, sichere Verzinsung und die garantierte lebenslange Rente waren für viele Sparer:innen die entscheidenden Argumente. Bei einer Verzinsung von 4 Prozent wie vor 25 Jahren mag das richtig gewesen sein. Heute und gerade für euch in jungen Jahren macht eine private Rentenversicherung keinen Sinn.

Die Gründe sind die gleichen wie bei der Kapitallebensversicherung: zu teuer, zu unrentabel, zu unflexibel. Ihr zahlt über sehr viele Jahre Beiträge, die dann schlecht verzinst werden und von denen vor der Verzinsung noch hohe Kosten abgehen. Die Stiftung Warentest hat sich das genauer angesehen und ausgerechnet, dass sogar beim kostengünstigsten Tarif 5 bis 10 Prozent an Gebühren abgezogen werden. Da ihr bis zum Renteneintritt noch so lange Zeit habt, ist die Ansparphase im Vergleich zur Auszahlungsphase zu lang. Es sei denn, dass ihr davon ausgeht, 150 Jahre alt zu werden ...

### Fondsgebundene Lebens- und Rentenversicherungen

Die fondsgebundene Lebensversicherung ist die Kombination aus einem Fondssparplan und einer Risikolebensversicherung (sparen und versichern, ihr erinnert euch: keine gute Idee!). Für die fondsgebundene Renten- und Lebensversicherung heißt das, statt in festverzinsliche Wertpapiere zu investieren, wie es bei einer Lebens- oder Rentenversicherung in der Regel der Fall ist, wird euer Geld in Fonds angelegt. Das ist der Unterschied zu den gewöhnlichen Policen. Was gleich bleibt: Hohe Kosten, unflexibel und im Vergleich zum Risiko sogar miese Rendite.

Die grundsätzliche Idee hinter einer fondsgebundenen Renten- und Lebensversicherung ist es, eine höhere Rendite zu erzielen, weil die Versicherung eure Sparrate auch in Aktien investieren kann. Je nachdem wie gut der Fonds läuft, bekommt ihr später mehr oder weniger ausgezahlt.

Mehr oder weniger. Das ist das Problem: Ihr wisst nicht, womit ihr rechnen könnt. Ihr tragt das Risiko einer Aktienanlage mit den Kosten einer Versicherung. Dazu kommt die fehlende Flexibilität. Wenn ihr in Eigenregie in Fonds (oder besser ETFs) investiert, könnt ihr kurzfristig auf Veränderungen auf dem Aktienmarkt reagieren. Oder ganz aussteigen. Aus einem Versicherungsvertrag kommt ihr nicht so einfach raus.

## Unseriöse Anbieter

Im Geldanlage-Kosmos findet ihr immer wieder verlockende Angebote, mit denen zweifelhafte Anbieter und Betrüger euch zum Investieren bewegen wollen. Mal werden sie als vermeintliche Steuerwunder verkauft, mal laden sie zu hochspekulativen Wetten auf einen an- oder absteigenden Kurs ein. Oder sie eröffnen euch vermeintlich die Chance, durch die Investition in ein Start-up quasi im Schlaf an dessen Erfolg teilzuhaben.

Unseriöse Angebote für Geldanlagen zu erkennen – das ist nicht immer einfach. Finanztest erstellt monatlich eine Warnliste mit negativ bewerteten Angeboten.

**→ TIPP**

**Die aktuelle Warnliste der Stiftung Warentest mit negativ bewerteten Geldanlageangeboten findet ihr hier:**

Namen und Anbieter, die auf dieser Liste auftauchen, solltet ihr auf jeden Fall vermeiden. In der Rubrik Unternehmensbeteiligungen warnt die Stiftung Warentest unter anderem vor geschlossenen Fonds und Alternativen Investmentfonds (AIF). Aber auch Fälle, in denen Banken, Sparkassen, Finanzdienstleister, -vermittler, -berater und Anwälte Geldanlagen mit zweifelhaften Methoden oder falschen Versprechen angedient oder vermittelt haben, sind in der Warnliste dokumentiert.

Zudem veröffentlicht auch die Bundesanstalt für Finanzdienstleistungsaufsicht (BaFin) auf ihrer Homepage aktuelle Hinweise etwa zu unerlaubten Geschäften. Die findet ihr unter diesem QR-Code.

# Online first

**Wesentlich für den Erfolg eurer Geldanlage sind die Kosten. In diesem Kapitel erfahrt ihr jede Menge über günstige Konten und Anlagemöglichkeiten, aber auch, wie Onlinebanking und -trading sicher abläuft, was Trading-Apps bringen oder Finfluencer und Lead Trader können.**

Fürs Kaufen von Aktien und Fondsanteilen braucht ihr ein Depot. Das ist das Konto, auf dem eure Wertpapiere verbucht werden. Ein solches Depot müsst ihr nicht zwingend bei eurer bisherigen Bank einrichten, sondern ihr könnt das auch bei anderen Geldinstituten, Direktbanken oder bei Neobrokern tun (→ Seite 134). Giro-, Tagesgeld-, Festgeldkonto und Depots für ETFs oder einen Immobilienfonds könnt ihr – theoretisch – jeweils bei verschiedenen Banken führen.

Dabei gilt: online first. Die Vorteile beim Onlinebanking liegen auf der Hand: Es spart Zeit und Geld. Öffnungszeiten spielen keine Rolle mehr, ihr könnt handeln, überweisen oder anlegen, wann immer ihr möchtet – das Internet ist (fast!) immer bereit. Und für Onlinekonten fallen auch geringere Gebühren an – nicht nur bei der Geldanlage!

Ein Depot bekommt ihr auch bei einer Sparkasse oder Volksbank nebenan. Dort kann es komplett analog geführt werden – also im persönlichen Kontakt mit den Mitarbeitenden des Geldinstituts. Doch das ist meist eine ziemlich teure Lösung. Viele Filialbanken berechnen sowohl hohe Gebühren für die Verwahrung eurer Wertpapiere als auch für einzelne Transaktionen (→ Seite 76), also den Kauf und Verkauf – was wiederum an der Rendite eurer Anlagen nagt.

Bei der Beratung vor Ort zahlt ihr häufig bei einem Auftrag rund 1 Prozent des Anlagebetrags. Bei manchen Banken kosten

GUT ZU WISSEN

Um ein Depot zu eröffnen, müsst ihr mindestens 18 Jahre alt sein. Minderjährige können – selbst mit Vollmacht der Eltern – kein Depot eröffnen. Außerdem braucht ihr ein Konto in einem EU-Land oder im SEPA-Gebiet, über das ihr die Überweisungen abwickelt. Auch euer Wohnort muss in Deutschland sein – wegen der Steuer!

selbst kleine Aktienkäufe mindestens 20 oder 30 Euro Ordergebühr. Günstigere Alternativen hierzu sind reine Onlinedepots, die eure Filialbank auch im Angebot hat.

Eure Bankgeschäfte erledigt ihr dann wie bei Onlinebanken über Computer, Tablet oder Smartphone. Online-Kontomodelle sind auch bei Filialbanken günstiger als „analoge" Bankgeschäfte am Bankschalter.

Noch günstiger als ein Online-Depot bei einer Filialbank ist in der Regel eines bei Direktbanken. Dort könnt ihr entweder nur ein einzelnes Depot eröffnen – oder aber auch all eure Bankgeschäfte bei der Onlinebank bündeln. Zu den bekanntesten zählen ING, Comdirect, DKB oder die Consorsbank.

HINTERGRUND

Filialbanken sind Sparkassen, Volks- und Raiffeisenbanken und andere Geldinstitute, die ein eigenes Filialnetz unterhalten. Im Gegensatz dazu gibt es Direktbanken (oder Onlinebanken), die Bankgeschäfte ohne Niederlassungen und persönliche Beratung übers Internet anbieten. Die sind in der Regel günstiger, weil sie keine teuren Außenstellen haben und auch weniger Personal benötigen, denn Kundenkontakt und Kontoverwaltung laufen per E-Mail, Chat oder telefonisch ab und Aktionen auf den Konten werden online vorgenommen. Vom Eröffnen des Kontos über den Kreditvertrag bis hin zum Wertpapierhandel läuft bei Onlinebanken alles über das Internet.
Für Direktbanken gelten die gleichen Regeln und Gesetze wie für alle Banken. Das heißt zum einen: Euer Geld ist bei Onlinebanken sicher. Bis 100.000 Euro pro Kunde sind die Gelder auf Giro-, Tagesgeld- und Festgeldkonten über die Einlagensicherung geschützt. Zum anderen bedeutet es, dass die BaFin (→ **Seite 40**) kontrolliert, ob die Regeln und Gesetze auch eingehalten werden.

Warum ihr genau auf die Kosten schauen solltet? Depotgebühren und Orderentgelte sind Renditekiller! Wenn ihr langfristig anlegen und vielleicht erst einmal wenig handeln wollt, sollte ein kostenloses Depot erste Wahl sein – was es bei vielen Direktbanken gibt. Filialbanken verlangen dafür häufig 50 Euro im Jahr – manche berechnen die Gebühr prozentual nach der Höhe des Depots. Rechnet das mal auf eine Zeitspanne von zehn Jahren und einen Anlagebetrag von 10.000 Euro hoch!

Wenn ihr schon ein Depot habt und über einen Wechsel zu einem kostengünstigeren Anbieter nachdenkt: Kein Problem! Zunächst müsst ihr das Depot bei eurer neuen Bank eröffnen. Die meisten bieten auch einen Depotwechselservice an. In einem Formular erlaubt ihr dann dem neuen Anbieter, die Wertpapiere aus eurem alten Depot zu übertragen. Es ist auch möglich, nur mit einzelnen Aktien oder Fonds zu wechseln. Wichtig natürlich: Vergesst nicht zu prüfen, ob man eure Wertpapiere auch beim neuen Anbieter handeln kann. Andernfalls werden sie nämlich nicht übertragen! Der Depotwechsel muss kostenlos sein. Und Achtung: Ein Depotwechsel kann mehrere Wochen dauern – keine gute Idee also bei Papieren, die ihr bald verkaufen wollt.

### GUT ZU WISSEN

Falls ihr euch fragt, wie es mit Bargeld bestellt ist, wenn ihr vielleicht komplett zu einer Direktbank wechselt? – kein Grund zur Sorge! Um euch eine flächendeckende und kostenlose Bargeldversorgung zu ermöglichen, haben Banken sich zu bundesweiten Verbünden zusammengeschlossen. Die vier großen Verbünde sind der Sparkassenverbund, das BankCard ServiceNetz der Volks- und Raiffeisen-Banken, die CashGroup der großen deutschen Privatbanken und der CashPool. Viele Direktbanken ohne Verbundzugehörigkeit bieten kostenlose Kreditkarten an, mit denen ihr häufig in Euroländern oder sogar weltweit gebührenfrei Bargeld abheben könnt.
Daneben könnt ihr in Super- und Baumärkten, bei Discountern, an Tankstellen oder in Drogerien Bargeld bekommen. In der Regel sind die Bargeldauszahlungen dort kostenlos. In manchen Fällen muss aber ein bestimmter Einkaufswert – Beträge zwischen 5 und 20 Euro – erreicht werden, um an der Kasse Geld abheben zu können. Dann erst lohnt sich das Geschäft, weil sonst für die Transaktion Gebühren an die Finanzdienstleister zu zahlen sind. Das Auszahlungslimit liegt meist bei 200 Euro.

## Depot beim Neobroker

Ausschließlich auf das Führen von Wertpapierdepots haben sich Onlinebroker, auch Neobroker genannt, spezialisiert. Diese betreiben meist kein Bankgeschäft, sondern nur eine Handelsplattform. Die schlanke Struktur ermöglicht schlanke Preise fürs Depot. Heißt für euch: Bei den meisten keine laufenden Gebühren – und niedrige Entgelte fürs Traden. Die wichtigsten Facts zeigt euch die Tabelle rechts. Wichtige Starthilfe: Bei allen Neobrokern könnt ihr euer Depot über einen Browser und über eine App verwalten. Und vorweg ein Spartipp: Das Ausführen von Sparplänen ist bei allen Neobrokern kostenlos.

Das Angebot dieser Broker unterscheidet sich hauptsächlich darin, welche Art von Wertpapieren und wie viele Wertpapiere an welchen nationalen und internationalen Handelsplätzen zum Handel freigegeben sind.

Onlinebroker kaufen oder verkaufen Wertpapiere, ETFs oder andere handelbare Finanzprodukte häufig an kleineren Börsenplätzen wie Lang & Schwarz, Quotrix oder Gettex. Diese sind an kleinere Regionalbörsen angeschlossen und bieten meist längere Handelszeiten an als der Xetra-Handel (→ Seite 29), der unter der Woche zwischen 9:00 und 17:30 Uhr läuft.

> **WICHTIG**
>
> Bitte ladet die Trading-App der Neobroker immer nur aus den offiziellen App-Stores herunter!

Handelt ihr außerhalb von Xetra, solltet ihr auf die Kurse achten. Die sind im Mittel schlechter als während des Börsenhandels. Erkennen könnt ihr das an einem größeren Spread, also einer höheren Spanne zwischen dem Geld- und dem Briefkurs. Das bedeutet: Wer kaufen will, zahlt einen etwas höheren Kurs, und wer verkaufen will, bekommt einen etwas niedrigeren Kurs.

Welche Börsenplätze euer Neobroker anbietet hängt davon ab, mit welchen Handelsplätzen er Verträge geschlossen hat. Für euch macht es kaum einen Unterschied, welche Börsen das sind, solange ihr „normale" Aktien und ETFs kaufen wollt. Für die Broker ist der Handel über einen anderen Börsenplatz als Xetra die Grundlage ihrer Geschäftsidee. Dadurch können die Neobroker den Handel so günstig anbieten, denn an den kleineren Börsen sind die Gebühren oft deutlich geringer.

**Das leisten Neobroker (beispielhafte Auswahl, Stand: Juli 2023)**

| ANBIETER<br>INTERNETADRESSE | FINANZEN.NET ZERO<br>FINANZEN.NET/<br>ZERO | TRADE REPUBLIC<br>TRADEREPUBLIC.<br>COM | SCALABLE CAPI-<br>TAL<br>SCALABLE.CAPI-<br>TAL | JUSTTRADE<br>JUSTTRADE.COM |
|---|---|---|---|---|
| **KOSTEN** | | | | |
| Orderprovision | 1 Euro bis 500 Euro Handelsvolumen, darüber kostenfrei | 1 Euro | 0,99 Euro | 1 Euro |
| Depotgebühren | 0 Euro | 0 Euro | 35,88 Euro (jährlich)* | 0 Euro |
| Mindestordervolumen | 0,00 Euro | 0,01 Euro | 0,00 Euro | 0,01 Euro (1 Stück bei Aktien und ETFs) |
| **HANDELSMÖGLICHKEITEN** | | | | |
| Handelsplätze | Gettex | Lang & Schwarz Exchange | gettex, Xetra | Lang & Schwarz Exchange, Quotrix, Tradegate Exchange |
| Anzahl ETFs | 2.000 | über 2.000 | 2.400 | 1.500 |
| Anzahl ETF-Sparpläne | über 800 | 2.400 | über 2.100 | 145 |
| Anzahl handelbarer Fonds | über 3.000 | keine Fonds | über 3.000 | keine Fonds |
| Monatliche Mindestsparrate ETF-Sparpläne | 1 Euro | 1 Euro | 1 Euro | 25 Euro |
| **Guthabenzinsen auf dem Verrechnungskonto** | keine | 2 Prozent (bis 50.000 Euro) | 2,6 Prozent (bis 100.000 Euro mit Broker-Prime+-Konto, das 4,99 Euro pro Monat kostet) | keine |
| **Depotübertrag von einem anderen Institut** | nur bei Gettex handelbare Papiere können übertragen werden | nur bei LS Exchange handelbare Papiere können übertragen werden | nur bei Gettex und Xetra handelbare Papiere können übertragen werden | nein |

*Die Depotgebühren beziehen sich auf das Kontenmodell Prime Broker. Es werden noch andere Kontenmodelle angeboten. Für Orders über 250 Euro verlangt Scalable Capital keine Ordergebühren.

### Rückvergütungen

Zudem bekommen die Neobroker Provisionen, auch Rückvergütungen genannt, von den Handelsplätzen, beispielsweise von den Dienstleistern, die eure Kauf- oder Verkaufsaufträge umsetzen. Meist liegen die Provisionen bei rund 3 Euro pro Order. Sie können aber auch deutlich darüber liegen, zum Beispiel, wenn die Provision nach der Orderhöhe berechnet wird. Wie viel die Neobroker an Rückvergütungen bekommen, könnt ihr in den Allgemeinen Geschäftsbedingungen nachlesen.

Diese Rückvergütungen sind der zweite Grund, weshalb ihr bei Neobrokern so günstig handeln könnt. Die Transaktionskosten (→ Seite 76), die beim Handel von Wertpapieren nun mal anfallen, werden größtenteils von den Börsenplätzen übernommen. Hat das Auswirkungen für euch? Bekommt ihr dadurch vielleicht schlechtere Preise? Niedrige Kurse? Nein! Finanztest hat die Onlinebroker über Monate getestet und beobachtet und schreibt: „Der Handel funktioniert nach unseren Beobachtungen weitgehend reibungslos. Als unbegründet erwies sich die Befürchtung, dass die Gebührenfreiheit mit einer größeren Handelsspanne beim Kauf und Verkauf einhergeht. Bei bekannten Aktien oder ETF entdeckten wir keine nennenswerten Aufschläge gegenüber dem Xetra-Handel der Deutschen Börse."

## Traden übers Smartphone

Ein weiteres Plus der Neobroker ist die einfache Bedienung über das Smartphone. Mobiles Traden geht immer und überall. Und: Wegen der geringen Kosten lohnt sich das auch bei kleinen Beträgen. Das macht Neobroker besonders für Menschen interessant, die sich ihr Vermögen erst aufbauen. Sie erlauben durch die geringen Gebühren den Zugang zu vielen unterschiedlichen Finanzprodukten für ALLE – ein breit aufgestelltes Depot ist nicht mehr nur den Großanlegern vorbehalten. Ihr könnt durch niedrige Kosten auch mit kleinen Beträgen vielseitig investieren und damit euer Risiko bei der Geldanlage senken.

Allerdings: Zwar sind die Kosten für den Handel deutlich niedriger als bei Filial- oder Onlinebanken, aber dennoch gilt die alte Regel: Hin und her macht Taschen leer. Und zum – vielleicht zu – häufigen Handeln können die leicht zu bedienenden, stets verfügbaren Apps durchaus verführen.

Aber grundsätzlich kann eine Trading-App der Neobroker ein gutes Instrument für den Vermögensaufbau sein. ETF-Sparpläne bieten diese alle kostenlos an. Auch die Gebühren für die Depotverwaltung fallen meistens komplett weg. Zusammen macht das über die Jahre richtig viel Rendite aus.

**HINTERGRUND**

Neobroker verfügen zumeist über keine Lizenz als Vollbank. Eure Depots bei diesen Anbietern werden von etablierten Banken mit einer Vollbanken-Lizenz verwaltet. Bei der Sicherheit müsst ihr dennoch keine Abstriche machen: Auch Guthaben auf Verrechnungskonten, die über Neobroker verwaltet werden, sind über die staatlich garantierte Einlagensicherung in Höhe von 100.000 Euro abgesichert. Für im Depot liegende Wertpapiere gilt die Einlagensicherung nicht.

Im Folgenden stellen wir euch einige bekannte Anbieter vor. Sie alle verlangen keine Depotgebühren, doch in der einen oder anderen Richtung unterscheiden sie sich.

## Trade Republic

Trade Republic ist ein Berliner Fintech – das sind Unternehmen, die innovative, technologiebasierte und mit dem Thema „Finanzen" in Zusammenhang stehende Anwendungssysteme anbieten. Gegründet wurde es 2019. Deutschlands erster mobiler und provisionsfreier Broker. Inzwischen Marktführer, nach Schätzungen anhand des Umsatzes mit zwischen ein und drei Millionen Konten.

Eine Order berechnet Trade Republic pauschal mit einem Euro, die Fremdkostenpauschale. Eine Untergrenze für ein Ordervolumen gibt es nicht. Trade Republic bietet Europas größtes Angebot an kostenfreien Aktien-Sparplänen, die ihr jederzeit gebührenfrei ändern könnt. Für die Ausführung des Sparplans zahlt ihr nichts – nicht mal den üblichen Euro an Fremdkostenpauschale. Aktiv gemanagte Fonds gibt es nicht. Als Handelsplatz steht euch die LS Exchange zur Verfügung. Mittlerweile gibt es neben der App auch die Möglichkeit, am Computer zu handeln.

Trade Republic erstellt einmal im Quartal einen Depotauszug sowie einen Kontoauszug für euch. Über die App könnt ihr beides ansehen und herunterladen. Die Jahressteuerbescheinigung findet ihr ebenfalls in der App. Auch ein Depotübertrag ist möglich.

## JustTRADE

JustTRADE gibt es seit Oktober 2019. Sitz ist Frankfurt am Main. Für den Handel mit Aktien und ETFs zahlt ihr bei JustTRADE pro Order 1 Euro, beim Handel mit Kryptowährungen nichts. Dafür gibt es beim Handel mit Kryptowährungen eine Mindestordergröße von 50 Euro, bei der Order von Aktien und ETFs gilt ein Mindestvolumen von einem Stück. Für die Verwahrung von Xetra-Gold nimmt JustTRADE 0,03 Prozent. Seit Anfang 2022 sind auch Sparpläne im Angebot. Ab 25 Euro monatlich könnt ihr in rund 140 ETF-Sparpläne investieren. Aktive Investmentfonds werden nicht angeboten.

JustTRADE unterscheidet sich in einigen Punkten von anderen Neobrokern. So bietet die Plattform den Handel über insgesamt acht Börsen an, die LS Exchange, Quotrix und Tradegate Exchange sowie fünf außerbörsliche Handelsplätze. Das sind ungewöhnlich viele für einen Neobroker. Auch das Angebot an Kryptowährungen ist überdurchschnittlich. 20 verschiedene könnt ihr für geringe Gebühren bei JustTRADE handeln.

Wenn ihr schon ein Depot habt, könnt ihr JustTRADE nur zusätzlich nutzen. Ein Depotübertrag wird nicht angeboten.

## Scalable Capital

Das Unternehmen hat sich von einem Robo-Advisor (→ Seite 147) – einer digitalen Vermögensverwaltung – zu einem Neobroker entwickelt. Gegründet wurde Scalable Capital 2014, Unternehmenssitz ist München. Der Handel auf dieser Plattform ist grundsätzlich nicht kostenlos. Unter einem Ordervolumen von 250 Euro kostet euch ein Trade 99 Cent. Immer. Auch wenn ihr Prime-Kunden seid. Und damit zur Gebührenstruktur bei Scalable Capital, die etwas komplexer ist als bei den anderen Anbietern.

Grundsätzlich gibt es drei verschiedene Modelle, den Free Broker, den Prime Broker und den Prime+ Broker. Als Free Broker zahlt ihr ab einem Ordervolumen von 250 Euro nichts, könnt dafür aber auch nicht alle Aktien und ETFs kostenfrei handeln, sondern nur die von Invesco, iShares von BlackRock und Xtrackers von der DWS (Xetra-Trades ausgenommen). Für alle sonstigen Orders zahlt ihr 99 Cent. Davon ausgenommen sind Sparpläne. Die sind gebührenfrei.

Seid ihr Prime Broker, könnt ihr mit einer Trading-Flatrate alle Aktien und ETFs ab einer Summe von 250 Euro umsonst handeln. Dafür müsst ihr aber eine jährliche Gebühr von 35,88 Euro (monatlich 2,99 Euro) zahlen. Diese Gebühren gelten nur, wenn ihr die Wertpapiere auf gettex handelt, einem Börsenplatz der Bayerischen Börse AG. Als „Prime +"-Kunde bekommt ihr für einen Monatspreis von 4,99 Euro zusätzlich eine Verzinsung eures Guthabens. Im August 2023 lag der Zinssatz bei 2,6 Prozent.

Neben gettex könnt ihr bei Scalable Capital auch über Xetra handeln. Das kostet euch 3,99 Euro pro Trade plus Handelsplatzgebühren von 0,01 Prozent, mindestens aber 1,50 Euro. Während der Handelszeiten von Xetra könnt ihr bedenkenlos diese Gebühren sparen und bei gettex kaufen. Der Preis für die Wertpapiere wird sich kaum unterscheiden. Nur in den Randzeiten kann der Spread höher sein.

Scalable Capital hat auch Fonds im Angebot, aber vor allem eine riesige Auswahl an ETFs und Sparplänen. Ihr könnt schon ab einem Euro monatlich in einen Sparplan investieren.

Scalable Capital bietet einen kostenlosen Depotübertrag für alle Wertpapiere an, die der Neobroker selbst handelt.

### Finanzen.net Zero

Das Portal gab es schon länger, aber erst seit 2021 ist es eine Tochtergesellschaft der finanzen.net GmbH und gehört damit zum Axel Springer Konzern. Seither hat sich nicht nur der Name geändert, auch das Angebot wurde aufgestockt.

Bei Finanzen.net Zero gibt es kein Mindestordervolumen, aber bei einer Order unter 500 Euro müsst ihr einen Euro bezahlen. Der Börsenplatz ist gettex. Auch hier könnt ihr Tausende von ETFs und Aktien kaufen und noch mehr aktiv gemanagte Fonds. Die Fonds werden ohne Ausgabeaufschlag verkauft. Auch die Sparpläne sind kostenlos, da fällt nicht mal der eine Euro an, der sonst bei einer Order unter 500 Euro fällig wird. Eine Sparrate muss nur 1 Euro betragen. Die Auswahl an besparfähigen ETFs ist mit gut 800 Stück deutlich geringer als bei anderen Anbietern.

Ihr könnt Wertpapiere von anderen Depots in Deutschland übertragen lassen, wenn diese auch bei Finanzen.net Zero gehandelt werden.

## Welches Depot ist das richtige für euch?

Ob ihr viel oder eher wenig handeln wollt, einmalig eine größere Summe oder kleine Beträge über einen längeren Zeitraum anlegen möchtet – von eurem Nutzungsverhalten hängt ab, welches Depot und welches Preismodell der verschiedenen Banken am besten zu euch passt. Sparen könnt ihr euch immer die jährlichen Grundgebühren für ein Depot – dank genügend kostenloser Alternativen. Aber Achtung: Nicht alle Depots mit dem Hinweis „kostenlos" müssen das auch dauerhaft und ohne weitere Bedingungen sein! Mal ist die Gebührenfreiheit an eine bestimmte quartalsweise Handelshäufigkeit geknüpft, mal sind die Angebote auch zeitlich begrenzt.

Manche Anbieter haben noch Flatrates oder Flatfees im Programm. Bei einer Flatfee kostet jede Order, egal wie hoch oder niedrig die Anlagesumme ist, gleich viel. Eine Flatrate ist meist noch umfassender: Da kann euer kompletter Handel – egal wie oft ihr kauft und verkauft und egal wie hoch – abgedeckt sein.

Dennoch muss der Preis nicht das einzige Merkmal sein. Manchmal punkten Onlinebroker vielleicht nicht mit den niedrigsten Gebühren, dafür mit der für euch besten Dienstleistung oder mit Extras, die euch gefallen. Darum: Augen auf bei der Auswahl! Wenn ihr den folgenden QR-Code scannt, könnt ihr herausfinden, welcher Onlinebroker der richtige für euch sein könnte.

## „How to" Depot?

Ob Depot bei einer Direktbank, beim Online- oder Neobroker – wenn ihr den für eure Anlageziele und Präferenzen günstigsten Anbieter gefunden habt, geht es an die Eröffnung des Depotkontos. Dazu müsst ihr ein Anmeldeformular mit euren persönlichen Daten ausfüllen und eure Kontoverbindung mitteilen. Auch müsst ihr eure Identität nachweisen – das geht zumeist über das Videoident-Verfahren. Über Laptop- oder Handykamera zeigt ihr euren Personalausweis – alternativ könnt ihr euch auch über das Postident-Verfahren „analog" in der Postfiliale ausweisen. Wie Anmeldung und Identitätsnachweis jeweils organisiert sind, wird auf den Internetseiten der Anbieter erklärt.

Wenn ihr schon Kunde einer Direktbank seid und zusätzlich ein Depot freischalten lassen wollt, müsst ihr in der Regel nicht noch einmal eure Identität nachweisen.

**GUT ZU WISSEN**

Ob und wie gut ihr euch in Sachen Börse auskennt, müssen Banken seit 2018 standardmäßig abfragen. Bei diesem „Erfahrungs-Check" müsst ihr Kreuzchen im Formular machen, ob ihr schon mal Wertpapiere gekauft habt und anderes. Börsen-Wissen wird aber nicht abgefragt. Einsteiger:innen können das auch verneinen – und dennoch ein Depot eröffnen. Wenn ihr beim Traden den im Formular hinterlegten Kenntnisstand überschreitet, wird jedoch eine Warnung ausgesprochen.

Damit es nach der Depotkontoeröffnung mit dem Traden losgehen kann, braucht es in der Regel erst Geld auf dem Verrechnungskonto. Ihr müsst also von eurem Girokonto einen Betrag dorthin überweisen, der dann fürs Anlegen an der Börse eingesetzt werden kann.

## Kleiner Crash-Kurs zum Onlinebanking

Ihr seid noch unsicher, was es fürs Onlinebanking und -trading braucht? Wie es funktioniert? Wie sicher das ist? Hier kommen ein paar wichtige Hinweise.

> **GUT ZU WISSEN**
>
> Eine Transaktionsnummer (TAN) ist quasi ein Einmalpasswort, das in der Regel aus sechs Ziffern besteht. Sie wird genutzt, um einen Auftrag an die Bank (zum Beispiel eine Order zum Kauf einer Aktie) online zu genehmigen – ersetzt also die Unterschrift.

Mit Benutzernamen und PIN loggt ihr euch nach erfolgreicher Kontoeröffnung auf der Internetseite eurer Bank in euer Konto ein. Für alle Transaktionen via Onlinebanking – das kennt ihr vom Überweisen einer Rechnung oder vom Einrichten eines Dauerauftrags – braucht es auch beim Handel mit Aktien eine TAN. Während diese Transaktionsnummern bis 2019 auf Papierlisten zur Verfügung gestellt wurden, sind sie inzwischen – Stichwort Sicherheit! (→ Seite 143) – EU-weit von dynamischen Verfahren mit der sogenannten Zwei-Faktor-Authentifizierung abgelöst worden. Beim Anmeldevorgang müsst ihr also nachweisen, dass ihr der- oder diejenige seid, für den oder die ihr euch ausgebt – und das mittels zweier unabhängiger Faktoren aus den Bereichen Wissen, Besitz oder Inhärenz. Also zum Beispiel durch ein Passwort (Wissen), durch einen Fingerabdruck (Inhärenz) oder durch den Besitz des Handys.

### TAN-Verfahren

Bei diesen Verfahren wird jede TAN aus den Überweisungsdaten entwickelt. Dadurch sind die Codes nur für bestimmte Vorgänge und zeitlich begrenzt nutzbar. Je mehr Geräte beteiligt sind, desto sicherer der Vorgang. Auch bei mobilen TAN-Verfahren solltet ihr am besten nicht alles übers Smartphone abwickeln, sondern euch zum Beispiel auf einem Laptop/PC/Tablet ins Onlinebanking einloggen und per Smartphone die TAN empfangen.

**→ TIPP**

In einem Video erklärt die Verbraucherzentrale verschiedene TAN-Verfahren

Welche TAN-Verfahren eure Banken jeweils anbieten, liegt in deren Ermessen. Darauf habt ihr keinen Einfluss. Die wichtigsten TAN-Verfahren stellen wir euch hier vor:

### ChipTAN – auch SmartTAN

Beim Chip-TAN-Verfahren kombiniert ihr eure EC-Karte mit einem TAN-Generator. Das ist ein kleines, kabelloses Gerät, ähnlich einem Taschenrechner, mit einem Schlitz an der Seite. Ihr bekommt ihn bei eurer Bank, online oder im Elektronikhandel.

Das Gerät muss einmalig mit eurem Konto gekoppelt werden und schon könnt ihr damit eure eigene TAN kreieren. Das geht folgendermaßen: Ihr steckt eure EC-Karte in den Generator. Dann gebt ihr die Daten für die Transaktion am Computer ein, also zum Beispiel bei einer Überweisung die Kontonummer des Empfängers, seinen Namen und den Betrag. Nun erscheint auf eurem Computerbildschirm eine bewegte Grafik. Diese Grafik beinhaltet sozusagen die Überweisungsdaten. Mit dem TAN-Generator scannt ihr diese Grafik. Daraus erzeugt das Gerät die Transaktionsnummer und zeigt die Überweisungsdaten dabei noch einmal an.

**Bewertung:**

Das Verfahren ist sehr sicher, weil zwei unabhängige Übertragungswege genutzt werden, die kaum gleichzeitig gehackt werden können. Selbst wenn also jemand eure Daten online ausspioniert, kommt er damit nicht weit. Für einen echten Zugriff bräuchte er auch die EC-Karte und den Generator. Und die habt ihr Zuhause, ganz analog.

### PhotoTAN/QR-TAN

Das Photo-TAN-Verfahren läuft im Prinzip so wie das Chip-TAN-Verfahren – nur dass hier statt einer animierten Grafik ein QR-Code per App ausgelesen wird. Um dieses Verfahren nutzen zu können, müsst ihr euch also das entsprechende Programm aufs Handy laden oder ein spezielles Lesegerät benutzen.

Wenn ihr eine Transaktion freigeben wollt, erscheint auf dem Bildschirm ein QR-Code. Den scannt ihr mit der App oder dem Lesegerät. Es erscheinen eure Transaktionsdaten und die TAN. Diese Nummer gebt ihr am Computer ein und legitimiert damit euren Auftrag. Die Sicherheit erhöht sich, wenn ihr beim Onlinebanking übers Smartphone zwei Apps benutzt: Eine für die Bankgeschäfte, eine fürs Generieren der TAN.

**Bewertung:**

Hohe Sicherheit, sofern ihr nicht für App und Onlinebanking das gleiche Smartphone verwendet.

### mTAN/SMS TAN

Beim mTAN-Verfahren bekommt ihr eine TAN auf euer Handy geschickt, wenn ihr zum Beispiel eine Überweisung freigeben wollt. Ihr setzt dann die erhaltene Transaktionsnummer in das entsprechende Feld auf dem Bildschirm ein. Das ist praktisch und nutzerfreundlich, aber nicht so sicher wie die anderen Verfahren. Kriminelle haben es auch schon geschafft, das mTan-Verfahren zu knacken.

**Bewertung:**

Euer Handy kann gestohlen oder die TAN kann abgefangen werden. Das Bundesamt für Sicherheit in der Informationstechnik BSI warnt daher vor SMS-TAN und empfiehlt, auf das Verfahren zu verzichten.

## AppTAN/PushTan

Ebenfalls über das Handy läuft das Sicherheitsverfahren AppTAN. Das System wird von verschiedenen Banken verwendet und entsprechend ändert sich der Name manchmal in VR-SecureGo (bei den Volksbanken), EasyTan (Targobank) oder SpardaSecureApp.

Je nachdem bei welcher Bank ihr seid, müsst ihr euch also die dafür bestimmte Sicherheits-App downloaden. Startet ihr eine Überweisung, reagiert die App auf dem Smartphone. Hier müsst ihr euch mit einem vorher gewählten Passwort einloggen. Eine TAN wird zwar im Hintergrund generiert und übergeben, ihr bekommt sie aber gar nicht zu sehen.

**Bewertung:**

Hohe Sicherheit, wenn ihr für App und Onlinebanking verschiedene Apps oder Geräte verwendet.

**GUT ZU WISSEN**

Habt auch ein Auge auf die Kosten. Das Konto mag günstig sein, aber manchmal sind die Transaktionen teuer. Beim SMS-TAN- und App-TAN-Verfahren nehmen die Banken bis zu 9 Cent pro TAN.

## Wichtig: Sicherheit und Passwort

Für ein sicheres Onlinebanking könnt ihr auch selbst viel tun. Es fängt schon beim Aufrufen der Homepage an. Am besten gebt ihr jedes Mal die Internetadresse eurer Bank selbst ein. Auch kleinste Abweichungen sind Anzeichen für eine Fake-Seite. Nutzt fürs Onlinebanking, wenn möglich, eigene Geräte. Persönliche Kontodaten sind nichts für öffentlich zugängige Computer in Cafés oder Hotels.

Wenn es dennoch nicht zu vermeiden ist, löscht nach der Benutzung den Cache, also den Zwischenspeicher des Computers, damit eure Daten nicht von einem nachkommenden Nutzer eingesehen werden können.

Das A und O ist sicherheitstechnisch natürlich ein gut gewähltes, komplexes Passwort. Hacker haben Programme, die vollautomatisch alle möglichen Zeichen- und Zahlenkombinationen, die sie auf euren Geräten finden, durchprobieren, um an eure Zugangsdaten zu kommen. Um das zu verhindern, sollte ein Passwort bestimmte Qualitätsanforderungen erfüllen und nur für das

Onlinebanking genutzt werden. Das ist nicht einfach umzusetzen, zumal man es sich auch noch gut merken können soll.

**→ TIPP**

**Sucht euch einen Satz, indem eine Zahl vorkommt. Zum Beispiel: Wir fahren schon zum zweiten Mal nach Berlin. Nehmt die ersten Buchstaben und die zwei als Zahl und habt das Passwort: Wfsz2MnB. Ein kompliziertes, nicht zu erratendes „Wort". Und dennoch gut zu merken.**

Neben gut gewählten Passwörtern ist es wichtig, dass ihr die Software auf dem neuesten Stand haltet. So minimiert ihr das Risiko eines unerlaubten Zugriffs von außen, da die aktualisierten Programme in der Regel auch aktuelle Sicherheitslücken geschlossen haben. Installiert ihr die Updates nicht, wird ein Programm möglicherweise zum Einfallstor für Trojaner oder Viren.

Ebenfalls wichtig: Die Verbindung sollte immer verschlüsselt sein, wenn ihr online mit eurer Bank verbunden seid. Ihr erkennt das daran, dass am Anfang der Browserzeile https steht. Das „**s**" macht den Unterschied, dadurch werden eure Daten möglichst abhör- und fälschungssicher übertragen. Mittlerweile werden sichere Verbindungen zertifiziert. Ihr erkennt das daran, dass nach der URL ein kleines Schloss-Symbol angezeigt wird. Bei einem Klick darauf erfahrt ihr mehr über das Zertifikat und ob die Webseite tatsächlich die ist, für die sie sich ausgibt. Passen Zertifikat und Seite nicht zusammen, bekommt ihr einen Warnhinweis.

Gern versuchen Betrüger, mit gefälschten Nachrichten oder Webseiten an eure Daten zu kommen. Sie gaukeln zum Beispiel Sicherheitsprobleme vor und versuchen auf diese Weise, euch Angaben zu eurem Konto zu entlocken. Wenn als Betreff Dinge wie „Aktualisierung Ihrer Nutzerdaten", „Handlungsbedarf – Verifizierung erforderlich" stehen, solltet ihr hellhörig werden. Diese sogenannten Phishing-Mails sind gut gemacht und manchmal kaum zu unterscheiden von echten Nachrichten eurer Bank (→ Beispiel rechts). Aber lasst euch dennoch nicht täuschen: Eure Bank würde NIEMALS, WIRKLICH NIEMALS persönliche Kontodaten per Mail abfragen. Bekommt ihr eine solche Mail, meldet ihr das am besten der Bank und verfrachtet die Nachricht (ohne sie geöffnet zu haben) dann mit einem Klick in den Spamordner. Mittlerweile wanzen sich Betrüger auch über SMS ran. Auch dafür gilt: Melden und löschen!

Wenn euch das Handy abhandenkommt, solltet ihr die Sim-Karte sperren lassen. Genau wie die Kreditkarte oder die Girokarte, wenn ihr sie verliert oder sie gestohlen wurde. Ab der Sperre haftet ihr nicht mehr für die Verluste, das heißt, die Bank (oder

Sparkasse

**Sehr geehrte Damen und Herren,**

In den nächsten Wochen bereiten wir uns auf eine Überarbeitung unserer Systeme vor. Um einwandfrei zu funktionieren, ist es notwendig, dass alle Kunden sich registrieren. Andernfalls kann es zu Datenverlust und Verzögerungen kommen. Bitte registrieren Sie sich schnellstmöglich.

Wie müssen Sie vorgehen um unseren Dienst auch weiterhin nutzen zu können?

1. Melden Sie sich auf unserer Homepage an
2. Führen Sie die geforderten Schritte durch
3. Stellen Sie sicher, dass Ihre Angaben korrekt sind

Als Betreiber unserer Website haben wir uns das Ziel gesetzt, unseren Nutzern eine angenehme und zeitsparende Erfahrung zu bieten. Dazu haben wir innovative Funktionen integriert, unter anderem die praktischen Direktlinks. Diese Funktionalität ermöglicht es unseren Besuchern, schnell und unkompliziert auf die gewünschten Seiten zuzugreifen, wodurch sie ihre Aufgaben schneller und effizienter erledigen können, ohne Ablenkungen.

Wenn sie sich bis zum angegebenen Datum nicht anmelden, sind wir gezwungen, ihr Konto zu deaktivieren. Sollten sie ihr Konto dann wieder aktivieren wollen, wird von ihnen eine Gebühr verlangt.

Vielen Dank!

Zur Homepage

Beispiel aus dem Phishing-Radar der Verbraucherzentrale: Mit solchen täuschend echt aussehenden Mails und Links wollen Kriminelle Kontodaten abgreifen.

→ **TIPP**

**Der Phishing-Radar der Verbraucherzentrale informiert über aktuelle Betrügereien:**

ihre Versicherung) übernimmt den Schaden für euch. Wenn ihr auf eurem Konto ungewöhnliche Abbuchungen feststellt, dann solltet ihr sofort die Polizei informieren. Das geht übrigens auch online …

Das Thema Sicherheit ist auch den Banken wichtig. Sie schützen ihr System mit speziellen Firewalls, verschlüsseln eure Daten und sichern die Zugänge. Diese Vorkehrungen werden regelmäßig von Dritten gecheckt und von den Banken aktualisiert.

## Banking-Apps

Mit Hilfe von Banking-Apps könnt ihr eure Bankgeschäfte per Handy erledigen. Noch schneller, noch praktischer als am PC. Viele Apps können beispielsweise die Überweisungsdaten von Rechnungen, Überweisungsträgern oder Belegen über die Kamera des Handys auslesen und zu einer elektronischen Überweisung umwandeln. Kein fummeliges Getippe der endlosen IBAN mehr. Oder ihr diktiert die Daten mit Hilfe des Sprachassistenten. So kann überweisen Spaß machen.

Eine Banking-App holt ihr euch am besten in eurem offiziellen App-Store. Bloß keinen Angeboten auf irgendwelchen Internetseiten folgen. Genauso wenig wie Links, die ihr per SMS oder E-Mail zugeschickt bekommen habt. Sie könnten Software enthalten, die nur eure Daten abgreifen möchte.

Ist die App aus sicherer Quelle geladen und installiert, achtet auch hier darauf, sie aktuell zu halten. Auch das Update bitte immer nur von offiziellen App-Stores laden. Ein Problem könnte das werden, wenn das Smartphone zu alt ist und keine Sicherheitsupdates mehr angeboten werden.

Benutzername, Passwort, TAN oder FaceID – auch bei Nutzung der Banking-App greifen mehrere Sicherheitssysteme, um eure Bankgeschäfte gegen Unbefugte zu sichern. Wichtig, wirklich wichtig: Speichert eure Nutzerdaten nicht auf dem Smartphone. Auch nicht als verschlüsselten Adressbucheintrag oder Foto. Die Daten könnten digital ausgelesen werden.

Nutzt ihr Banking-Apps, solltet ihr das nicht im öffentlichen WLAN tun. Auch die Bluetooth-Verbindung ist besser ausgeschaltet, wenn ihr beim Onlinebanking seid. Und wenn ihr euren Kontostand gecheckt oder die Überweisung getätigt habt, meldet euch wieder ab. Es ist zwar ein bisschen umständlicher, weder angemeldet zu bleiben noch die Daten auf dem Handy zu speichern, aber auch sicherer.

Apropos Sicherheit. Wer unsicher ist, solche sensiblen, persönlichen Finanzangelegenheiten über das Handy zu regeln, muss sich keine Sorgen machen. Die Sicherheit moderner Smartphones ist oftmals deutlich besser als die von PCs oder Laptops zu Hause. Eine Schadsoftware holt man sich schneller auf den PC als aufs Handy, denn Smartphones sind besser abgeschottet. Ein Sicherheitsvorteil beim Onlinebanking mit PC ist allerdings die Gerätetrennung.

Auch Absprachen mit der Bank oder Einstellungen an der App können euch mehr Sicherheit gewährleisten. Im Vorfeld könntet ihr mit eurer Bank zum Beispiel einen Höchstbetrag vereinbaren, der am Tag überwiesen werden darf. Das geht in der Regel ganz problemlos in den Sicherheitseinstellungen. Ihr könnt euch auch per Push-Nachricht jede Kontobewegung anzeigen lassen, auch so entgeht euch kein fremder Zugriff.

## Multibanking-Apps

Solltet ihr Konten bei mehreren Banken haben und wollt nicht fünf verschiedene Banking-Apps auf eurem Handy, wäre vielleicht eine Multibanking-App etwas für euch. Damit könnt ihr alle eure Konten auf einmal verwalten.

Gute Banking-Apps, in die ihr Konten von mehreren Banken einbinden könnt, bieten die Mobile Filiale-App der Sparkasse und Finanzblick Onlinebanking. Das hat die Stiftung Warentest Anfang 2022 getestet. Zu den Ergebnissen geht es hier:

Bei der Sparkasse ist es für die Nutzung der App nicht mal nötig, dort ein Konto zu haben. Außerdem punktet sie mit dem besten Schutz der persönlichen Daten.

## Robo-Advisors

Vermögensverwaltung und Renditechancen automatisch? – das versprechen Robo-Advisors. Dies sind digitale Programme, die euch die Geldanlage abnehmen. Sie erstellen nach euren Angaben und Präferenzen ein Portfolio. Der Robo fragt nach eurem Alter und Beruf und klärt subjektive Entscheidungskriterien, wie zum Beispiel, welches Risiko ihr eingehen wollt, was ihr schon über Geldanlage und die verschiedenen Produkte wisst, wie lange ihr das Geld anlegen wollt und vieles mehr. Zwischen zehn und 30 Fragen müsst ihr online beantworten. Dieselben Fragen, die ein Bankberater im Verkaufsgespräch stellt, stellt hier also der Computer. Und statt dem Banker zu antworten, gebt ihr die Daten einfach dort ein.

Hat der Computer alle Daten gesammelt, erstellt der Algorithmus des Programms einen Vorschlag, wie euer Portfolio aussehen könnte. Dieser Algorithmus wurde von IT-Spezialisten zusammen mit Anlageberatern erstellt und bewegt sich in engeren Grenzen, als es sich anhört. Das bedeutet, es gibt nicht unendlich viele Musterportfolios

**GUT ZU WISSEN**

**In Deutschland sind derzeit über 30 Robo-Advisors von unterschiedlichen Anbietern auf dem Markt. Die meisten Kundengelder verwaltet VisualVest, der Robo-Advisor der genossenschaftlichen Fondsgesellschaft Union Investment. Der Robo Investify bietet mit der kirchlichen Pax-Bank nachhaltige Anlagen an. Auch bei Smavesto, hinter dem die Sparkasse Bremen steht, kann nach nachhaltigen Kriterien angelegt werden.**

und ihr bekommt ein ganz individuell auf euch zugeschnittenes, sondern das bedeutet, dass ihr nach euren Angaben einem bestimmten Portfolio-Vorschlag zugeordnet werdet. So bietet zum Beispiel der Robo-Advisor Solidvest Blue nur vier Portfolios mit Aktienquoten von 25, 50, 75 und 100 Prozent. Der Robo der Commerzbank hat zehn im Programm, der von der DWS schon 19 verschiedene Modelle. Das ist besser, aber individuell ist es nicht.

In der Regel richtet sich eure Eingruppierung nach der Risikobereitschaft. Je höher die ist, desto größer wird die Aktienquote in dem vorgeschlagenen Portfolio. Die Robo-Advisors haben in der Regel drei bis vier unterschiedliche Anlageklassen in ihren Musterportfolios, die sie dann – nach euren Präferenzen – unterschiedlich gewichten. Diese Anlageklassen sind Aktien, Anleihen und exotische Anlageformen wie Devisen oder Rohstoffe. Bei Aktienanlagen investieren die Robos häufig in Fonds oder ETFs.

Gehen wir mal davon aus, ihr bekommt ein Portfolio vorgeschlagen, das euch gut gefällt. Wie geht es dann weiter? Eigentlich ganz simpel. Ihr schließt den Vertrag ab, dann folgt die Depoteröffnung und dann seid ihr fertig, der Robo macht den Rest. Er kauft die abgesegneten Anlagen für euch ein und nimmt Anpassungen am Portfolio vor, wenn es nötig sein sollte.

> **! WICHTIG**
>
> **Der Algorithmus des Computerprogramms überprüft in regelmäßigen Abständen riesige Datenmengen, um die aktuellen Risiken und Chancen am Kapitalmarkt einzuschätzen. Wenn es da zu Veränderungen kommt, beispielsweise in Crash-Zeiten wie zu Beginn der Corona-Pandemie oder durch den russischen Angriffskrieg auf die Ukraine, verändert das Programm automatisch die Zusammensetzung des Portfolios. Und passt es dann an eure ursprünglichen Angaben zu Risikobereitschaft und Anlagestrategie an.**

Ihr könnt euer Geld bei den Robo-Advisors einmalig oder monatlich investieren. Bei den meisten Robos ist der Einstieg schon ab einer einmaligen Mindestanlage von 500 Euro möglich. Einige Anbieter verlangen aber deutlich mehr. Bei monatlichen Sparplänen könnt ihr schon mit 10 Euro einsteigen – manche Anbieter geben überhaupt keinen Mindestbetrag vor.

Die Vorteile eines Robo-Advisors: Die Geldanlage ist einfach und ihr spart euch den Weg zur Bank sowie die eigene Zeit, weil ihr euch nicht so intensiv mit eurer Investition beschäftigen müsst. Euer angelegtes Geld ist auch bei einem Robo-Advisor gut aufgehoben. Selbst wenn ein Anbieter insolvent wird, ist eure Anlage – weil Sondervermögen – geschützt.

Ihr spart also Zeit. Was ihr nicht spart, ist Geld. Nach einer Untersuchung der Stiftung Warentest liegen die jährlichen Kosten der Robo-Advisor zwischen 0,59 Prozent und 2,49 Prozent. Sie setzen sich zusammen aus der Verwaltungsgebühr für den Robo-Advisor und den Kosten für das Portfolio, also zum Beispiel die Fondsgebühren. Zur Untersuchung geht es unter diesem QR-Code

Schaut man sich an, ob die Gebühren für den Robo sich lohnen, muss man sagen: nein. Die Stiftung Warentest hat die Renditen der Robos verglichen und festgestellt: Die meisten schaffen es nicht, den von Verbraucherzentralen und der Stiftung Warentest vorgeschlagenen Anlagemix von einem Welt-ETF und einem ETF auf Staats- und Unternehmensanleihen zu schlagen.

Ärgerlich ist, dass weder ihr noch Verbraucherzentralen oder Marktbeobachter nachvollziehen können, wie der Robo-Advisor auswählt. Die zugrunde liegenden Algorithmen, die als besonders neutral, wissenschaftlich und interessensfrei beworben werden, können nicht eingesehen werden. Die Verbraucherzentralen fordern darum schon lange, dass es für den Quellcode der Beratung einen strikten aufsichtsrechtlichen Zulassungs- und Überwachungsprozess geben sollte.

Wenn ihr euch für Robo-Advisors interessiert, müsst ihr auf einige Punkte achten. Abzuraten ist von Robos, wenn sie aktive Anlagegrundsätze verfolgen. Bei dieser Strategie schichtet der Robo-Advisor zwischen den einzelnen Anlagekategorien regelmäßig um. Das kostet natürlich, ähnlich wie bei einem aktiven Aktienfonds, mehr Geld als nötig wäre. Und schmälert euren Gewinn. Ähnlich kritisch ist es, wenn sie keine Buy-and-Hold-Strategie verfolgen. Das bedeutet, die Geldanlage viele Jahre zu halten und damit Kosten zu sparen (die beim Umschichten immer anfallen).

Schaut euch auch ganz genau an, was sich der Computer für euch ausgedacht hat (genauso wie ihr das auch bei einem Bankberater tun solltet). Welche ETFs hat er ausgewählt, wie breit streut der nachgebildete Index, welche Aktien sind in dem Index vertreten? Auch der Vorschlag vom Robo-Advisor muss also noch mal gegengecheckt werden. Da könnt ihr es auch gleich selbst machen, oder euch mit den Ratschlägen einer unabhängigen Beratung helfen lassen. Das ist sehr viel günstiger.

Fazit: Wer ein bisschen was von Geld anlegen versteht – und das tut ihr nach diesem Buch – kann all das, was ein Robo-Advisor macht, auch selbst. Euer Geld für eine digitale Vermögensverwaltung auszugeben, ist nicht nötig. Ihr kennt eure eigene Risikobereitschaft und könnt entsprechend selbst in ETF, Anleihen, Festgeld oder was auch immer zu eurer Anlagestrategie passt, anlegen.

## Unseriöse Onlineplattformen

Immer wieder gibt es Meldungen, dass vorgeblich seriöse Online-Plattformen dazu auffordern, zum Teil hohe Geldsummen in Geschäfte mit CFDs zu stecken. Hinter dieser Abkürzung für Contracts for Difference, finanziellen Differenzkontrakten, verbergen sich Investments auf Rohstoffe, Aktien, Indizes, Währungen oder Kryptowährungen.

Die Masche, mit denen unseriöse Trading-Plattformen locken, ist oft ähnlich: Zunächst sollt ihr ein kleines Startkapital zahlen. Nach anfänglichen Gewinnen meldet sich telefonisch ein „persönlicher Broker“ der euch – oft auch aggressiv – überzeugen will, mehr Geld einzuzahlen, um so noch mehr Gewinne zu machen. Daraus wird dann meist nichts mehr. Das Geld ist weg, der „persönliche Broker“ auch nicht mehr zu erreichen.

Schon im Vorfeld könnt ihr potenzielle Betrüger-Plattformen recht gut entlarven. Schaut euch an, ob auf der Homepage ein Impressum angegeben ist und welche Kontaktdaten veröffentlicht sind. Im Impressum müssen unter anderem die Adresse, ein Vertretungsberechtigter und eine E-Mail-Adresse angegeben sein. Außerdem sollte es einen Verweis auf das Handelsregister mit entsprechender Nummer geben. Findet ihr die Infos nicht oder gibt es gar kein Impressum, überweist dorthin kein Geld. Der nächste Hinweis: Hat der Broker eine EU-Lizenz? Das könnt ihr in der Unternehmensdatenbank der BaFin nachlesen. Einfach unter diesem QR-Code:

Besondere Skepsis ist geboten, wenn ihr in öffentlichen Foren aufgefordert werdet, für Anlagetipps auf private Messenger-Dienste zu wechseln (zum Beispiel, um dort exklusiv Steuerspartipps zu erfahren 😉). Damit gebt ihr nämlich eure privaten Kontaktdaten preis. Danach erhaltet ihr mit großer Wahrscheinlichkeit ungebetene, unerlaubte Anrufe, bei denen euch Anlageprodukte angeboten werden und die Anrufer vielfach auch hohen Handlungsdruck erzeugen.

Misstrauisch machen dürfen euch auch Anrufe des angeblichen Brokers aus dem Ausland, mit einer Nummer, die ihr nicht zurückrufen könnt (wovon Verbraucherzentralen ohnehin abraten).

Auch bei fantastischen Angeboten rund um Kryptowährungen solltet ihr vorsichtig sein. Die Begeisterung für die Coins nutzen auch Betrüger. Die Beschwerden von ausgenommenen Anlegern häufen sich. Eine Masche: Ihr bekommt eine Mail, in der mit einem Zeitungslink geworben wird. Vielleicht sind noch Prominente zu sehen, die scheinbar Werbung für den Anbieter machen? Klickt ihr auf den Zeitungslink, landet ihr auf einer Seite, die mit Schad-Software vollgepackt ist und euren PC oder Smartphone mit Viren infiziert, mit denen die Kriminellen auch Zugriff bekommen. Es kommt zu Fehlermeldungen auf der Fake-Seite, die sich angeblich nur mit einem Anruf beim Kundenservice lösen lassen. Doch dessen

Nummer gibt es nicht umsonst: Ihr sollt dazu zum Beispiel Geld überweisen. Gebt ihr die Daten ein, liest der Betrüger sie mit – dank des Zugriffs durch die Maleware.

Solche oder so ähnliche Tricks gibt es einige. Ihr könnt euch aber schützen, indem ihr vorsichtig und überlegt im Netz unterwegs seid und euch nicht blenden lasst durch überhöhte Gewinnversprechen.

Generell gilt: Märchenhafte Gewinnversprechen sind unseriös. Vorsichtig bei Links und Abfrage der Kontodaten. Und: Hört auf euren Bauch, gesundes Misstrauen ist angebracht. Das gilt auch bei den Angeboten, die unter dem Begriff Social Trading oder auch Copy Trading auf dem Markt sind sowie für Empfehlungen von sogenannten Finfluencern – auf beides werfen wir im Folgenden einen kritischen Blick.

## Finfluencer

In den sozialen Medien geben viele Menschen in Videos Tipps zum Thema Geldanlage. Wie kompetent und glaubwürdig diese Finfluencer allerdings sind, könnt ihr anhand dieser Liste checken.

CHECKLISTE

Wer ist das, der oder die da Tipps gibt? Ein Video ist schnell produziert, ein Bild für Instagram braucht nur wenige Klicks. Ohne nachvollziehbare Expertise des Accountinhabers sind alle Infos mit Vorsicht zu genießen.

- ☐ Was hat die Person bisher mit dem Thema Finanzen zu tun?
- ☐ Worauf begründet sich die Empfehlung für Anlagestrategien oder -produkte?
- ☐ Wie ist die Interessenlage? Profitiert der Experte von seinen Empfehlungen?
- ☐ Müsst ihr etwas für mögliche Dienstleistungen bezahlen?
- ☐ Wie konkret sind die Tipps? Vorsicht, wenn vermeintliche „Geheimtipps“ auf gewinnbringende Aktien oder Kryptowährungen gegeben werden!
- ☐ Was ist über die Haftung zu erfahren?

Oft steht am Ende der Videos auch, dass diese keine Beratung, Empfehlung oder Sonstiges sind und keine Haftung übernommen wird. Heißt also: Hier werden Erfahrungsberichte gegeben – und nicht mehr.

Und: Lasst euch nicht von vielen Likes, Followern und positiven Kommentaren blenden. Sie sagen nichts darüber aus, wie seriös der Anbieter ist! Scheinbar positive Kommentare oder Hinweise auf vermeintliche Anlageerfolge können frei erfunden und im Auftrag des Verfassers platziert worden sein. Überprüfbar sind solche Beiträge in der Regel nicht.

Außerdem wichtig: Häufig gibt es knappe Basisinformationen umsonst – danach braucht es dann Webinare, Downloads oder Kurse, die kostenpflichtig sind. Und deren Qualität und Seriosität ihr im Voraus kaum beurteilen könnt.

**! ACHTUNG**

**Immer wieder beeinflussen unlautere Akteure in den sozialen Medien Kurse und Preise zum Beispiel von Aktien. Sie versuchen, etwa durch falsche oder irreführende Anlagetipps, Nachfrage nach Aktien zu erzeugen oder zu erhöhen, ohne dabei offenzulegen, dass sie diese Anlageprodukte selbst halten und daher selbst von Kursgewinnen stark profitieren. Sie verbreiten diese unseriösen Anlagetipps in der Absicht, ihr Investment nach dem durch sie herbeigeführten Kursanstieg gewinnbringend wieder abzustoßen. Dadurch fällt der Kurs in der Regel wieder, und ihr wie auch alle anderen Anleger:innen verliert dann Geld.**

## Social Trading/Copy Trading

Statt Katzenbildern oder Fotos von Mahlzeiten werden beim Social Trading Anlageideen gepostet. Auf einer Online-Plattform stellen Lead Trader – auch Popular Investor oder Signalgeber genannt – ihre Anlagestrategie oder Portfolios öffentlich vor. Wenn ihr euch auf der Plattform registriert, könnt ihr die Trader dabei beobachten – und als Follower deren Handelsidee dann teilweise oder ganz übernehmen.

Das bedeutet: Verändert euer Trader das Depot, kauft oder verkauft er ETFs, Aktien oder Optionsscheine, macht ihr genau das auch. Ganz automatisch, wenn ihr eingewilligt und das so auch eingestellt habt. Auf den Online-Plattformen und Apps, die es gibt, könnt ihr die Anlagestrategien und Depots der verschiedenen Lead Trader einsehen, diskutieren und nachbilden. Das geht meistens ganz einfach, indem das Musterdepot des Lead Traders kopiert wird. Daher nennt man das Social Trading auch Copy Trading.

GUT ZU WISSEN

Damit die Entscheidungen des Traders für euer Depot kopiert oder ausgeführt werden, müsst ihr vorher zwingend euer Einverständnis erteilt haben.

Die Plattformen sind sehr unterschiedlich. Nicht nur bezüglich der angebotenen Finanzprodukte oder Handelsplätze, sie unterscheiden sich auch in der Dienstleistung selbst. Manche bieten alles rund ums Onlinetraden, andere werden nur als Vermittler tätig. In einem solchen Fall braucht ihr sogar noch ein separates Depot.

Ein weiterer Unterschied: Manche veröffentlichen die Handelsstrategie nicht einfach nur auf ihrer Plattform, sondern sie geben sie als Zertifikat heraus, das ihr kaufen könnt. Jedes Zertifikat beruht auf einem Index, der die Wertentwicklung des gewählten Musterdepots 1:1 abbildet. Wie ein ETF auf einen Index, der von dem Lead Trader zusammengestellt wurde. Ihr seid durch die Kursentwicklung des Zertifikats am Erfolg oder Misserfolg der Anlagestrategie beteiligt. Das Zertifikat könnt ihr wie ein Wertpapier an der Börse handeln. Der Vorteil: Ihr müsst nur ein Wertpapier kaufen, statt alle Einzelwerte des Lead Traders zu übernehmen. Das spart Transaktionskosten.

Gern wird damit geworben, dass Social Trading beziehungsweise Copy Trading eine Art privater Vermögensverwalter für weniger Geld sei. Doch so einfach ist es leider nicht. Denn auch wenn die Anlagestrategie „Copy und Paste“ ist, solltet ihr nicht blind den Expertisen der Lead Trader vertrauen. Die „Experten“ sind selbsternannt und unterliegen keiner Kontrolle durch eine Aufsichtsbehörde wie der BaFin. Wenn sich euer Lead Trader entschließt, sein Depot umzuschichten und alles in eine unbekannte Kryptowährung zu investieren, kann er das jederzeit tun.

Die BaFin hat zusammengestellt, wann die Alarmglocken schrillen sollten:

Auch wenn ihr euch die verschiedenen Trader anschaut und ihre Depots, Erfolge und Tipps vergleicht, wird deutlich: Die Trader sind sich nicht einig. Und das ist ja auch ganz normal. Wer weiß schon, wie es an den Börsen laufen wird? Deshalb solltet ihr selbst überlegen, was ihr wollt und tut. Vergleicht die Handelsideen der Lead Trader mit euren eigenen Vorstellungen vom Geld anlegen, eurer Risikobereitschaft und euren Anlagezielen. Denn das Kopieren von Anlageideen geht häufig mit höheren Risiken einher. Viele Lead Trader haben Hebelprodukte im Depot. Deren Kurse steigen schnell, fallen aber noch rasanter. Also Augen auf beim Followen ...

Wenn ihr eine passende Plattform sucht, rät die BaFin, sich mit folgenden Fragen auseinanderzusetzen:

Beim Social Trading fallen Kosten und Gebühren für euch in der Regel erst an, wenn ihr Aufträge zur automatisierten Order erteilt. Für jede ausgeführte Order, mit der die Order des Traders für euch kopiert und ausgeführt wird, erhebt der Anbieter eine Gebühr. Entweder direkt und weist sie dann gesondert aus, oder er preist sie im sogenannten Spread ein. Der Spread ist die Spanne zwischen Geld- und Briefkurs, d.h. dem Ankaufs- und Verkaufspreis.

Im Folgenden stellen wir euch exemplarisch zwei Plattformen und das Wichtigste im Überblick vor. Bei beiden könnt ihr ein Musterdepot einrichten.

### Etoro

Etoro ist eine Trading-App und internationaler Marktführer beim Social Trading. Das Unternehmen hat seinen Sitz in den USA, Großbritannien, Zypern, Israel und Australien. Etoro gibt es seit 2007 als Handelsplattform, 2012 kam die mobile App hinzu. Das Angebot beim Social Trading: Ihr sucht euch andere Anleger:innen, die ihr als Vorbild nehmen wollt und kopiert deren Depotideen. Oder wie Investoren sagen: reales Nachbilden eines Lead-Trader-Depots mit Copy Trading.

Das Copy Trading und die Kontoführung sind grundsätzlich gebührenfrei. Nur wenn ihr euch zwölf Monate nicht einloggt, werden euch für jeden weiteren inaktiven Monat 10 Dollar berechnet. Auszahlungen kosten 5 Dollar. Etoro gibt nicht nur seine Gebühren in US-Dollar an, sondern rechnet auch in der US-Währung. Für euch bedeutet das: zusätzliche Umrechnungsgebühren.

Die erste Einzahlung auf euer Konto muss mindestens 50 Dollar betragen. Der Handel mit Aktien und ETFs ist kostenlos. Bei spezielleren Anlagen, wie Optionsscheinen oder Kryptowährungen, bezahlt ihr Spreads, die bei Coins zwischen 0,75 und 4,5 Prozent liegen.

Bei Etoro müsst ihr nach der Registrierung euer Konto verifizieren. Dafür braucht ihr einen Identitäts- und einen Adressnachweis. Der sollte nicht älter als drei Monate sein. Ihr könnt zum Beispiel einen Kontoauszug, die Telefon- oder Stromrechnung dafür nehmen. Identitäts- und Adressnachweis könnt ihr in der App hochladen. Wenn beide Dokumente eingereicht sind, beginnt der Verifizierungsprozess. Der kann einige

> **CHECKLISTE**
>
> - [ ] Nach welchen Kriterien lässt die Plattform Trader zu?
> - [ ] Nach welchen Kriterien überwacht die Plattform ihre registrierten Trader?
> - [ ] Überwacht sie insbesondere, ob die Trader reales Geld investieren?
> - [ ] Genügen euch die auf der Plattform einsehbaren Daten und Kennzahlen, um einen Trader auszuwählen?
> - [ ] Versteht ihr, was die Angaben und Zahlen aussagen?
> - [ ] Könnt ihr euch über ein Demokonto mit den Abläufen vertraut machen?

Tage dauern. Noch mal vier bis sieben Tage – so die Angaben von Etoro – kann es dauern, bis nach einer Überweisung der Betrag auf eurem Etoro-Trading-Konto gutgeschrieben ist. Aber dann kann es losgehen.

Zuerst sucht ihr euch einen Lead Trader eures Vertrauens, dann legt ihr einen Betrag fest und klickt auf copy. Fertig. Euer Anlagebetrag wird proportional zum Lead Trader berechnet. Wenn ihr 100 Euro investiert habt und der Trader 1.000 Euro, wird das entsprechend 1:10 umgerechnet. Verkauft der Trader zehn Aktien, verkauft ihr eine. Das Social Trading kostet euch nichts.

## Wikifolio

Wikifolio ist eine Social-Trading-Plattform mit Sitz in Wien. Bei Wikifolio veröffentlichen Anleger:innen ihre Strategien, also was sie wie anlegen, und zwar über Musterdepots, sogenannte Wikifolios. Mittlerweile gibt es schon fast 10.000 davon. Sehr viele Ideen und Portfolios, aus denen ihr euch dann das passende aussuchen könntet. Oder die euch nur inspirieren für euer eigenes Portfolio. Das ihr vielleicht sogar veröffentlichen wollt. Das geht auch. Und das kostet auch nichts.

Das eigentliche Ding an Wikifolio ist aber: Erfolgreiche Strategien, für die sich viele interessieren, werden als Zertifikate ausgegeben. Die Wertentwicklung der Zertifikate folgt exakt dem des Musterportfolios. So ein Zertifikat könnt ihr bei Banken oder Brokern kaufen.

Für das Zertifikat bezahlt ihr mindestens 0,95 Prozent. Das ist schon nicht günstig, richtig teuer aber ist die Performancegebühr. Sie liegt zwischen 5 und 30 Prozent. Diese Gebühr ist die Erfolgsgebühr für den Trader, dessen Depot übernommen wurde. Übrigens: Zertifikate gelten nicht als Sondervermögen, wie es zum Beispiel bei ETFs der Fall ist. Wenn der Emittent, hier Lang & Schwarz, Pleite ginge, wäre euer Geld weg.

# Nachhaltige Geldanlage

**Ob für Klima- oder Umweltschutz, mehr soziale Gerechtigkeit oder die Abkehr von Rüstungsgeschäften: Immer mehr Menschen haben bei der Geldanlage nicht nur die Rendite im Auge, sondern auch ethische, soziale und ökologische Aspekte. Sie wollen eine nachhaltige Geldanlage. Falls ihr auch dazugehört: Hier zeigen wir euch, wie das gelingt.**

Es gibt viele Möglichkeiten, sich für nachhaltige Finanzprodukte zu entscheiden, „grüne“ Banken, Konten, Anlagen – der Markt boomt. Aber Achtung: Was nachhaltige Geldanlagen sind, ist bislang nur unzureichend definiert. Jeder Anbieter kann damit etwas anderes verbinden – ein Nachhaltigkeitsversprechen im Prospekt für ein Anlageprodukt oder auch in dessen Namen allein sagt bisher zumeist nicht viel aus.

Ob sie Zusätze wie „sustainable", „grün", „nachhaltig", „Klima" oder Kürzel wie ESG (environment, social, governance) oder SRI (socially responsible investment) in ihren Namen tragen – wie nachhaltig diese Produkte wirklich sind, das könnt ihr daraus leider nicht oder nur bedingt ableiten. Es gibt bislang kein gesetzlich geregeltes Kennzeichnungssystem mit verbindlichen Standards und auch keine unabhängige Zertifizierung. Keine staatliche Institution kontrolliert, ob die gemachten Nachhaltigkeitsversprechen eingehalten werden.

Da ist es nicht verwunderlich, dass sich nachhaltige Geldanlagen bisweilen grüner darstellen als sie dann wirklich sind, „Greenwashing“ nennt man das dann. Und manche Finanzdienstleister nehmen dabei den Mund ziemlich voll – und locken irreführend und rechtswidrig mit schöngerechneten Wirkungen für Umwelt und Klima.

BEISPIEL

### Fragwürdige Nachhaltigkeitseffekte

„Mit 10.000 Euro Geldanlage 6,71 Tonnen Abfall einsparen oder 830 kWh erneuerbare Energien produzieren?“ Mit diesem Effekt hatte die DekaBank für ein Investment in „Nachhaltigkeitsfonds” geworben. Und mit einem „Impact Rechner“ im Internet ein Tool zu Berechnung eines konkreten, messbar positiven ökologischen Effekts eingestellt. In diesem Fall beruhte der vermeintliche Impact allerdings lediglich auf Schätzungen, wobei nicht einmal die Wirkung aller in den Fonds einbezogenen Unternehmen berücksichtigt worden war. Dies hatte die Verbraucherzentrale Baden-Württemberg 2020 in ihrer Klage gegen die DekaBank beanstandet. Die Bank hatte gegenüber Dritten eingeräumt, dass es für eine derartige Wirkung nachhaltiger Geldanlagen keine belastbaren Messgrößen gebe. Nach Einreichen der Klage hatte die DekaBank eingelenkt, ihren Impact-Rechner aus dem Netz genommen und versichert, auf die beanstandete Werbung künftig zu verzichten. Eine Übersicht aktueller weiterer Verfahren wegen Greenwashing der Verbraucherzentrale Baden-Württemberg findet ihr hier:

## Wie misst man Nachhaltigkeit?

Seit dem Jahr 2017 sind börsennotierte Unternehmen in Europa dazu verpflichtet, regelmäßig Nachhaltigkeitsberichte anzufertigen. Meist haben sogenannte Ratingagenturen die Prüfung nach den ESG-Kriterien übernommen. ESG steht für environment (E), social (S) und governance (G), also Umwelt, soziale Aspekte und Unternehmensführung.

Ratingagenturen (→ Seite 58) erstellen aus den Nachhaltigkeitsberichten und anderen Quellen eine Bewertung der Unternehmen und verkaufen diese ESG-Ratings an Banken und Fondsgesellschaften. Fürs Rating gibt es keine gesetzlichen Vorgaben, sodass deren Ergebnisse selbst bei identischer Informationslage sehr unterschiedlich sein können – und der Wahrheitsgehalt auch bisher kaum überprüfbar ist.

Viele Anbieter werben inzwischen damit, dass ihr Fonds nach Artikel 8 oder 9 der EU-Offenlegungsverordnung (SFDR) klassifiziert ist. Kurz für euch erklärt: Seit März 2021 hat die EU die Fondsbranche verpflichtet, für Anleger:innen transparent zu machen, wie es der jeweilige Fonds, in den sie investieren, mit grünen Anlagen hält. Dazu werden die Fonds klassifiziert – nach Artikel 6, 8 und 9 der EU-Offenlegungsverordnung.

**CHECKLISTE**

Weil es an einer Definition von „nachhaltiger Geldanlage" fehlt, ist nicht alles, was „grün" daherkommt oder mit „ESG-Label" aufwartet, auch so grün, wie ihr es euch vielleicht wünscht. Und weil nachhaltige Anlagen im Trend sind, wird nicht selten viel Kreativität auf Greenwashing beim Marketing verwendet. Deshalb Achtung:

- ☐ Nicht immer, wenn grüne Wiesen, Sonnenblumen, blauer Himmel, Solaranlagen oder sauberes Trinkwasser in Werbung und Prospekten abgebildet sind, bedeutet das auch automatisch ein nachhaltiges Investment!
- ☐ Vorsicht ist auch geboten, wenn sehr konkrete Wirkungen in Zahlen und Diagrammen benannt werden. Zum Beispiel, wie viel Energie durch ein Invest eingespart wird. Erfahrt ihr da was über Berechnungsgrundlagen und Daten? Oder handelt es sich um (zweifelhafte?) Annahmen und Schätzungen, um möglichst grün zu erscheinen?
- ☐ Nicht alle Nachhaltigkeits-Siegel, -Logos und -Standards sind streng und glaubwürdig. Nicht immer steckt dahinter eine von einem unabhängigen Dritten erstellte qualitative Fonds- oder Unternehmensanalyse. Einige solcher Kennzeichnungen werden auch von Unternehmensnetzwerken herausgegeben, die sich selbst kreierten, eigenen Nachhaltigkeitszielen verpflichtet haben. Also vertraut den Siegeln nicht blind! Vielleicht bekommt der Herausgeber des Siegels vom Empfänger nicht nur die Gebühr, sondern wird darüber hinaus von diesem auch gesponsert oder finanziert.

Eine transparente, mit Fakten untermauerte Beschreibung ihrer Anlagestrategie zeichnet seriöse, nachhaltig wirtschaftende Unternehmen oder Fonds aus!

Fonds nach Artikel 6 haben keine expliziten Nachhaltigkeitsziele. Solche nach Artikel 8 geben an, dass der Fonds nachhaltige Aspekte berücksichtigt – hier findet sich die überwiegende Mehrheit wieder. Darunter gibt es dann sehr strenge, aber auch weniger nachhaltige Produkte. Ein Artikel 9-Fonds orientiert sich hingegen an Zielsetzungen, etwa zu einem geringeren $CO_2$-Ausstoß beizutragen. Er ist damit aber nicht zwangsläufig strenger, weil er Klimakiller konsequent ausschließt, sondern bestimmte Branchen nur geringer gewichtet. Kurzum: Die EU-Offenlegungsverordnung zwingt Finanzakteure, Informationen zum positiven oder negativen Einfluss ihrer Produkte auf nachhaltiges Wirtschaften zu veröffentlichen.

> **GUT ZU WISSEN**
>
> Drei Professoren der London Business School haben im Jahr 2020 im „Credit Suisse Global Investment Returns Yearbook" eine Studie veröffentlicht die aufzeigt, dass es so gut wie keine Übereinstimmung zwischen den Nachhaltigkeitsratings der zwei wichtigen Ratingagenturen MSCI und Sustainalytics gibt. Untersucht wurden 878 US-Unternehmen. Auch andere Studien bestätigen das.

Außerdem ist bei Finanzprodukten mit breitem Portfolio bisher noch unklar, wie hoch der Anteil an nachhaltigen Unternehmen sein muss, damit der Fonds insgesamt als nachhaltig gilt. Mindestens 75 oder gar 90 Prozent? Dafür gibt es bisher noch keine Vorgaben der Finanzaufsicht. Und auch fehlt noch eine Definition, wann ein Produkt wirklich auf eine nachhaltige Investition abzielt oder wann es nur einzelne ökologische oder soziale Merkmale aufweist.

## Klassifizierung durch die EU

Ihr seht also: ESG-Angaben sind kein Gütesiegel für Nachhaltigkeit. Und dabei kommt wieder die EU ins Spiel. Sie hat mit der Taxonomie, die Anfang 2023 in Kraft getreten ist, inzwischen erste Schritte zu einem einheitlichen Klassifizierungssystem für nachhaltige Investitionen gemacht.

Grundsätzlich hat die EU-Taxonomie sechs Umweltziele festgelegt:

1. Verhinderung des Klimawandels
2. Anpassung an den Klimawandel
3. Nachhaltige Nutzung von Wasser- und Meeresressourcen
4. Wandel zu einer Kreislaufwirtschaft
5. Vermeidung und Verminderung der Umweltverschmutzung
6. Schutz und Wiederherstellung der Biodiversität und der Ökosysteme.

Zunächst wurden für die ersten beiden Ziele konkrete Kriterien entwickelt, um die ökologische Nachhaltigkeit von wirtschaftlichen Aktivitäten zu bewerten. Wenn ein Unternehmen „grün" im Sinne dieser EU-Taxonomie sein will, muss es einen Beitrag zu mindestens einem dieser Umweltziele leisten – ohne jedoch eines oder mehrere andere zu beeinträchtigen.

Beispielsweise wurden für den Bau- und Immobiliensektor technische Bewertungskriterien erarbeitet, anhand derer überprüft werden kann, ob Gebäude als „ökologisch nachhaltig" und damit als „Taxonomie-konform" gelten. Große Unternehmen müssen zudem darüber informieren, wie sie ihre Ziele erfüllen. Also zum Beispiel, wie sie recyceln oder ihren $CO_2$-Ausstoß reduzieren.

BEISPIEL

### Trügerische Versprechen

Kapitalanlagebetrug – so lautete der Vorwurf gegen die Fondsgesellschaft DWS. Ermittler-Teams der Staatsanwaltschaft, der Finanzaufsicht BaFin sowie des Bundeskriminalamts (BKA) hatten im Mai 2022 die Geschäftsräume der Deutschen Bank sowie ihrer Fondstochter nach Beweismaterial dafür durchsucht. Über Monate kursierten Vorwürfe von „Greenwashing" gegen die DWS.

Demnach soll der Vermögensverwalter Angaben zu Nachhaltigkeitskriterien zu hoch angesetzt haben und die DWS bei Themen wie Umwelt- und Klimaschutz in Wahrheit nicht so weit fortgeschritten sein wie angegeben. Entgegen der Angaben in Verkaufsprospekten von DWS-Fonds seien ESG-Faktoren nur in einer Minderheit der Investments tatsächlich berücksichtigt worden. Sollten sich diese Anschuldigungen bewahrheiten, hat sich die DWS mit ihren Nachhaltigkeitsversprechen enorm geschadet. Denn falsche Angaben in Verkaufsprospekten interessieren nicht nur die Finanzaufsicht. Neben möglichen aufsichts- und strafrechtlichen Prozessen können auch teure Zivilklagen drohen. Also nicht nur Imageverlust durch Greenwashing, sondern auch finanzielle Risiken, weil Anleger:innen auf Schadensersatz klagen könnten. Der DWS-Chef ist inzwischen zurückgetreten.

Allerdings ist man sich innerhalb der EU absolut nicht einig, was grün ist und was nicht. Ein heftiger Streit um die Kriterien und Einordnung ist entbrannt. Und traf auf verwunderten bis verärgerten Widerstand, bei Fachleuten wie auch bei einigen EU-Mitgliedstaaten. Ein Hauptgrund: Gas und Atomkraft wurden in der EU-Klassifizierung als klimafreundliche Energiequellen aufgenommen – was gängigen Vorstellungen von Nachhaltigkeit widerspricht. Und somit Unternehmen als „grün" kategorisiert, die von vielen Fonds schon als „No-Go" in ihren Ausschlusskriterien (→ Seite 162) rausgekickt worden sind.

HINTERGRUND

**Nachhaltig kurz gefasst**

Nachhaltig ist jedes Verhalten, das zum Erreichen des Zwei-Grad-Ziels des Pariser Klimaschutzabkommens beiträgt, zu dem sich die beigetretenen Staaten im Jahr 2015 verpflichtet haben: Die Erderwärmung deutlich unter 2 Grad Celsius auf möglichst 1,5 Grad Celsius gegenüber dem vorindustriellen Niveau zu begrenzen.

GUT ZU WISSEN

Nur 67 von 187 untersuchten nachhaltigen Fonds schlossen Atomkraft vollständig aus – so das Ergebnis einer Analyse von Finanztest im Mai 2022. Das Ausschlusskriterium umfasst den Betrieb von Atomkraftwerken, die Herstellung von Komponenten und den Abbau von Uran.

## Anlageberatung: Soll das Produkt nachhaltig sein?

Seit August 2022 sieht eine EU-Richtlinie vor, dass das Thema Nachhaltigkeit in der Beratung nun stärker beachtet werden muss. Nunmehr gehört es zu den „treuhänderischen Pflichten" bei der Anlageberatung, nicht nur eure Anlageziele und -erfahrungen abzufragen, sondern auch die Nachhaltigkeit von Produkten zu thematisieren.

Anders gesagt: Beim Beratungsgespräch in der Bank oder Sparkasse geht es nicht mehr nur um Renditechancen und Risiko, sondern es MUSS auch gefragt werden, ob ihr bereit seid, euer Geld nachhaltig anzulegen. Kurzum also, ob ökologische oder soziale Aspekte sowie Kriterien einer guten Unternehmensführung in eure Entscheidung für ein Produkt einfließen sollen (ESG-Kriterien → Seite 158). Bejaht ihr das, soll das auch bei den Produkten, die euch empfohlen werden, berücksichtigt werden. Die nachhaltigen Anlagevorschläge können allerdings ziemlich unterschiedlich ausfallen – je nachdem, ob ihr bei der örtlichen Sparkasse, der Genossenschaftsbank oder Privatbank in der Nachbarstadt gefragt habt. Denn die EU hat keinen Katalog festgelegt, welche Produkte nachhaltig orientierten Anlegern empfohlen werden dürfen, sondern nur Merkmale (→ Seite 160) genannt, die empfohlene Produkte erfüllen müssen. Hintergrund dieser Überlegung: Es ist ein zu individuelles persönliches Urteil, was nachhaltig nun eigentlich ist: Während der eine eher klimafreundliche Energie präferiert, legt die andere Wert auf menschenwürdige Arbeitsbedingungen in der ganzen Lieferkette eines Produkts.

> **ACHTUNG**
>
> Ob Waffen nachhaltig sind, wenn sie Frieden sichern? – Diese Frage treibt euch vielleicht auch angesichts des russischen Angriffskriegs auf die Ukraine um. Hersteller von Streubomben und anderen geächteten Waffen wie Landminen, Atom-, Bio- und Chemiewaffen sind für ethisch-ökologische Fonds ausgeschlossen.
> Bei konventionellen Waffen sind hingegen bei einigen kleine Umsätze bis zu 5 Prozent erlaubt. Argument: Zivile Produkte können auch in Rüstungsgütern eingesetzt werden, sodass ein kompletter Ausschluss nur schwer zu garantieren ist. 73 von 187 durch Finanztest (Stand: Mai 2022) überprüfte nachhaltige Fonds schließen sowohl konventionelle als auch kontroverse Waffen gänzlich aus. Bei allen anderen sind Waffen zumindest teilweise tabu.

Theoretisch kann sich jeder Anlageberater selbst auf die Suche machen, was er euch als grüne Anlage verkauft – praktisch ist das natürlich nicht. Gerade arbeitet der Fachverband für nachhaltige Geldanlage (FNG, → Seite 169) hierzulande an einem Konzept für ein branchenübergreifendes Verständnis für nachhaltige Geldanlagen – ein Standard, nach dem sich Fondsanbieter und Vertriebsstellen dann freiwillig richten können.

Wichtig: Ohne Vorbereitung ist es auch schwer, während des Beratungsgesprächs die Fragen zu Nachhaltigkeitspräferenzen zu beantworten und in der kurzen Zeit die Unterschiede zwischen den einzelnen grünen Produkten zu verstehen. Zudem fürchten die Verbraucherzentralen auch, dass die bislang noch weitgehend fehlenden Standards für eine nachhaltige Geldanlage möglicherweise dazu führen können, teurere Anlageprodukte mit dem Hinweis zu verkaufen, sie seien schließlich grün.

## Grüne Anlageziele: Wo ansetzen?

Bevor ihr ins Thema einsteigt, überlegt euch, wie viel Nachhaltigkeit es für euch persönlich denn sein soll ... Die gesteckten Ziele und Schwerpunkte helfen sowohl, wenn ihr euch auf ein Beratungsgespräch bei einer Bank vorbereitet als auch bei der Auswahl, wenn ihr bei einer Direktbank oder einem Onlinebroker selbst in nachhaltige Anlagen einsteigen wollt.

Überlegt zunächst, welche Branchen ihr ausschließen wollt – und welche Verhaltensweisen bei Unternehmen, in die euer Geld fließt, auf keinen Fall vorkommen sollen. Soll eure Geldanlage eine konkrete und im

Idealfall nachprüfbare Auswirkung („impact“) wie zum Beispiel weniger $CO_2$-Ausstoß haben? Oder reicht es euch, wenn ihr euer Geld so anlegen könnt, dass es keinen Umweltschaden anrichtet, also etwa nicht in Kohle-Unternehmen investiert wird?

Bei eurer Suche nach einer nachhaltigen Geldanlage berücksichtigt ihr in irgendeiner Form ethische, soziale oder ökologische Kriterien, die eure Vorstellung von Nachhaltigkeit abbilden. Ihr könnt bestimmte Unternehmen ausschließen – oder auch nur in ausgewählte Branchen investieren. Genauso gehen auch Fondsmanager vor. Das erklärt dann auch, warum Fonds unterschiedlich grüne Ausprägungen haben können.

Gängige Herangehensweisen – die mitunter auch kombiniert werden – sind zum Beispiel, Positiv- oder Negativkriterien zu formulieren oder „in die Besten“ zu investieren.

Mit Positivkriterien legen Fondsmanager etwa fest, in welche nachhaltig wirtschaftenden Unternehmen und Branchen gezielt investiert wird, beispielsweise in den Bereich der erneuerbaren Energien. Oder es sind Firmen, die sich durch ein besonderes soziales Engagement auszeichnen. Allerdings: Wenn „Sündenunternehmen“ aus den Portfolios gekippt und gegen Titel nachhaltig bewerteter Unternehmen eingetauscht werden, landen sie durch den Verkauf erst einmal einfach nur in Portfolios anderer Investoren – die Umweltbelastungen bleiben zunächst die alten. Allerdings langfristig, und Klimaschutz ist ein langfristiges Projekt, erhalten klimaschädlich agierende Unternehmen weniger Geld. Das wird sich dann irgendwann hoffentlich auch positiv auf das Klima auswirken.

Andere Finanzanbieter bestimmen Ausschlusskriterien, in welche Branchen oder Unternehmen kein Geld fließt (Negativkriterien). Sehr häufig wird die Produktion von Atomenergie, Kohle, Erdöl, Waffen und Tabak ausgeschlossen. Oder es bleiben alle Firmen außen vor, die Kinderarbeit oder Arbeitsrechtsverletzungen zulassen.

### GUT ZU WISSEN

**Der Marktbericht 2022 des Fachverbands Nachhaltige Geldanlagen (FNG) (→ Seite 169) weist aus, dass 82 Prozent der nachhaltigen Fonds bei einer Umfrage angaben, sowohl ESG-Kriterien bei der Auswahl anzulegen als auch kritische Branchen auszuschließen. Die Top Ten der Ausschlusskriterien (von 1 bis 10): Menschenrechtsverletzungen, Korruption und Bestechung, Arbeitsrechtsverletzungen, Kohle, Umweltzerstörung, Tabak, Waffen und Rüstung, Kernenergie, Pornografie und Glücksspiel.**

**Übersicht über die Anlegertypen bei nachhaltigen Publikumsfonds, Mandaten & Spezialfonds in Deutschland (in Milliarden Euro)**

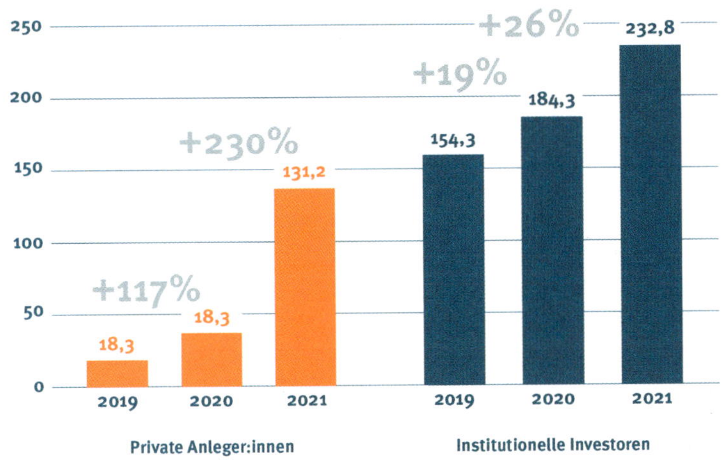


2021 verdreifachte sich – so der Marktbericht 2022 des FNG – die Zahl der Investitionen von Privatanleger:innen in nachhaltige Publikumsfonds.

Ein weiterer Ansatz nennt sich „Best in Class". Dabei wählen die Fondsmanager aus jeder Branche oder Kategorie die nachhaltigsten Unternehmen aus. Bei diesem Vorgehen wird keine Branche von vorneherein ausgeschlossen.

Deshalb können auch Wirtschaftszweige wie die Erdöl-, Atom- oder Rüstungsindustrie im Portfolio landen. Dies mag euch auf den ersten Blick verwundern bis entsetzen. Dahinter steckt aber die Idee, dass so auch die weniger engagierten Branchenvertreter animiert werden sollen, es dem „Klassenbesten" gleich zu tun. Indem sie ihr ökologisches, soziales und ethisches Engagement verstärken, können sie in ihrem ESG-Rating künftig besser abschneiden. Befürworter dieses Ansatzes hoffen, dass so die gesamte Branche nachhaltiger wird. Mal sehen …

**GUT ZU WISSEN**

Klar ist: Die EU will Geld dorthin lenken, wo es Fortschritt in Sachen Umwelt- und Klimaschutz bewegt. Bis 2050 will sie klimaneutral sein. Der Umbau der Wirtschaft benötigt auch: eure Geldanlage! Fachleute schätzen, dass jährlich etwa 230 Milliarden Euro an Investitionen dafür nötig sind.

Beim sogenannten Engagement-Ansatz versprechen die Finanzanbieter wie Fondsgesellschaften, Versicherungen oder Banken in den direkten Dialog mit Unternehmen zu treten oder nutzen bei Aktiengesellschaften ihre Stimmrechte als Aktionäre, um auf die Unternehmenspolitik einzuwirken. Durch diese Einflussnahme soll das Unternehmen nachhaltiger werden. Doch es ist unklar, ob das gelingt, denn die Einflussnahme muss weder offengelegt werden noch ist sie irgendwie überprüfbar.

## Stärken und Schwächen der Ansätze

Bei den Positivkriterien entscheidet euer Blickwinkel, ob und wie nachhaltig das Finanzprodukt ist. So kann man etwa einwenden, dass Windräder, Staudämme oder die Herstellung von Biokraftstoff auch ökologisch negative Folgen haben können.

Bei den Ausschlusskriterien – siehe die Klassifizierung von Gas und Kernkraft – gibt es unterschiedliche Ansichten. Und wenn Unternehmen im Fonds landen, die ihre Mitarbeitenden zwar fair bezahlen und ihnen gute Arbeitsbedingungen bieten, aber „umweltschädlich" produzieren? Wie wird der positive Umgang mit der Belegschaft gegen den Umweltschaden beim ESG-Rating saldiert? Macht euch klar, dass Nachhaltigkeitsratings keine objektiven Wahrheiten darstellen, sondern subjektive Werturteile.

Weiterhin findet ihr Anlageprodukte, die sich mit dem Anspruch „Impact Investing" empfehlen – bei manchen Fonds taucht das schon im Namen auf. Was das bedeutet? Neben der finanziellen Rendite wollen Unternehmen oder Fonds mit ihrem finanziellen Engagement auch positive ökologische und/oder soziale Wirkungen auf das gesellschaftliche Umfeld erreichen. Grundlage sind dabei die 17 Nachhaltigkeitsziele der Vereinten Nationen. Dazu gehören zum Beispiel nachhaltige Landwirtschaft, bezahlbarer und energiesparender Wohnraum, bezahlbare Gesundheitsversorgung und Bildung, Gemeindeentwicklung, Trinkwasserschutz, regenerative Energien und andere saubere Technologien.

Ihr fragt euch, wie diese Wirkungen festgestellt werden sollen? Genau hier liegt noch das Problem: Zu definieren, was sozialer oder umweltbezogener Erfolg ist, die Daten dazu zu erfassen und Effekte zu dokumentieren. Doch daran wird gearbeitet. Im Moment vom Global Impact Investing Network (GIIN), einer Non-Profit-Organisation, die dabei von verschiedenen großen Stiftungen und Entwicklungshilfeorganisationen unterstützt wird. Wichtig also für euch: Anlageprodukte mit dem Hinweis „Impact Investing" haben einen sehr weit gefassten Anspruch, was damit in Sachen Nachhaltigkeit bewirkt werden soll. Überprüf- und messbar ist das aber bisher vielfach nicht oder nur bedingt.

Ihr seht also: Es gibt nicht nur das eine „Grün". Wichtig ist zu wissen, wie streng der Fonds eurer Wahl beim Anlegen der Nachhaltigkeitskriterien ist. Problem dabei: Die Informationen sind leider nur schwer zu finden – und die Anbieter sind bisweilen nicht sehr auskunftsfreudig.

GUT ZU WISSEN

### ESG: Gleicher Filter, unterschiedliche Wirkung

Wie unterschiedlich sich selbst der gleiche Nachhaltigkeitsfilter auf die Aktienauswahl von Fonds auswirken kann, zeigt sich im Fall des E-Autobauers Tesla und den ESG-Richtlinien. Im Mai 2022 flog das Unternehmen von Elon Musk aus dem ESG-Index der Ratingagentur Standard & Poor's (S&P 500 ESG-Index) raus.

Die Gründe: Der Indexanbieter hatte Bedenken unter anderem wegen der Arbeitsbedingungen im Unternehmen und des Umgangs mit einer Untersuchung über Todesfälle und Verletzungen im Zusammenhang mit Teslas Fahrerassistenzsystemen. Das Fehlen einer kohlenstoffarmen Strategie und eines Verhaltenskodexes wurde Musks Unternehmen ebenfalls negativ angerechnet. Andere Fonds, die ebenfalls ESG-Kriterien anlegen, bewerten das Unternehmen anders und halten weiter Positionen an Tesla-Aktien im Portfolio.

Woher kommen diese Unterschiede? Zum Beispiel, weil unterschiedliche Kriterien zugrunde gelegt werden. Während die einen die Umweltverträglichkeit des Produktes bewerten, berücksichtigen die anderen den kompletten Produktionsprozess. Oder es werden verschiedene Messmethoden angesetzt, um die Arbeitsbedingungen zu beurteilen. Das können die Fluktuation der Belegschaft sein oder die arbeitsrechtlichen Verfahren gegen das Unternehmen.

Aber wir haben für euch Orientierungshilfen und Wegweiser zusammengestellt:

→ Finanztest hilft euch mit der Fondsdatenbank, um sich bei Aktienfonds und ETFs/Indexfonds in Sachen Nachhaltigkeit und Anlageerfolg einen Überblick zu verschaffen. Die Zusammenstellung erfolgt auf Basis einer selbst entwickelten Nachhaltigkeitsbewertung mit 29 Ausschlusskriterien und der Auswertung einer umfassenden Umfrage bei Fondsanbietern zu ihren Nachhaltigkeitskriterien. Zu Ausschluss- und Auswahlkriterien und Strategien findet ihr alles Wissenswerte hier:

→ Und die Fondsdatenbank findet ihr an dieser Stelle:

→ Die Webseite Datenbank Faire Fonds von Facing Finance e. V. (→ Kasten rechts) listet zahlreiche Investmentfonds auf, die danach überprüft wurden, ob und welche kontroversen Unternehmen in den Portfolios enthalten sind. Hier könnt ihr beispielsweise filtern und checken, welche Fonds ihren eigenen Angaben zufolge Aktien oder Anleihen kontroverser Unternehmen ausschließen (gefiltert nach Kategorien wie Umweltzerstörung, Arbeitsrechte, $CO_2$-Ausstoß und anderen).

→ Mit dem FNG-Siegel versucht der Fachverband für nachhaltige Geldanlagen (FNG), Orientierung zu geben. Der Anbieterverband zeichnet damit Investmentfonds aus, wenn mindestens 90 Prozent der Portfolios nachhaltige Mindeststandards erfüllen. Dazu zählen laut FNG Transparenzkriterien und die Berücksichtigung von Arbeits- sowie Menschenrechten, Umweltschutz und Korruptionsbekämpfung, wie sie im UN Global Compact zusammengefasst sind. Zudem werden die Fonds auf Basis von Emittenten-Analysen auf Nachhaltigkeitskriterien hin überprüft. Investitionen in Kernkraft, Kohlebergbau, Kohleverstromung, Fracking, Ölsande sowie Waffen und Rüstung sind tabu. Beim FNG-Siegel werden noch einmal vier Ausprägungen – von null bis drei Sternen – unterschieden. Eine

**GUT ZU WISSEN**

Der Fair Finance Guide Deutschland ist Teil der Initiative Fair Finance Guide International, die derzeit in neun Ländern weltweit aktiv ist.
In Deutschland ist der Fair Finance Guide von Facing Finance e.V. koordiniert und wird in Kooperation mit SÜDWIND e.V. und der Verbraucherzentrale Bremen e.V. erstellt. Die Initiative hat eine Bewertungsmethodik für die Kredit- und Anlagepolitik von Banken, aber auch für Versicherungen und Pensionsfonds in einer Reihe von Themen und Sektoren entwickelt.
Wenn ihr euch dazu genauer informieren wollt:

Liste der 2022 mit FNG-Siegel ausgezeichneten Fonds findet ihr hier:

Ihr seht also: Leider bleibt eine eigene Recherche notwendig, um herauszufinden, wo eure Anlageziele in Sachen Nachhaltigkeit am besten umgesetzt werden.

Dabei mag es euch auf den ersten Blick vielleicht einfacher erscheinen, in einzelne nachhaltige Unternehmen anzulegen, doch das ist es nicht. Zwar könnte eine solche Investition euren grünen Zielen deutlich mehr entsprechen – ist aber als Anlage auch deutlich riskanter. Die Aktionäre von Solarworld (→ Seite 170) hatten sich ihr Engagement sicher ganz anders vorgestellt. Mit Fonds oder ETFs, die den Nachhaltigkeits-Check der Stiftung Warentest bestanden haben, fahrt ihr da allemal sicherer. Wer Wert auf besonders strenge Nachhaltigkeitsanforderungen legt, für den sind aktiv gemanagte Fonds dann erste Wahl (→ Seite 170). Geschlossene Fonds und Direktinvestitionen sind für Privatanleger:innen zu riskant. Ob klassisch oder nachhaltig: Hände weg davon!

**GUT ZU WISSEN**

Der FNG ist der Fachverband für Nachhaltige Geldanlagen in Deutschland, Österreich, Liechtenstein und der Schweiz. Er zählt mehr als 200 Mitglieder. Dazu gehören Banken, Kapitalanlagegesellschaften, Ratingagenturen, wissenschaftliche Einrichtungen und Privatmitglieder.

> **BEISPIEL**
>
> Lange als grüner Star an der Börse gefeiert, musste der Solarmodulhersteller Solarworld 2017 Insolvenz anmelden. War die Aktie des Unternehmens auf dem Höhepunkt des Solarbooms 7.192 Euro wert, rutschte das Solarworld-Papier nach einem beispiellosen Absturz auf ein Tief von 68 Cent. Das Ende der staatlichen Förderung der Technologie sowie billigere Konkurrenz-Produkte aus China hatten dem Unternehmen – und seinen Aktionären – massive Verluste beschert.

## Aktiv gemanagte grüne Fonds

Bei aktiv gemanagten grünen Fonds beziehen die Fondsmanager bei ihrer Auswahl auch die „grüne Seite" von Unternehmen mit ein. Welche Ansätze oder Kriterien sie dabei anwenden und welche nicht, beruht auf den individuellen Einordnungen und Nachhaltigkeitsansätzen der jeweiligen Fondsmanager (→ Seite 75). Entsprechend könnt ihr unter einer nachhaltigen Anlage etwas ganz anderes verstehen als sie.

Welche Ansätze Fondsmanager verfolgen, erfahrt ihr in den Produktinformationsblättern auf den Webseiten der jeweiligen Fondsgesellschaften. Dort findet ihr zudem die wichtigsten Unternehmen, die der Fonds gelistet hat. Auch das kann euch noch mal einiges verdeutlichen.

> **GUT ZU WISSEN**
>
> Ein aktiv gemanagter Fonds ist immer nur so gut sein wie sein Fondsmanagement.

Die Stiftung Warentest hat etwa im August 2022 184 grüne Fonds auf ihre Nachhaltigkeit geprüft. 29 Kriterien wurden zugrunde gelegt, zum Beispiel ob fossile Energien oder Atomkraft von den Fondsmanagern ausgeschlossen wurden. Das Ergebnis: Nur in 52 der getesteten Fonds waren fossile Energien und Kernenergie nicht vertreten. 132 grüne Fonds hatten also Klimakiller im Portfolio.

Dass „grüne Fondsmanager" – neben den Klassikern Geschäftszahlen und wirtschaftliche Aussichten – auch in den Blick nehmen, ob die Unternehmen nachhaltig agieren, hat seinen Preis. Denn den größeren Aufwand fürs Prüfen und Einbeziehen dieses „Extrafilters" lassen sich die Fondsmanager bezahlen. Die Stiftung Warentest hat sich das genauer angesehen:

Die Testsieger kosten jährlich zwischen 1,7 und 2,3 Prozent Fondsgebühren – was im Vergleich zu anderen Anlageformen teuer ist und entsprechend Rendite kostet. Dazu kommt: Je höher die Nachhaltigkeitskriterien, desto mehr leidet die Diversifikation (→ Seite 25). Außerdem schafft es das aktive Management dieser Fonds in der Regel nicht, den Markt zu schlagen. Daher sind passive Fonds, also ETFs, die Indizes nur abbilden, eigentlich immer die bessere Wahl. Wenn euch allerdings eine spezielle nachhaltige Anlage wichtig ist, kommt ihr an einem aktiv gemanagten Fonds schwer vorbei.

## Nachhaltige ETFs

ETFs sind grundsätzlich günstiger als Fonds. Und es gibt sie auch in grün. Da bei einem ETF jedoch ein Index nachgekauft wird, fehlt schon strukturell das aktive Auswählen der Fondsmanager nach bestimmten Kriterien. Der Index selbst muss also nachhaltig sein. Die Ansätze, nach denen ein nachhaltiger Index aus einem Mutterindex zusammengestellt wird, gleichen denen von aktiven Fondsmanagern: Positiv- oder Ausschlusskriterien, Best-in-class- oder andere Ansätze (→ Seite 163).

Ein bekannter nachhaltiger Index ist der MSCI World Socially Responsible Index (SRI). Der Index bündelt rund 400 Unternehmen aus 23 Industrieländern. Die ausgewählten Unternehmen im SRI-Index sind die nachhaltigsten 25 Prozent nach dem ESG-Ranking des normalen MSCI-World-Index.

Die ausgewählten Unternehmen im SRI-Index werden also zweimal gefiltert. Zunächst nach den ESG-Richtlinien. Dabei werden umstrittene Branchen schon aussortiert. Dazu zählen: Waffen aller Art, Atomkraft, fossile Energie, Glücksspiel, Alkohol, Tabak, Pornografie und Gentechnik. Es verbleiben dennoch mehr als 1.300 Unternehmen im MSCI World ESG.

Für den SRI werden weitere und feinere Nachhaltigkeitsmaßstäbe angesetzt. So müssen die Unternehmen ein ESG-Ranking von A erreichen, um in den SRI-Index kommen zu können. Diese A-Auswahl wird anschließend nach Branchen sortiert. Die besten 25 Prozent in jedem Sektor dürfen in den SRI. Daher bleiben auch nur knapp 400 Unternehmen übrig. Nachhaltigkeit kostet auch hier Diversifikation.

Es gibt (noch) keinen ETF, der den MSCI World SRI ganz genau abbildet. Die meisten ETFs auf dem Markt beziehen sich auf Varianten des MSCI World SRI, die sich auf unterschiedliche nachhaltige Ziele konzentrieren. So legt der World SRI Low Carbon Select 5 Prozent Issuer Capped zusätzlich Wert auf einen niedrigen $CO_2$-Fußabdruck. Die Emissionen der Unternehmen in diesem Index liegen rund 75 Prozent niedriger als die der Unternehmen im Mutter-Index MSCI World. In dieser Indexvariante dem „SRI Low Carbon Select" finden sich zum Beispiel gar keine Unternehmen, die Umsätze aus der Stromerzeugung oder dem Betrieb von Atomenergie generieren. Im SRI „Select Reduced Fossil Fuel" Index können es bis zu 15 Prozent sein.

Auch wenn diese SRI-ETFs sich verschieden stark auf Nachhaltigkeitsansätze konzentrieren, sind doch alle Branchen vertreten, die vorher nicht ausgeschlossen wurden. Es gibt aber auch ETFs, die sich auf einen nachhaltigen Themenbereich spezialisieren. Nehmen wir wieder das Klima. Die Fondsmanager suchen sich bei der Zusammenstellung der Aktien im Fonds einen bereits bestehenden Index wie den MSCI World oder den S&P 500 und filtern dann nach Kriterien wie dem $CO_2$-Ausstoß. Dabei gewichten die Fondsmanager die Unternehmen im Index häufig aber nur um, statt sie auszuschließen. Die Zusammensetzung des Index bleibt dieselbe, der Ölkonzern ist nur mit weniger Prozenten im ETF vertreten.

Oder, bei konsequenterer Umsetzung des Ziels, also wenn nur in Windkraft oder Solarenergie investiert wird, ist die Geldanlage riskanter, weil das Investment nicht mehr so breit gestreut ist. Für euch heißt das: Schaut genauer hin, was sich hinter dem Namen verbirgt, welche Ansätze der ETF festgelegt hat und wie sie zu euch und euren Vorstellungen passen.

## Anleihen/Green Bonds

Anleihen werden von Staaten oder Konzernen aufgelegt. Das gilt auch für grüne Anleihen, die grundsätzlich genauso funktionieren wie gewöhnliche Anleihen, was die Struktur, das Risiko und auch die Rendite angeht. Der große Unterschied: Die Unternehmen und Staaten finanzieren mit dem Geld aus den nachhaltigen Anleihen zum Beispiel ein neues Produkt, das die Umwelt oder soziale Bedingungen verbessert.

Das Problem bei grünen Staatsanleihen: Strengen Nachhaltigkeitsvorgaben genügen sie nur selten. Fast alle Staaten unterhalten eine Armee und selbst der Klimaschutz steht in den meisten Ländern nicht so im Vordergrund, wie es nötig wäre. Dennoch kann eine von ihm herausgegebene Staatsanleihe, der Green Bonds oder Social Bonds, es durchaus sein, indem sie gezielt ökologische oder soziale Projekte finanziert. 2020 kam die erste grüne Bundesanleihe auf den Markt. Damit will der Bund mehr Geld in eine umweltfreundlichere Wirtschaft lenken, etwa durch den Ausbau von Radwegen oder Kaufprämien für E-Autos.

Anleihen, die von Unternehmen herausgegeben werden, sind problematischer. Hier könnte vielleicht die Rendite höher sein, aber ganz sicher ist es das Risiko. Und manchmal wundert man sich auch über den Anbieter. Einer der größten Green-Bonds-Emittenten ist der französische Versorger und Atomkraftwerksbetreiber Electricité de France (EdF). Das hierbei erzielte Geld verwendet EdF allerdings zur Errichtung von Windparks. Trotz dieser gezielten nachhaltigen Investition sind die Anleihen zum Beispiel in dem Rentenfonds „Erste Responsible Bond Global Impact" der österreichischen Gesellschaft Erste Asset Management nicht zu finden. Denn EdF verstößt wegen seiner grundsätzlichen Tätigkeit gegen die Nachhaltigkeitskriterien des Fonds, sodass er ausgeschlossen wird. Andere Fondsanbieter nehmen diese Anleihen hingegen dennoch auf, da damit Windräder finanziert werden.

Einen guten Überblick über alle nachhaltigen Anleihen findet ihr auf der Seite der Frankfurter Börse

Seit 2018 hat sie ein Handelssegment für grüne Anleihen eingerichtet.

Möglich sind auch Anleihen von Nichtregierungsorganisationen (NGO), die versuchen, mit der Anleihe humanitäre oder ökologische Verbesserungen herbeizuführen.

## Grüne Rendite

Laut einer Analyse des US-amerikanischen Finanzdienstleisters MSCI aus dem Jahr 2017 sind grüne Unternehmen im Vergleich zum Gesamtmarkt durchschnittlich profitabler und ihre Aktienwerte schwanken weniger. Nachhaltigkeit muss, anders als ihr vielleicht glaubt, nicht zwangsläufig Abstriche bei der Rendite bedeuten.

Was in der Regel aber stimmt: Die Gebühren bei einer grünen Geldanlage sind höher. Die Gründe dafür sind verständlich. Für die Anbieter ist es zeit- und kostenintensiv, einen nachhaltigen Fonds anzubieten. Sie müssen die Unternehmen wesentlich genauer durchleuchten als normalerweise. Die Fondsmanager müssen lesen, überprüfen und auswählen, welches Unternehmen wie grün ist. Die Kosten, die damit verbunden sind, schlagen sich in den Gebühren für den Fonds nieder. So kostet der nachhaltigste Fonds laut der Stiftung Warentest, der Öko-Vision Classic von Ökoworld, knapp 2,3 Prozent im Jahr plus Erfolgsgebühr.

Doch das immer breitere Angebot an nachhaltigen Fonds und ETFs erhöht den Preisdruck auf die Anbieter. Der Markt boomt. Der BVI, der Bundesverband Invest-

**GUT ZU WISSEN**

Nachhaltige Geldanlagen erreichen, so ein zentrales Ergebnis der Erhebung des FNG zum Marktbericht 2023, zwar nicht die Wachstumsraten der früheren Jahre, legen aber weiter deutlich zu. Mehrere wissenschaftliche Studien belegen, dass nachhaltige Geldanlagen krisenresistenter als konventionelle Produkte sind.

ment und Asset Management e. V., hat berechnet: Ende 2021 wurde fast jeder sechste Euro in Deutschland in grüne Anlagen investiert. Ungefähr fünfmal mehr als 2020. Selbst 2022, das Jahr in dem die Anleger:innen wegen des russischen Krieges in der Ukraine deutlich weniger in Aktien und Fonds anlegten, waren nachhaltige Investitionen gefragt. Per Ende März 2023 betrug das Fondsvolumen 808 Milliarden Euro, ein Plus von sieben Prozent gegenüber dem letzten Quartal. Zum Vergleich: Der übrige Fondsmarkt büßte in der gleichen Zeit rund 0,5 Prozent des verwalteten Vermögens ein. Entsprechend der Nachfrage steigt das Angebot. Damit sinken die Gebühren.

Die Nachfrage nach nachhaltigen Aktien drückt nicht nur die Gebühren bei den Fonds, sie wirkt sich auch erfreulich auf die Kurse der Unternehmen aus. Die Aktien von grünen Konzernen steigen stärker und fallen geringer. Vergleicht man die Entwicklung des MSCI World mit dem seines nachhaltigen Pendants MSCI World SRI sieht man, dass der nachhaltige Index seit 2017 die Nase vorn hat. Das ist verständlich. Unternehmen, die umweltverträgliche Produkte herstellen, haben eine ganze andere Zukunft vor sich als zum Beispiel Ölkonzerne (übrigens nicht nur russische ...). Entsprechend investieren auch Kenner der Szene, also große Investoren wie Pensionsfonds oder Versicherungsunternehmen, in nachhaltige Unternehmen.

**GUT ZU WISSEN**

Unter diesem QR-Code könnt ihr sehen, wie sich beispielsweise die Performance des MSCI World SRI Index im Vergleich zum MSCI World seit 2009 entwickelt hat.

Es gibt Untersuchungen die belegen, dass Nachhaltigkeit bei fast allen Unternehmen zu besseren operativen Unternehmensleistungen führt. Das liegt an verschiedenen

Faktoren. Zum einen senkt ein umweltschonender und effizienter Umgang mit Ressourcen in der Regel die Kosten des Unternehmens. Zum anderen verbessert ein guter, verantwortungsvoller Umgang mit den Mitarbeitenden deren Motivation und Arbeitsleistung. In einem solchen Umfeld gedeihen Innovationen, geht mehr voran. Zudem stellen sich nachhaltige Konzerne den globalen Herausforderungen wie dem Klimawandel. Das ist spannend für die Geldanlage. Entsprechend haben vor allem in den ersten Jahren viele institutionelle Anleger das Potenzial der grünen Investitionen erkannt. Gerade sie legten und legen stark in nachhaltige Unternehmen und Fonds an. Auch das zeigt, dass die Rendite nicht schlechter sein wird als bei „gewöhnlichen" Fonds oder ETFs. Denn Unternehmen, die gut aufgestellt in Zukunftsmärkte investieren, deren Aktienkurs wird auch langfristig steigen.

Davon könnt ihr euch auch selbst überzeugen, wenn ihr die Indexentwicklung des MSCI World mit der des nachhaltigen MSCI World SRI vergleicht. Der MSCI World legte zwischen 2017 und 2022 erfreuliche 87 Prozent zu. Der SRI schaffte aber mehr als 100 Prozent. Er kletterte von 1.721 Punkten auf 3.482 Zähler. Schon seit 2016 hatte der MSCI World SRI jedes Jahr die Nase vorn. In guten Jahren waren seine Gewinne höher, in schlechten seine Verluste niedriger.

Manchmal drücken die Kosten die Rendite. Vor allem sehr nachhaltige Investmentfonds müssen viel Arbeit in ihre Aktienauswahl stecken und nehmen entsprechende Gebühren dafür.

So kostet der bereits angesprochene Ökoworld classic, einer der bekanntesten und renditestärksten nachhaltigen Aktienfonds, jedes Jahr mehr als 2,21 Prozent Gebühren. Er holte in den Jahren 2017 bis 2022 knapp 50 Prozent Rendite. Dafür gab es im Ranking der Stiftung Warentest auch nur zwei von fünf möglichen Punkten für den Anlageerfolg. Aber fünf Punkte und damit die volle Punktzahl für die umgesetzte Nachhaltigkeit. Alles nachlesen könnt ihr hier:

Der leicht grüne ETF Amundi MSCI World ESG Leaders Select schafft fast die gleiche Rendite wie der Mutterindex MSCI World, bekommt aber auch nur zwei Nachhaltigkeitspunkte von der Stiftung Warentest. Denn in dem ETF finden sich auch Aktien von Unternehmen, die teilweise ihr Geld mit fossiler Energie, Tabak oder konventionellen Waffen machen. Außerdem führen Verletzungen der Arbeits- und Menschenrechte und Korruption nicht immer zum Ausschluss der Aktien.

Der Amundi MSCI World SRI kommt etwas nachhaltiger daher. Er legt strengere Maßstäbe an, aber selbst aus diesem Index werden Produzenten konventioneller Waffen nicht komplett verbannt. Daher vergab die Stiftung Warentest auch nur drei Nachhaltigkeitspunkte. Die Rendite aber ist fünf Punkte wert, denn der ETF auf den SRI schlägt sogar den MSCI World.

Wenn ihr aber wirklich großen Wert auf eine nachhaltige Anlage legt, werdet ihr eine feinere Auswahl der Aktien vorziehen und das geht nur über aktive Investmentfonds. Das wiederum kostet Rendite. Aber Gewinn ist bei einer nachhaltigen Geldanlage vielleicht nicht immer das oberste Ziel. Ein gutes Gefühl bei einer Investition kann für viele von euch vielleicht manchen verlorenen Prozentpunkt ausgleichen.

> **ACHTUNG**
>
> Achtung: Grüne Investmentfonds erzielen aber natürlich nicht zwangsläufig bessere Renditen. Auch darunter findet ihr welche, die schlechter als ihre konventionellen Pendants abschneiden.

## Nachhaltigkeit – auch bei Giro- und Tagesgeldkonto?

Bisher haben wir den Blick aufs nachhaltige Anlegen gelegt – schließlich geht es in diesem Buch ums Anlegen! Aber wenn euch das Thema „Nachhaltigkeit" nachhaltig interessiert, lohnt sich auch ein Blick auf Giro- oder Tagesgeldkonto. Bei herkömmlichen Finanzinstituten oder Direktbanken, bei denen ihr diese Konten vielleicht habt, könnt ihr nicht sicher sein, was mit eurem Geld geschieht.

Kundeneinlagen werden möglicherweise auch für Investitionen verwendet, die Rüstungsgeschäfte fördern oder die Umwelt schädigen. Oder es werden über Kredite klimaschädliche Energieträger oder Projekte finanziert, bei denen Arbeitskräfte ausgebeutet oder auf Kinderarbeit gesetzt wird.

Dort könnt ihr euer Geld zwar in einzelne – mehr oder weniger, siehe oben! – nachhaltige Produkte wie ethisch-ökologische Investmentfonds stecken. Dennoch finanziert ihr mit eurem Geld etwa auf dem Gehalts- oder Tagesgeldkonto unter Umständen zum Beispiel Kredite zur Finanzierung von Projekten der Rüstungsindustrie mit, die eben gerade nicht zu euren Vorstellungen eines nachhaltigen Engagements eurer Bank passen.

Aktuell gibt es in Deutschland 14 Kreditinstitute, die ihr gesamtes Bankgeschäft nach selbst festgelegten ethischen, ökologi-

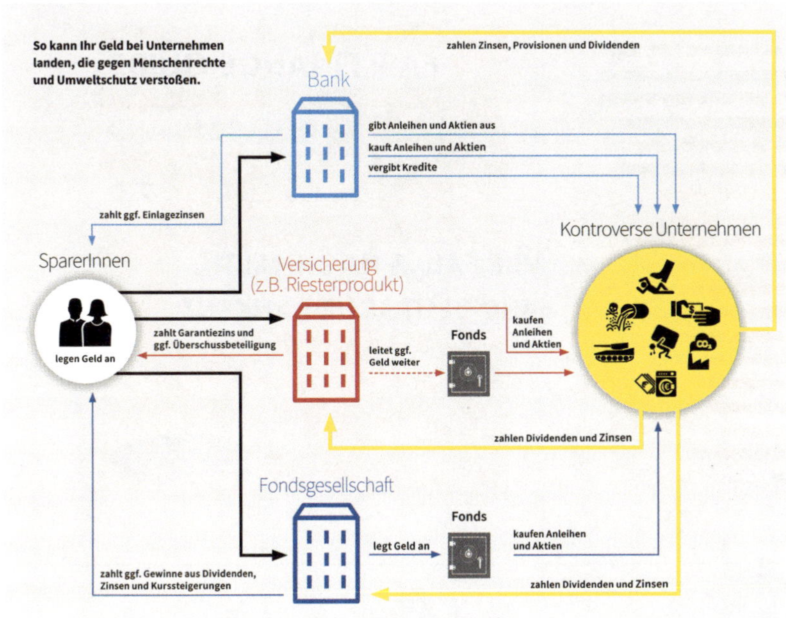


Wie euer Geld bei kontroversen Unternehmen landen kann

> **WICHTIG**
>
> Mit Giro-, Tages- und Festgeldkonten Nachhaltigkeit zu fördern – das geht nur bei Geldinstituten, die ihrem gesamten Geschäft nachhaltige Kriterien zugrunde legen!

schen und kirchlichen Kriterien auslegen. Und sich damit von herkömmlichen Banken und Sparkassen unterscheiden. Denn Banken mit Nachhaltigkeits- und kirchlichen Standards schließen eine Reihe von Geschäftsfeldern komplett oder teilweise aus – weil sie eben nicht den in ihren Selbstverpflichtungen definierten Kriterien für ein nachhaltiges und soziales Wirtschaften entsprechen.

Wie viel Nachhaltigkeit tatsächlich in den jeweiligen – öffentlich zugänglichen – ökologischen und sozialen Selbstverpflichtungen (auch herkömmliche Banken wurden dabei teilweise aufgenommen!) der Geldinstitute steckt, nimmt die Fair Finance Guide Deutschland (→ Seite 168) regelmäßig unter die Lupe. Die unabhängige Initiative beurteilt dazu anhand von aktuell 286 Kriterien die Richtlinien deutscher Banken und Sparkassen, die bei der Kreditvergabe an Unternehmen, bei eigenen Investitionen und bei der Vermögensverwaltung angewendet werden.

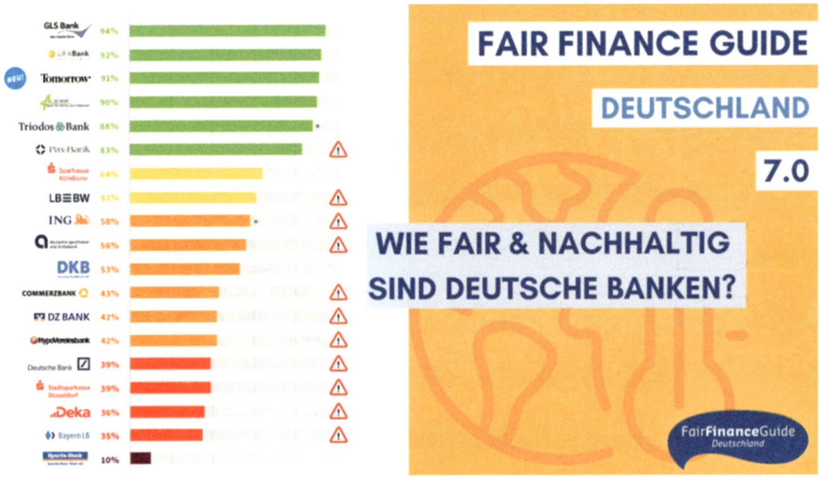


GUT ZU WISSEN

**Wo ist meine Bank?**

Wenn ihr checken wollt, wie es eure Bank mit der Selbstverpflichtung zur Nachhaltigkeit hält, hilft diese Übersicht des Fair Finance Guide weiter:

GUT ZU WISSEN

Grüne Banken werden genauso von der Finanzaufsicht BaFin kontrolliert und unterliegen der Einlagensicherung wie eine Standardbank auch.

Dabei werden die Bereiche Klima, Korruption, Geschlechtergleichheit, Menschen- und Arbeitsrechte, Natur und Umwelt, Steuern, Rüstung und Transparenz in den Blick genommen. Geprüft wird, ob die Richtlinien mit den internationalen Nachhaltigkeitsstandards übereinstimmen. Also etwa, welche sozialen und ökologischen Aspekte diese Banken berücksichtigen. Oder ob Themen wie Arbeitsrechte und Naturschutz auch auf alle Geschäftsbereiche der Banken angewendet und umgesetzt werden.

In der aktuellen Auswertung (Stand: März 2023) hat die Initiative die sozialen und ökologischen Selbstverpflichtungen von 19 ausgewählten deutschen Banken und Sparkassen untersucht (→ Abbildung oben).

**GUT ZU WISSEN**

Auch einige der nachhaltigen Banken staffeln Girokontogebühren nach Alter. So fallen bis zum 27. Lebensjahr bei der GSL-Bank keine Kontoführungsgebühren fürs Girokonto an. Allerdings müsst ihr bei dieser genossenschaftlich organisierten Bank Mitglied werden und einen Anteil erstehen. Bis zum 27. Lebensjahr ist das ein GSL-Anteil, der 100 Euro kostet.
Auch bei der Pax-Bank ist das Girokonto bis zum 27. Lebensjahr kostenlos.
Die KD Bank bietet zwischen 12- und 26-Jährigen, die zur Schule gehen, studieren oder eine Ausbildung machen, ein kostenloses Privat-Giro-Start-Konto an.
Wer bei der Ethik-Bank noch keine 24 Jahre alt ist, zahlt monatlich zwei Euro Girokonto-Gebühren.
Bei der Triodos Bank hingegen gibt es keine altersabhängigen Vergünstigungen, hier kostet euch das Konto 5,50 Euro im Monat (Stand der Daten: Juli 2023). Und Achtung: Bei einigen kommen noch Kosten für die Bank- und Kreditkarte hinzu.

Ein Ergebnis von 100 Prozent bedeutet, dass alle aktuellen Bewertungskriterien des Fair Finance Guide erfüllt werden. Das Warnzeichen weist auf kontroverse Finanzierungen und Investitionen bei den jeweiligen Geldinstituten hin.

Wenn ihr eure Geldgeschäfte also komplett bei einer nachhaltigen Bank abwickeln wollt – kein Problem. Ein Girokonto könnt ihr bei allen eröffnen. In der Regel bieten nachhaltige Banken auch die gleichen Dienstleistungen und Produkte an wie herkömmliche Banken, nur die Auswahl kann etwas geringer ausfallen – sie schließen aufgrund ihrer Verpflichtung ja bestimmte Unternehmen aus.

Allerdings: Banken mit ethisch-ökologischem Anspruch haben nur wenige oder keine Filialen. Wenn ihr dorthin wechseln wollt, seid ihr in der Regel auf Internet, Telefon oder Post angewiesen. Die Zinsen auf Tages- oder Festgeld sind vergleichbar (niedrig!!) mit herkömmlichen Filialbanken. Allerdings erzielt ihr daneben noch eine „ideelle Rendite", weil euer Geld in soziale oder ökologische Projekte fließt, die euch wichtig sind.

Auch bei nachhaltigen Banken lohnt der Kostenvergleich: Die Verbraucherzentrale Bremen hat auf dem Portal „Geld bewegt" für euch die Kosten von Online-Girokonten bei zwölf nachhaltigen Banken gecheckt (Stand: März 2023). Hier der QR-Code:

## Tages- und Festgeld

Wenn ihr mit Tages- und Festgeld auch in Sachen Nachhaltigkeit etwas bewegen wollt, müsst ihr zu einer ethisch-ökologischen Bank wechseln (→ Seite 176).

**→ TIPP**

Die Stiftung Warentest erhebt die Konditionen für deren Sparangebote www.test.de/nachhaltige-zinsen. Auch bei der Verbraucherzentrale Bremen gibt es unter www.geld-bewegt.de/ aktuelle Produktvergleiche für Sparanlagen nachhaltiger Banken.

**! WICHTIG**

Auch bei nachhaltigen Anlageprodukten gilt: Zuerst müsst ihr die Kriterien definieren, die für euch wichtig sind. Das kann etwa die Laufzeit sein, die das gesuchte Geldanlage-Produkt haben soll. Oder ein geringes Risiko, das angelegte Geld komplett zu verlieren. Nachhaltige Geldanlagen sind nicht per Definition sicher oder sicherer als vergleichbare herkömmliche Geldanlagen und garantieren auch nicht automatisch einen langfristigen ökonomischen Erfolg.

Wenn ihr allerdings über Anlageprodukte wie Aktien, ETFs oder Fonds mit Nachhaltigkeitsfaktor nachdenkt – dann habt ihr mehr Möglichkeiten. Neben nachhaltigen Banken haben auch konventionelle Banken, Direktbanken und Onlinebroker „grüne Varianten" im Angebot.

Bei den meisten nachhaltigen Banken könnt ihr ein Wertpapierdepot einrichten und so dann Fonds, Aktien, Anleihen und bei einigen auch ETFs kaufen. Die GSL-Bank, die Pax-Bank und die Triodos-Bank haben sogar eigene Fonds aufgelegt.

## Was bringt es?

Lohnt sich der ganze Aufwand? Nutzt die nachhaltige Geldanlage etwas? Wird die Welt dadurch grüner? Besser? Gerechter? Falls ihr euch das fragt, die Antwort ist: Ja!! Und das nicht nur, wenn ihr über Crowdfunding (→ Seite 47) direkt Windräder oder Schulen in Schwellenländern finanziert, sondern auch, wenn ihr euer Geld in Aktien, Fonds oder ETFs steckt.

Obwohl beim Aktienkauf eigentlich nur ein Wertpapier seinen Besitzer wechselt, das Unternehmen davon also meistens gar nichts mitbekommt, werden damit Weichen gestellt, Trends gesetzt. Eine stärkere Nachfrage lässt den Aktienkurs steigen. Das hat Auswirkungen auf das Unternehmen und die Manager. Denn deren Vergütungen sind häufig an den Börsenkurs gekoppelt. Auch die Kreditwürdigkeit steigt mit steigendem Aktienkurs. Das Unternehmen kann sich dadurch günstiger Geld besorgen und im besten Fall noch mehr in nachhaltige Projekte investieren.

Dennoch bläst ein Unternehmen nicht weniger $CO_2$ in die Luft, nur weil seine Gewichtung in einem Index sich ändert. Darum versuchen Großinvestoren wie Fondsgesellschaften, mit den Unternehmen ins Gespräch zu kommen. Setzen sich auf Hauptversammlungen oder direkt mit den Managern für grünere Produktionen oder bessere Arbeitsbedingungen ein. Triodos zum Beispiel hat die Plattform Living Wages mitgegründet, die für existenzsichernde Löhne kämpft.

Außerdem: Ein Unternehmen, dessen Produkt mit Umweltschutz oder sozialer Verantwortung in Verbindung gebracht wird, genießt ein ganz anderes Image als ein Konzern, der Kinder für sich arbeiten lässt oder Kohle schürft. Das kann sich heftig auf den Umsatz auswirken. Was dann manchmal zum echten Umdenken und Verbessern bewegt (und hoffentlich nicht nur zur bloßen Imagekosmetik!).

Klar: Anleger:innen haben keinen Einfluss auf die Nachfrage nach Gütern oder Dienstleistungen. Solange der Verkauf von Gütern und Dienstleistungen, die nicht nachhaltig sind, legal und profitabel ist, muss man wohl annehmen, dass Unternehmen diese auch anbieten werden.

Das Beispiel der Brent Spar (→ **Kasten Hintergrund**) zeigt aber auch, dass es durchaus andere Wege gibt, um Nachhaltigkeit zu fördern. Die Politik muss den Rahmen für Kriterien, Transparenz und Kontrolle von nachhaltigem Wirtschaften setzen. Und auch euer Konsum lenkt die Unternehmen, die Nachfrage bestimmt das Angebot. Das seht ihr immer wieder. In vielen unterschiedlichen Bereichen. Bioläden gibt es heute überall, vor 25 Jahren war das noch ganz anders. Gleiches gilt für E-Autos oder Solardächer. Oder eben auch für nachhaltige Geldanlagen.

### HINTERGRUND

Die Geschichte der Shell Plattform Brent Spar: Der Ölkonzern Shell wollte Mitte der 90er Jahre ein Rohölzwischenlager, die Brent Spar, in der Nordsee versenken (eine gängige Praxis damals). Als Greenpeace mit einer Aktion darauf aufmerksam machte, geriet das Unternehmen unter Druck. Nach Boykottaufrufen brach der Umsatz an manchen Shell-Tankstellen um bis zu 50 Prozent ein. Shell reagierte: Die Plattform wurde an Land entsorgt und im Juli 1998 beschlossen die 15 Teilnehmerstaaten der OSPAR-Konferenz ein Versenkungsverbot für Ölplattformen im Nordatlantik.

# Berufsunfähigkeit:

**Bevor ihr ganz in die Finanzwelt einsteigt und beim Geld anlegen „top" seid, solltet ihr einen kurzen Stopp zum Thema Berufsunfähigkeit einlegen. Denn für den Fall vorzusorgen, dass ihr plötzlich nicht mehr arbeiten könnt, ist ein absolutes Muss.**

Klar, es ist spannender zu erfahren, wie ihr mehr aus eurem Geld machen könnt. Und ja, unerfreulich ist es auch noch: Denn wer berufsunfähig wird, kann nicht mehr arbeiten, obwohl er eigentlich noch sollte und möchte. Er ist zu krank dafür. Was ist, wenn dann nicht sichergestellt ist, wie ihr im nächsten Monat über die Runden kommt? Und wie sieht es aus, wenn ihr dann vielleicht euren bisherigen Beruf nur noch stundenweise ausüben könnt?

Die finanzielle Notsituation kommt dann noch zur Erkrankung obendrauf – was manchmal existenzbedrohend sein kann. Dieses Risiko deckt die Berufsunfähigkeitsversicherung ab. Sie ist, neben der Privathaftpflichtversicherung, ein „Must have" wie Konto und Krankenversicherung! Echte Alternativen gibt es nicht!! Auch wenn es hier ums Sparen und Anlegen geht: Dieses Kapitel bitte nicht aussparen! Die Statistiken auf den Seiten 184 und 185 zeigen eindrucksvoll, dass das gut investierte Zeit ist …

## Auch euch kann es treffen

Wird schon nicht, werdet ihr vielleicht denken, und ja, vermutlich nicht. 75 Prozent aller Erwerbstätigen schaffen es bis zur Rente. Aber 25 Prozent nicht. Jeder VIERTE muss vorher komplett oder für einen längeren Zeitraum aufhören – und das im Schnitt mit 53 Jahren.

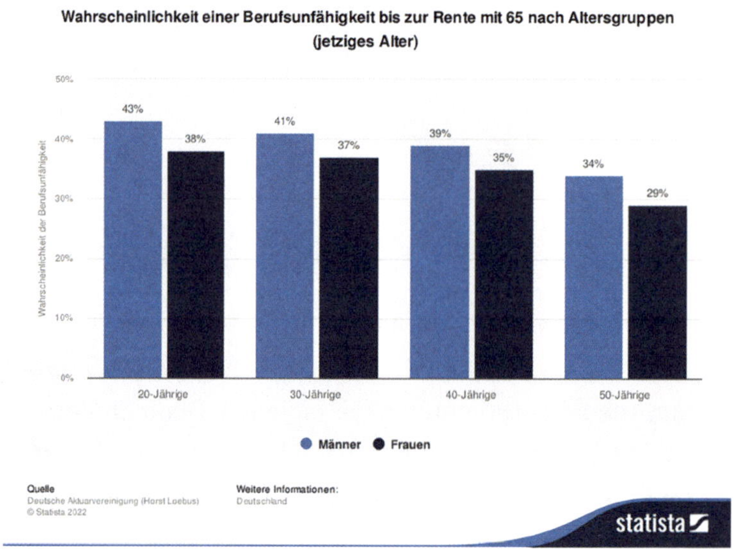


Ihr seht: Die Wahrscheinlichkeit, bis zum Rentenbeginn mit 65 Jahren berufsunfähig zu werden, liegt für 20-jährige Männer zum Beispiel bei 43 Prozent! → Grafik oben

**GUT ZU WISSEN**

**Eine Berufs- und Erwerbsunfähigkeitsrente aus der gesetzlichen Rentenversicherung gibt es für euch nicht. Die ist schon für die meisten seit über 20 Jahren abgeschafft.**

Seid ihr über die gesetzliche Rentenversicherung versichert, tritt darüber die Erwerbsminderungsrente ein. Sie richtet sich danach, wie viele Stunden ihr jetzt noch arbeiten könnt und wie viel ihr vorher verdient habt. Bevor ihr darauf einen Anspruch habt, wird geprüft, ob ihr wirklich nicht mehr imstande wäret, drei Stunden am Tag irgendeiner Tätigkeit nachzugehen. Erst dann gibt es die volle Erwerbsminderungsrente.

Wenn ihr noch drei bis sechs Stunden am Tag arbeiten könnt, halbiert sich die Erwerbsminderungsrente. Wenn ihr mehr als sechs Stunden arbeiten könnt, bekommt ihr gar nichts. Weitere Voraussetzung: Ihr müsst in den letzten fünf Jahren rentenversichert gewesen sein und davon mindestens drei Jahre Pflichtbeiträge in die deutsche Rentenversicherung eingezahlt haben. Nur wenn ihr einen Arbeitsunfall habt oder eine Berufskrankheit erleidet, besteht Versicherungsschutz ab dem ersten Tag eurer Tätigkeit.

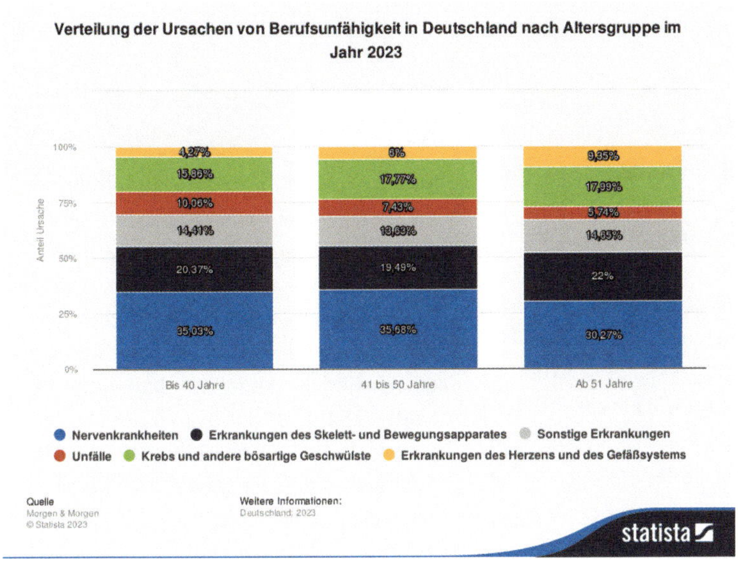


Für junge Menschen gibt es die Zurechnungszeit obendrauf, es wird so getan, als hättet ihr mehr Jahre gearbeitet und länger eingezahlt. Dennoch liegt die durchschnittliche Erwerbsminderungsrente sicher unter dem, was ihr euch unter „finanziell abgesichert" vorstellt. 80 Prozent vom derzeitigen Netto sind oft ein guter Richtwert. 2021 gab es im Durchschnitt 972 Euro im Monat. Was ihr persönlich aktuell bekommen würdet, könnt ihr in eurem Rentenbescheid nachsehen. Es wird vermutlich weniger als der Durchschnittswert sein – und entsprechend nötig ist eine zusätzliche private Berufsunfähigkeitsversicherung!

Die Berufsunfähigkeitsversicherung füllt das finanzielle Loch (teilweise), das euer fehlendes Gehalt reißen würde. Sie zahlt die versicherte Monatsrente von 1.000 Euro, 2.000 Euro oder mehr und sichert so euren Lebensstandard. Abhängig vom privaten Versicherer deckt sie den größten Teil eurer fehlenden Nettoeinkünfte.

Der häufigste Grund für Berufsunfähigkeit sind nicht Unfälle, sondern Erkrankungen. Am häufigsten sind psychische Erkrankungen, gefolgt von Erkrankungen am Skelett oder Bewegungsapparat.

Es kann jeden und jede treffen. Die Berufsunfähigkeitsversicherung zahlt, wenn ihr eurem zuletzt ausgeübten Beruf für voraussichtlich mindestens sechs Monate nicht mehr oder nur zu 50 Prozent nachkommen könnt. Damit springt sie deutlich früher ein als die Erwerbsminderungsrente der gesetzlichen Rentenversicherung.

## Was kostet der Versicherungsschutz?

Euer Versicherungsvertrag sollte idealerweise bis zum 67. Lebensjahr laufen, also so lange, bis ihr in Rente gehen könnt (die sogenannte Regelaltersgrenze erreicht, bei der man sich ohne Abschläge aus dem Arbeitsleben in den Altersruhestand verabschieden kann). Wer später, zum Beispiel weil er oder sie ausreichend gespart oder vielleicht eine größere Summe geerbt hat, den Berufsunfähigkeitsschutz nicht mehr oder nur noch teilweise benötigt, kann den Vertrag jederzeit reduzieren oder kündigen. Mit zunehmendem Alter steigt die Wahrscheinlichkeit, dass ihr berufsunfähig werdet. Seid daher vorsichtig, wenn Versicherer ein Vertragsende vor dem geplanten Rentenalter anbieten. Ihr droht den Versicherungsschutz sonst genau in dem Zeitraum zu verlieren, in dem es noch einmal besonders darauf ankommt.

Der Beitrag zur Berufsunfähigkeitsversicherung richtet sich unter anderem danach, welche Leistungen ihr in welcher Höhe und wie lange im Vertrag vereinbaren wollt. Natürlich spielt eine große Rolle, wie hoch die monatliche Rente sein und wie lange sie gezahlt werden soll. Aber auch andere Faktoren bestimmen die Höhe der Versicherungsprämie: Zum einen sind das eure Berufe und Hobbys, die ja einen Einfluss darauf haben, wie wahrscheinlich es ist, berufsunfähig zu werden. Zum anderen hängt sie auch ab von eurem Gesundheitszustand, denn wer an Vorerkrankungen leidet, hat auch ein höheres Risiko, vielleicht einmal seinen Beruf nicht mehr ausüben zu können. Und auch das Alter, in dem der Vertrag geschlossen wird, bestimmt die Höhe der Versicherungsbeiträge.

Entsprechend teilen die Versicherer eure Berufe oder Hobbys nach Risikofaktoren ein, die dann die Kosten für den Versicherungsschutz in die Höhe treiben können. Wer im Straßenbau arbeitet oder im Dachdeckerhandwerk tätig ist, gehört meist zur höchsten Risikogruppe und zahlt somit höhere Beiträge. Bankkaufleute oder Apothekenangestellte werden hingegen der niedrigsten

**! WICHTIG**

**Eine Berufsunfähigkeitsversicherung solltet ihr nie mit einer kapitalbildenden Versicherung (→ Seite 125) kombinieren! Finger weg von solchen Kombiprodukten, denn wenn ihr die Prämien für die Lebensversicherung in einer finanziell schwierigen Situation nicht mehr bezahlen könnt, ist dann auch der existenziell wichtige Berufsunfähigkeitsschutz futsch. Das darf nicht passieren! Eine Kombination mit einer Risikolebensversicherung ist dagegen unproblematisch.**

BEISPIEL

*Vera ist Fotojournalistin und mit 55 Jahren spät dran mit einer Berufsunfähigkeitsversicherung. Sie möchte eine monatliche Rente von 1.500 Euro und bekommt einen Vertrag für unter 100 Euro im Monat. Wäre sie eine 55-jährige Dachdeckerin, müsste sie rund 350 Euro im Monat bezahlen. Katharina ist 25 und Lehrerin an einem Gymnasium. Sie bekommt die gleiche Rente (1.500 Euro) schon für unter 80 Euro. Obwohl die Berufsunfähigkeitsversicherung bis zur Rente die nächsten 42 Jahre abdecken muss – das Ganze für die Versicherung also wesentlich riskanter ist und teurer sein kann –, kostet sie die Versicherung weniger, weil Katharina jünger ist.*

*Victoria ist 40 Jahre alt und selbstständige Unternehmensberaterin. Auch sie versichert ihre Berufsunfähigkeit mit 1.500 Euro bis zu ihrer Rente – und zahlt am wenigsten. Ohne Probleme findet sie mehrere Anbieter, bei denen sie einen Vertrag für weniger als 70 Euro abschließen kann. Hätte sich die 25-jährige Katharina für diesen Beruf entschieden, müsste diese sogar nur rund 50 Euro im Monat für ihre Berufsunfähigkeitsversicherung bezahlen. Selbst Vera mit 55 Jahren könnte als Unternehmensberaterin ihre Berufsunfähigkeit für unter 70 Euro im Monat versichern.*

Risikogruppe zugeordnet, die geringere Beiträge zahlt. Es wird also teurer, je anfälliger man ist und deshalb umso nötiger die Berufsunfähigkeitsversicherung hat. Das zeigen unsere Beispiele im Kasten oben. Übrigens haben Profisportler mit das höchste Risiko, berufsunfähig zu werden. Sie sind zusammen mit den gefährlichen Hobbys wie Gleitschirmfliegen meist in der teuersten Gruppe untergebracht …

→ **TIPP**

Bei den Datenbanken der Stiftung Warentest könnt ihr selbst nachrechnen, was euer Berufsunfähigkeitsschutz ungefähr kosten würde.

## Je früher, desto besser

Je früher ihr euch absichert, desto günstiger wird es. Wer ganz früh einsteigen will: Es gibt sogar Versicherungen für Schülerinnen und Schüler ab zehn Jahren. So früh oder etwas später zumindest über die Absicherung nachzudenken – das kann durchaus von Vorteil sein.

Manche Versicherer bieten Schülern, Auszubildenden und Studierenden „Starterpolicen“ oder spezielle „Einsteigertarife“ an. Die Beiträge sind am Anfang günstig, wenn ihr noch wenig oder gar nichts verdient, und werden im Laufe der Zeit und eures Berufslebens teurer. In manchen Tarifen steigen die Prämien jährlich bis zum Ende der Laufzeit, bei anderen Tarifen endet das nach fünf oder zehn Jahren. In diesem Fall solltet ihr darauf achten, dann ohne erneute Gesundheits- und Berufsrisikoprüfung (→ unten) in den Normaltarif wechseln zu können. Vorsicht: Manche Angebote sehen nur gut aus. Lasst durchrechnen (manchmal macht das auch kostenlos die Versicherung), ob es nicht vielleicht doch günstiger ist, gleich im Normaltarif einzusteigen, statt die Beitragssteigerungen mitzumachen. Fragt eure Verbraucherzentrale dabei um Rat.

Wichtig für euch ist, dass ihr die monatliche Rente aufstocken könnt. Was als junger Single noch gereicht hat, kann mit Haus und Kids später mal knapp werden. Da ist es erfreulich, wenn ihr beispielsweise nachversichern könnt.

BEISPIEL

*Norbert ist Tischler und hat damit für die Berufsunfähigkeitsversicherung ein hohes Berufsrisiko. Schließt er als 30-Jähriger eine Berufsunfähigkeitsversicherung ab, zahlt er rund 150 Euro monatlich für eine Rente von 1.500 Euro. Über die gesamte Laufzeit bis zum 67. Geburtstag kostet ihn der Schutz insgesamt rund 66.600 Euro. Hätte er als 15-jähriger Schüler den gleichen Vertrag abgeschlossen, der weder eine erneute Gesundheitsprüfung noch eine erneute Berufsrisikoprüfung vorsieht, würde er monatlich etwa 50 Euro Prämie bezahlen. Über die Laufzeit gerechnet hätte er bei einem Abschluss als 15-Jähriger rund 35.000 Euro gespart und einen längeren Versicherungsschutz gehabt.*

## Vorsicht bei Gesundheitsfragen

Für die Höhe der Prämien bei der Berufsunfähigkeitsversicherung spielt neben Beruf und Lebensalter euer Gesundheitszustand eine entscheidende Rolle. Auch der ist in jungen Jahren in der Regel unbelasteter, wodurch ihr einen Beitrag zahlt, der nicht durch vorhandene Gesundheitsprobleme beispielsweise höher ausfällt.

Bevor die Versicherung euren Antrag annimmt, macht sie einen Gesundheitscheck. Ihr müsst in einem Fragebogen eure Behandlungen und Erkrankungen der letzten fünf bis zehn Jahre angeben. Falls ihr Kopien eurer Krankenakten habt, schaut sie durch, damit ihr nichts vergesst. Fragt auch eure Eltern, ob sie Erkrankungen erinnern. Wenn ihr im Fragebogen ein Kreuz bei Allergien machen müsst, Corona hattet oder schon mal eine Sportverletzung, kann sein, dass ihr Abstriche hinnehmen müsst beziehungsweise die Versicherung teurer wird. Bei manchen Vorerkrankungen verweigert der Versicherer den Abschluss eines Vertrages. Es ist wichtig, dass ihr alle Fragen wahrheitsgemäß beantwortet, sonst kann euch später die Versicherungsleistung, also das Geld, verwehrt werden – obwohl ihr jahrelang Prämien gezahlt habt!

Wenn ihr fürchtet, wegen Vorerkrankungen Probleme zu bekommen, solltet ihr eine anonyme Risikovoranfrage starten. Dabei fragt – zum Beispiel ein Versicherungsmakler – bei verschiedenen Versicherungen ab, ob und zu welchen Bedingungen sie euch versichern würden. Euer Name und eure Anschrift werden nicht angegeben, damit ihr mit eventuellen Vorerkrankungen nicht auf einer schwarzen Liste landet. Sonst könntet ihr auch bei anderen Verträgen Probleme bekommen, einen Versicherer zu finden.

## Worauf achten, was ist wichtig?

Nachdem euch jetzt sicher klar geworden ist, wie wichtig eine solche Versicherungspolice ist, gehen wir das Problem mal praktisch an: Wie findet ihr, was ihr braucht?

Eure **Berufsunfähigkeitsversicherung** sollte beispielsweise Folgendes leisten:

→ Sie sollte zahlen, wenn ihr in eurem zuletzt ausgeübten Beruf (und nur in dem, was ihr davor getan habt, spielt keine Rolle) nicht mehr zu mindestens 50 Prozent tätig sein könnt.

**! WICHTIG**

**Eure Antworten auf die Gesundheitsfragen beurteilen die Versicherer nicht einheitlich. Tests haben gezeigt, dass ein- und dieselbe Person mit identischen Angaben bei manchen Anbietern einen Vertrag bekommt, bei anderen Gesellschaften hingegen einen Risikozuschlag gezahlt hätte und bei wieder anderen ganz abgelehnt worden wäre.**

→ Berufsunfähigkeit sollte vorliegen, wenn ihr voraussichtlich sechs Monate lang zu mehr als 50 Prozent berufsunfähig sein werdet.

→ Die Rente auch rückwirkend ab dem ersten Tag des Sechs-Monats-Zeitraums zahlen.

→ Bei verspäteter Meldung die Rente mindestens drei Jahre lang rückwirkend zahlen.

→ Der Versicherer sollte darauf verzichten, den Vertrag zu kündigen oder die Beiträge anzuheben, wenn sich später herausstellt, dass ihr ohne euer Verschulden Vorerkrankungen nicht angegeben habt.

→ Bei einer befristeten Anerkennung sollte der Versicherer von euch keine Rückzahlung bereits gewährter Renten verlangen, wenn sich herausstellt, dass der Anspruch nicht gerechtfertigt war.

### Netto oder Brutto?

Die eben genannten Punkte sind die Grundlage eurer Suche nach einer günstigen Berufsunfähigkeitsversicherung. Dabei wird euch auffallen, dass in den Angeboten fast immer zwei verschiedene Preise genannt werden: der Netto- und der Bruttobeitrag.

Den Nettobeitrag, auch Zahlbeitrag genannt, bezahlt ihr am Anfang bei Abschluss der Berufsunfähigkeitsversicherung. Dieser Beitrag kann von der Versicherung bis zur Bruttoprämie, auch als Tarifbeitrag bezeichnet, erhöht werden. Die Versicherung will damit einen Puffer schaffen, falls sie Risiken oder Ergebnisse von Geldanlagen nicht richtig prognostiziert hat und mehr Geld braucht. So kann sie mit erhöhten Beiträgen nachjustieren. Für euch ist es besser, einen Vertrag mit einem höheren Netto- und einem niedrigen Bruttobeitrag abzuschließen. So seid ihr dann sicherer vor unangenehmen Überraschungen.

## Alternativen – mit weniger Schutz

Wenn die Berufsunfähigkeitsversicherung doch zu teuer für euch ist, könnt ihr auch versuchen, die Leistungen ein bisschen einzudampfen. Wenn ihr zum Beispiel die Vertragslaufzeit statt bis zu eurem 67. Lebensjahr nur bis zu eurem 65. Lebensjahr wählt, senkt das eure Prämie um etwa 15 Prozent. Allerdings müsstet ihr im Ernstfall zwei Jahre so überbrücken können.

Wenn euch die Berufsunfähigkeitsversicherung zu teuer ist oder ihr vielleicht zum Beispiel wegen einer Vorerkrankung keine bekommt, gibt es abgespeckte Möglichkeiten. Sie sind oft günstiger, allerdings schützt keine so umfangreich wie eine Berufsunfähigkeitsversicherung.

### Erwerbsunfähigkeitsversicherung

Sie zahlt, wie die Berufsunfähigkeitsversicherung, wenn ihr gesundheitsbedingt nicht mehr arbeiten könnt. Anders als bei der Berufsunfähigkeitsversicherung zahlt der Versicherer hier aber erst, wenn ihr fast gar nicht mehr oder nur noch wenige Stunden täglich arbeiten könnt. In irgendeinem Beruf, also nicht unbedingt in eurem letzten wie bei der Berufsunfähigkeitsversicherung.

Das Gute an der Erwerbsunfähigkeitsversicherung: Die Beitragshöhe ist nicht an einen bestimmten Beruf gekoppelt. Ist euer Beruf in der Berufsunfähigkeitsversicherung als riskant eingestuft, kann eine Erwerbsunfähigkeitsversicherung also deutlich günstiger sein. Allerdings ist die Versicherung, wenn gesundheitliche Belastungen vorliegen, auch nicht leicht zu bekommen. Schon die Teilnahme an einer Psychotherapie kann zur Ablehnung führen. Gerade für Selbstständige könnte jedoch eine Erwerbsunfähigkeitsversicherung etwas sein.

## Grundfähigkeitsversicherung

Mit dieser Versicherung könnt ihr euch gegen den Ausfall bestimmter Fähigkeiten versichern. Dazu zählen etwa: Sprechen, Hören, Sehen, Treppensteigen oder der Gebrauch der Hände. Die Fähigkeiten sind im Vertrag genau definiert. Die Grundfähigkeitsversicherung deckt damit deutlich weniger Risiken ab als die Berufsunfähigkeitsversicherung, ist aber für einige Berufsgruppen auch günstiger.

Auch für Menschen, die von der Berufsunfähigkeitsversicherung wegen Vorerkrankungen abgelehnt worden sind, kann eine Grundfähigkeitsversicherung ein möglicher Schutz sein. Sollte der Versicherungsfall eintreten, bekommt ihr jeden Monat eine Rente.

## Funktionsinvaliditätsversicherung

Eine Funktionsinvaliditätsversicherung beinhaltet Leistungen aus einer privaten Unfallversicherung, einer Grundfähigkeitsversicherung und einer Schwere-Krankheiten-Versicherung (Dread-Disease-Versicherung).

Sie leistet, wenn durch einen Unfall oder eine Krankheit Pflegebedürftigkeit eintritt, innere Organe schwer geschädigt sind oder wichtige körperliche Grundfähigkeiten verloren gehen. Die Rente aus der Funktionsinvaliditätsversicherung wird normalerweise erst gezahlt, wenn die Schäden einen bestimmten Schweregrad erreicht haben und nicht heilbar sind.

Problematisch können auch die Prämien werden. Nach anfänglich günstigen Beiträgen können diese über die Jahre hinweg ordentlich ansteigen.

## Dread-Disease-Versicherung

Wer weder eine Berufsunfähigkeits- noch eine Erwerbsunfähigkeitsversicherung oder eine Grundfähigkeitsversicherung bekommt, für den könnte eine Dread-Disease-Versicherung in Frage kommen. Diese Versicherung zahlt einen Einmalbetrag, wenn eine schwere Krankheit festgestellt wird. Das kann zum Beispiel eine Krebsdiagnose sein, ein Herzinfarkt oder Schlaganfall, Multiple Sklerose und andere Erkrankungen. Aber auch wenn wichtige Sinne, wie Hören oder Sehen, verloren gehen, springt die Dread-Disease-Versicherung ein.

Aber Achtung: Die Versicherung deckt wirklich nur die im Vertrag genannten Krankheiten ab. Steht da „Bei Herzinfarkt“ gibt es nichts bei einer Herzklappenerkrankung. Außerdem muss die Krankheit dauerhaft und nicht heilbar sein.

# Im Alter finanziell nicht alt aussehen

**„Und jetzt auch das noch!", werdet ihr vielleicht denken, und zugegeben, Altersvorsorge ist kein Thema, dem man sich mit aufgeregter Vorfreude nähert. Und eigentlich wolltet ihr ja auch was zur Geldanlage erfahren! Und wie ihr eure Sparziele wie Autokauf, Traumreise oder Wohnung erreicht. Der Gedanke an eure Finanzsituation in 30, 40 oder 50 Jahren ist da oft weit weg. Aber es gibt neben der schlechten Nachricht, dass es leider nötig ist, die gute, dass ihr super in der Zeit seid.**

In dieses Kapitel startet ihr mit den besten Voraussetzungen: Vor euch liegen noch Jahrzehnte, in denen ihr für eure Altersvorsorge sparen könnt. Und das macht den entscheidenden Unterschied – wie unser Beispiel mit Paul und Marie auf der nächsten Seite oben zeigt. Während der eine 35 Jahre lang spart, legt die andere nur 17 Jahre Spareifer an den Tag. Auch wenn die Differenz beim Vermögen am Ende nur rund 10.000 Euro beträgt und ihr vielleicht denkt, ist ja gar nicht so viel mehr, die Marie spart doch schon zwölf Jahre länger als Paul. Aber dabei überseht ihr einen Punkt: Maries eingesetztes Kapital liegt deutlich unter dem von Paul. Sie hat nur 30.000 Euro selbst aufgebracht, der Rest, immerhin 120.000 Euro, sind Zinsen. Bei Paul ist das Verhältnis deutlich schlechter. Er musste mehr als das Doppelte, nämlich 63.000 Euro selbst ansparen. An dem Beispiel könnt ihr gut erkennen, wie die Jahre für euch arbeiten. Ihr müsst sie nur lassen …

**BEISPIEL**

Paul ist 35. Er hat einen guten Job und fängt an, jeden Monat 150 Euro für seine Rentenzeit zurückzulegen. Die Rendite beträgt 5 Prozent pro Jahr. Wenn er 35 Jahre spart, hat er abzüglich der Kapitalertragssteuer ein Endkapital von rund 140.000 Euro. Sein reiner Zinsgewinn beträgt 76.803 Euro. Marie ist 23 Jahre. Auch sie zahlt jeden Monat 150 Euro zu 5 Prozent ein. Mit 40 Jahren stellt sie den Sparplan ein, lässt aber ihr Geld weiter angelegt. Bis dahin hat sie gut 44.000 Euro gespart. Bei der angenommenen 5-prozentigen Rendite hat Marie mit 70 Jahren ein Vermögen von knapp 150.000 Euro.

## Worum geht es eigentlich genau?

Wenn ihr 67 Jahre alt seid, könnt ihr aufhören zu arbeiten (so die Regelaltersgrenze ab dem Jahr 2031, das kann sich noch ändern ...). Ihr bekommt dann kein Gehalt mehr von eurem Arbeitgeber, sondern eine Rente oder eine Pension. Meistens vom Staat, manchmal zusätzlich vom Arbeitgeber (was für Selbstständige und Freiberufler gilt, zeigen wir unter „Wer ist rentenversichert – wer nicht?“).

Die Pensionen für Beamte mögen vielleicht noch ausreichen, um das Alter einigermaßen sorgenfrei zu gestalten, die gesetzlichen Renten allein werden es nicht. Darum ist die Altersvorsorge ein so wichtiges Thema. Aber das wisst ihr. Daher, hier die Fakten dazu:

Das gesetzliche Rentensystem ist ein Umlagesystem. Das bedeutet, das Geld, das während eures Arbeitslebens auf euer Rentenkonto fließt, wird nicht für euch zurückgelegt, sondern direkt an die heutigen Rentnerinnen und Rentner ausgezahlt. Das ist das Fundament des sogenannten Generationenvertrages: eine Generation bezahlt für die andere.

Vermutlich ist euch schon jetzt klar, dass das System Schwachstellen hat. Schon heute gelingt es nicht, die Renten aus den Umlagen über die Rentenversicherungsbeiträge zu bezahlen – milliardenschwere Steuermittel aus dem Bundeshaushalt stützen die Rentenkasse. Und es gehen immer mehr Menschen in Rente, die auch immer älter werden und dementsprechend länger Altersbezüge bekommen. So werden nach Berechnungen und Schätzungen die Millennials im Durchschnitt 90 Jahre alt. Und – Stichwort demografischer Wandel – immer weniger Menschen im erwerbsfähigen Alter werden die Renten stemmen müssen.

Grundsätzlich seid ihr als Arbeitnehmer in der gesetzlichen Rentenversicherung pflichtversichert; ihr zahlt dort während eures Berufslebens monatlich Beiträge. Sie werden automatisch von eurem Lohn einbehalten. Im Moment beträgt der Beitragssatz 18,6 Prozent. Davon zahlt ihr die eine Hälfte, euer Arbeitgeber die andere. Wenn ihr also 5.000 Euro brutto verdient, zahlt ihr jeden Monat 465 Euro in die Rentenkasse, 9,3 Prozent des Lohnes. Die Beitragshöhe richtet sich nach eurem Verdienst. Dabei gibt es jedoch eine Obergrenze für die Beitragszahlungen, die Beitragsbemessungsgrenze. Diese liegt momentan (2023) bei monatlich 7.300 Euro in den alten Bundesländern und 7.100 Euro in Ostdeutschland. Wenn euer Bruttolohn über diesen Beträgen liegt, müsst ihr für diesen Teil keine Rentenbeiträge mehr bezahlen. Das heißt aber umgekehrt auch, dass eure Rentenansprüche nach oben hin begrenzt sind.

Eure Rente ist eine beitragsbezogene Leistung, das heißt, je länger und je mehr ihr einzahlt, desto mehr bekommt ihr. Entscheidend sind die sogenannten Entgeltpunkte, die ihr im Laufe eures Berufslebens sammelt. Bei deren Berechnung wird euer Verdienst ins Verhältnis zum Durchschnittsverdienst aller sozialversicherungspflichtig Beschäftigten gesetzt. Einen Entgeltpunkt bekommt ihr also, wenn euer jährlicher Verdienst genau durchschnittlich ist – verdient ihr nur halb so viel, gibt es auch nur einen halben Punkt.

**! WICHTIG**

**Anspruch auf die Regelaltersrente habt ihr, wenn ihr 60 Monate mit sogenannten rentenrechtlichen Zeiten zusammen bekommt. Also Tätigkeiten ausgeführt habt, die für die Rentenversicherung relevant sind. Dazu zählen zum Teil auch Zeiten, in denen ihr vielleicht arbeitslos oder krank gewesen seid, sowie Mutterschutz- und Kindererziehungszeiten, aber auch eure Schulausbildung.**

In Zeiten, in denen ihr eure Kinder erzieht oder Angehörige pflegt, wird ein hypothetischer Verdienst angenommen. Eure gesammelten Entgeltpunkte sind der Faktor, mit dem bei der Berechnung der Rentenhöhe der jeweils aktuelle Rentenwert multipliziert wird. Seit dem 1. Juli 2023 beträgt der Rentenwert 37,60 Euro – erstmals einheitlich in den neuen und den alten Bundesländern, wo bisher ein niedrigerer Wert galt. Der Rentenwert wird jährlich angepasst.

Das Rentenniveau von 48 Prozent, von dem immer wieder zu hören oder lesen ist, hat für euch und eure Planungen eigentlich keine Bedeutung. Denn das ist nur ein Prozentwert, der das Verhältnis zwischen der Standardrente und dem Durchschnittseinkommen ausdrückt. Die Standardrente bezieht sich auf einen Rentner, der 45 Jahre lang gearbeitet und immer das Durchschnittseinkommen (2023: 43.142 Euro West, 41.967 Euro Ost) aller Versicherungspflichtigen verdient hat (der sogenannte „Eckrentner"). Und damit genau einen Entgeltpunkt erzielt hat. Er bekäme seit Juli 2023 entsprechend dem aktuellen Rentenwert in Höhe von bundesweit einheitlich 37,60 Euro eine Bruttorente in Höhe von 1.692 Euro (45 Jahre x 37,60 Euro). Ihr merkt schon, eine etwas gewagte Statistik: Wer kommt überhaupt auf so viele Arbeitsjahre? Und was kommt dann bei den Entgeltpunkten bei geringerem Verdienst zusammen?

Ein Blick auf die Zahlen der Deutschen Rentenversicherung (Statistik der Deutschen Rentenversicherung, Aktuelle Daten 2022, Stand: 11.11.2021) zeigt euch da schon ein realistischeres Bild, was Frauen und Männer aktuell im Durchschnitt monatlich an Rente [1] bekommen:

→ Frauen erreichen im Durchschnitt eine Rente von 739 Euro nach 24,26 Jahren (West) beziehungsweise 1.062 Euro nach 41,63 Jahren (Ost).
→ Männer erreichen im Durchschnitt eine Rente von 1.309 Euro nach 40,68 Jahren (West) beziehungsweise 1.289 Euro nach 44,39 Jahren (Ost).

Genug mit Rentenmathematik: Die gesetzliche Rentenversicherung ist ein Grundstock. Der Blick auf die Zahlen zeigt eindrucksvoll, dass Altersvorsorge unabdingbar ist, wenn ihr im Rentenalter weiter euren Lebensstandard halten wollt.

Als Faustregel für alle, die eine gesetzliche Rente erwarten, gilt: Etwa 10 Prozent eures Nettoeinkommens solltet ihr in die Altersvorsorge stecken. Wer weder dort noch in eine andere Pflichtversicherung einzahlt, sollte mindestens 20 Prozent fürs Alter zurücklegen – das ganze Berufsleben lang.

## Wer ist gesetzlich rentenversichert, wer nicht?

Sobald ihr anfangt, angestellt zu arbeiten, seid ihr pflichtversichert in der gesetzlichen Rentenversicherung. Für Selbstständige gibt es (noch!) keine allgemeine Versicherungspflicht. Ausnahmen bestätigen die Regel: Zum Beispiel sind Menschen in handwerklichen Berufen, Publizist:innen, Hebammen, Physiotherapeut:innen, Pflegekräfte oder freiberufliche Lehrkräfte verpflichtet, in die gesetzliche Rentenversicherung einzuzahlen.

Wenn ihr als Selbstständige pflichtversichert seid, zahlt ihr in der Regel die vollen 18,6 Prozent eures Einkommens selbst in die Rentenversicherung ein, also doppelt so viel

1 Pflichtbeiträge zur Kranken- und Pflegeversicherung sind dabei schon abgezogen – die individuelle Besteuerung allerdings noch nicht.

### GUT ZU WISSEN

Wenn ihr schon 27 Jahre alt seid, kennt ihr das Schreiben der Deutschen Rentenversicherung. Sie informiert ab dann jeden Beitragszahler – sofern er oder sie mindestens fünf Jahre Beitragszeiten hatte – über die erworbenen Rentenansprüche. Und rechnet die voraussichtliche Rentenhöhe aus. Damit könnt ihr sehen, wo ihr steht.

**Nachzahlungen möglich:**

Bis zu eurem 45. Lebensjahr könnt ihr zusätzliche Beiträge in die Rentenkasse einzahlen – eine der wenigen Möglichkeiten, eventuelle Rentenlücken zu stopfen. Die Nachzahlung erhöht eure spätere gesetzliche Rente oder verkürzt die Jahre, die ihr noch einzahlen müsst, um Rentenansprüche zu erwerben.

Nachzahlen könnt ihr, wenn:

- → ihr mit 16 Jahren noch zur Schule gegangen seid und/oder
- → eure Ausbildung ab dem 17. Lebensjahr länger als acht Jahre gedauert hat, ihr also beispielsweise bis 27 studiert habt. Die Ausbildung, die ihr vielleicht davor gemacht habt, zählt aber nicht dazu. Denn für diese sozialversicherungspflichtige Beschäftigung habt ihr bereits eingezahlt.

Der Nachzahlung sind Grenzen gesetzt. Sie muss 2023 mindestens 96,72 Euro und darf höchstens 1.357,80 Euro pro Monat betragen. Die Nachzahlungen können über fünf Jahre verteilt werden. Zudem gelten dafür besondere Regelungen bei der Steuer. Ihr solltet euch auf jeden Fall bei der Deutschen Rentenversicherung beraten lassen, ob sich das im Einzelfall für euch lohnt.

wie ein Arbeitnehmer, für den ja 9,3 Prozent vom Arbeitgeber übernommen werden.

Solltet ihr allerdings mit der Selbstständigkeit der genannten Branchen weniger als 520 Euro im Monat verdienen, gilt die Versicherungspflicht nicht. Auch wenn ihr euch gerade erst in einem der genannten Berufe selbstständig gemacht habt, müsst ihr erst einmal keine Beitragszahlungen leisten. Ihr könnt euch in der Existenzgründungsphase für drei Jahre von der Rentenversicherungspflicht befreien lassen.

Neben Selbstständigen, die versichert sein müssen, gibt es noch diejenigen, die versichert sein können. Die meisten der Selbstständigen fallen unter diese Kategorie, die der freiwillig Versicherten. Sie können, wenn sie möchten, unter anderem über die gesetzliche Rentenversicherung vorsorgen. Die Höhe der freiwilligen Beiträge legen sie im Rahmen einer Beitragsspanne selbst fest. Diese liegt 2023 zwischen 96,72 und 1.357,80 Euro im Monat. Die Beiträge können monatlich oder auch einmal im Jahr gezahlt werden. Als freiwillig versicherter Selbstständiger könnt ihr eure Zahlungen auch jederzeit ganz einstellen oder wieder aufnehmen. Oder eure Rente durch Einmalzahlungen aufpeppen. Das ist etwa empfehlenswert, wenn ihr noch keine 60 Monate an Beitragszeiten zusammen habt – das ist ja Voraussetzung, um überhaupt Rente zu bekommen. Aber auch in anderen Fällen können sich freiwillige Einzahlungen insbesondere unter steuerlichen Gesichtspunkten rechnen. Als Vorsorgeaufwendungen drücken sie nämlich die Steuerlast. Ob sich das für euch im Einzelfall lohnt, lässt sich nur gemeinsam mit Steuerfachleuten klären.

Die Beamtenversicherung ist die klassische Altersversorgung für alle, die im öffentlich-rechtlichen Dienst arbeiten, also wenn ihr Beamter oder Beamtin seid, Richter:innen, verbeamtete Lehrer:innen, Berufssoldat:innen oder Pfarrer:innen. Als Verbeamtete müsst ihr keine Beiträge in die Beamtenversicherung bezahlen. Die Höhe der Pension, wie die Rente für Beamte heißt, ist lediglich abhängig von den Dienstjahren. Die Altersbezüge der Beamten sind in der Regel deutlich höher als die aus der gesetzlichen Rente. Das Ruhegeld, so wird die Rente für Beamte auch genannt, richtet sich nach dem Bruttogehalt der letzten zwei Jahre vor dem Ruhestand, wo die Gehälter in der Regel am höchsten sind. Eine Pension kann maximal 71,75 Prozent des Bruttoeinkommens betragen. Die Beamtenversicherung fällt auch deshalb höher aus, weil sie nicht nur die Pflichtversicherung, sondern auch die betriebliche Altersvorsorge (→ Seite 211) umfasst. Wenn ihr verbeamtet seid, gibt es keine „zusätzliche“ betriebliche Zusatzversorgung für euch.

Wenn ihr freiberuflich in einem Kammerberuf arbeitet, also als Ärzt:innen, Apotheker:innen, Rechtsanwält:innen, Steuerberater:innen, Wirtschaftsprüfer:innen, Ingenieur:innen oder Psychotherapeut:innen, dann seid ihr im entsprechenden berufsständischen Versorgungswerk pflichtversichert. Dieses System ersetzt die gesetzliche Rentenpflicht. Doch anders als bei der gesetzlichen Rentenversicherung spart ihr bei den berufsständischen Versorgungswerken für euch selbst. Beitragshöhe und Höchstbeiträge orientieren sich an den Sätzen der gesetzlichen Rentenversicherung. Maßgeblich sind euer Gehalt beziehungsweise die erzielten Einkünfte. Die Renten der berufsständischen Versorgungswerke sind oft deutlich höher als die der gesetzlichen Rentenversicherung. Das liegt an den insgesamt höheren Einkommen von Angehörigen dieser Berufe und ihren entsprechend höheren Beiträgen. Außerdem hängt die Höhe der Zahlungen davon ab, wie erfolgreich das jeweilige Versorgungswerk die Beiträge am Kapitalmarkt angelegt hat.

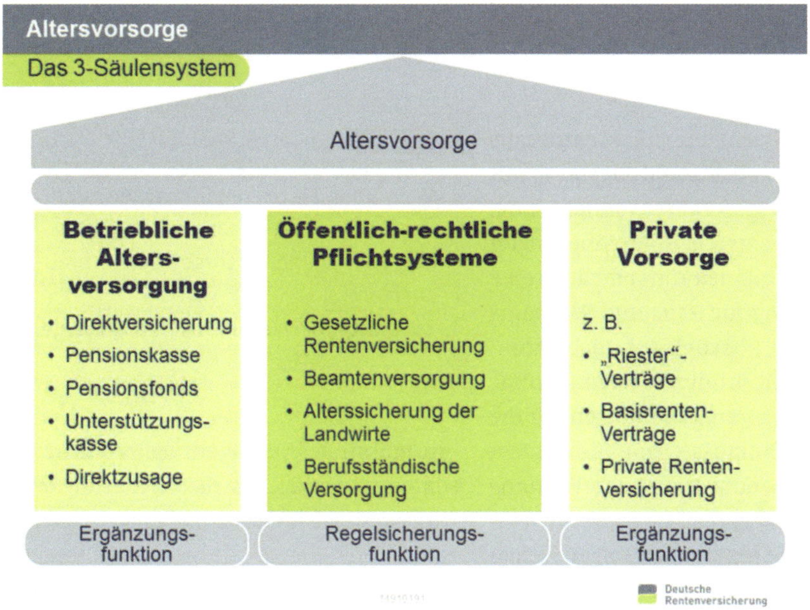


## Säulen der Altersvorsorge

Wenn es schon sein muss? (Ja!) Eure Altersvorsorge könnt ihr (→ Schaubild) aus verschiedenen Bausteinen auf ein solides Fundament stellen:

- → das staatlich geförderte Riester- oder Rürup-Sparen nutzen, um damit dann im Alter eine lebenslange Zusatzrente zu erhalten,
- → Formen der steuerlich geförderten betrieblichen Altersvorsorge wählen, aus denen ihr dann ebenfalls Renteneinkünfte erwarten könnt,
- → den Kauf einer Immobilie planen, um dort im Alter mietfrei zu wohnen,
- → aus kluger Geldanlage (damit kennt ihr euch ja nach der Lektüre der ersten Kapitel aus!) ein Vermögen aufbauen, um die gesetzliche Rente aus euren Zins- oder Dividendenerträgen aufzupeppen.

Schauen wir uns die Vorsorgebausteine an, bei denen Vater Staat was dazugibt und/oder Steuervorteile winken.

## Die Riester-Rente

Eingeführt wurde die nach dem früheren Bundesarbeitsminister Walter Riester benannte Rente, um die gesetzliche Rente zu ergänzen beziehungsweise um die damalige

Senkung des allgemeinen Rentenniveaus auszugleichen. Neben „Geld-Riestern“ mit klassischer Riester-Rentenversicherung, Riester-Investmentfondssparplänen oder Riester-Banksparplänen könnt ihr auch eine Riester-Förderung für Haus und Wohnung („Wohn-Riestern“) bekommen. Idee dahinter: Im Alter habt ihr durch Wohnen ohne jede Mietzahlung geringere Kosten für die Lebenshaltung. Voraussetzung für die Förderung daher: Ihr nutzt Haus oder Wohnung selbst.

Geld-Riestern funktioniert folgendermaßen: Ihr schließt zum Beispiel einen Vertrag über einen Riester-Fondssparplan ab. Da zahlt ihr monatlich Beiträge (Ansparphase) ein. Vier Prozent eures rentenversicherungspflichtigen Bruttoeinkommens aus dem Vorjahr müssen es sein – maximal 2.100 Euro jährlich, das Minimum sind 60 Euro pro Jahr, der sogenannte Sockelbetrag. Zur Belohnung spendiert der Staat eine Grundzulage und Zulagen für Kinder.

Achtung: Wenn ihr nicht auf den Mindestbeitrag kommt, wird die Zulage im Verhältnis des tatsächlich gezahlten Eigenbeitrages gekürzt.

Die Aufwendungen für die Altersvorsorge könnt ihr auch in der Einkommensteuererklärung als Sonderausgabe angeben, was zusätzlich Steuern sparen kann.

Im Alter bekommt ihr eine lebenslange Rente (Leibrente), die ihr allerdings versteuern müsst. Bei Verträgen, die seit 2012 geschlossen wurden, wird die Riester-Rente frühestens ab dem 62. Lebensjahr ausgezahlt.

Bei der Riester-Rente ist garantiert, dass das Geld, das ihr während der Ansparzeit eingezahlt habt, plus der staatlichen Zuschüsse, zum Rentenbeginn auch noch da ist. Um das sicherzustellen, hat der Gesetzgeber eine Reihe an Anforderungen formuliert, die Riester-Verträge erfüllen müssen. Aber auch ihr müsst einige Anforderungen erfüllen, um einen Vertrag abschließen zu können.

> **GUT ZU WISSEN**
>
> Mehr über die besten Strategien zur finanziellen Absicherung erfahrt ihr im Ratgeber „Altersvorsorge“ der Verbraucherzentrale.
> **www.ratgeber-verbraucherzentrale.de**

## Wer darf riestern?

Ihr dürft einen Riester-Vertrag abschließen, wenn ihr in der gesetzlichen Rentenversicherung pflichtversichert seid. Dann seid ihr „unmittelbar förderberechtigt“. Dazu kommen Verbeamtete, Richter:innen, Pfarrer:innen oder Berufssoldat:innen. Also all diejenigen, die in die Beamtenversicherung einzahlen. Außerdem könnt ihr riestern während der Ausbildung oder während der Elternzeit, als Wehr- und Zivildienstleistende oder wenn ihr eure Angehörigen pflegt. Wenn ihr in der Künstlersozialkasse versichert seid oder arbeitnehmerähnlicher Selbstständiger. Und, und, und ...

Vielleicht ist es leichter die zu benennen, die nicht riestern können. Das sind Selbstständige, die nicht in der Rentenversicherung pflichtversichert sind. Außerdem Studierende und Minijobber:innen, solange sie keine eigenen Sozialversicherungsbeiträge leisten. Und alle, die in sogenannten Kammerberufen arbeiten, wie Ärzt:innen oder Rechtsanwält:innen. Doch auch die können manchmal über einen kleinen Umweg zur Riester-Rente kommen. Durch die mittelbare Förderberechtigung. Mittelbar förderberechtigt seid ihr, wenn euer Partner oder eure Partnerin unmittelbar förderberechtigt ist und auch riestert.

## Wie wird gefördert?

Die generelle Riesterförderung besteht aus zwei Teilen – der Grundzulage und den Kinderzulagen – sowie aus eventuellen Steuerersparnissen durch den Abzug von Sonderausgaben.

**Grund- und Kinderzulagen**

- → Grundzulage je Förderberechtigtem: 175 Euro
- → Kinderzulage:
  Geburt des Kindes vor 2008: 185 Euro
  Geburt des Kindes ab 2008: 300 Euro

> **GUT ZU WISSEN**
>
> Vielleicht gerade für euch interessant: Berufsstarter:innen werden beim Riestern mit einem Berufseinsteigerbonus belohnt. Einmalig gibt es 200 Euro – vorausgesetzt, im Jahr des Vertragsabschlusses seid ihr noch keine 25 Jahre alt.

Anspruch auf die Grundzulage haben sowohl unmittelbar als auch mittelbar Förderberechtigte (→ oben). Die Kinderzulage gibt es für euren Nachwuchs höchstens bis zur Vollendung seines 25. Lebensjahres. Unterm Strich kann das sehr lohnend sein, wie die Beispiele (→ Seite 202 oben) zeigen.

Neben der Riester-Zulage profitiert ihr auch von steuerlichen Vergünstigungen, denn ihr könnt die Zahlungen auf das Riester-Konto in der Einkommenssteuererklärung geltend machen. Das Finanzamt berücksichtigt die Höhe des Anspruchs auf Zulagen automatisch. Die Zulage und die Steuervergünstigungen werden allerdings

BEISPIEL

*Lars versorgt seine drei kleinen Kinder zuhause und hat nebenbei einen Minijob. Seine Frau riestert als Hauptverdienende. Lars muss also nur 60 Euro jährlich als Mindest-Eigenbetrag einzahlen und bekäme staatliche Zulagen von 1.075 Euro (300 x 3 + 175).*

aufgerechnet. Das bedeutet Folgendes: Im Rahmen der sogenannten Günstigerprüfung stellt der Fiskus fest, ob der Zulagenanspruch höher oder geringer als die sich ergebende Steuererstattung ist. Eine Steuererstattung, die über den Anspruch auf Riester-Zulagen hinausgeht, wird ausgezahlt beziehungsweise mit euren eventuellen Steuerschulden verrechnet.

Manchmal ist das mit den Zulagen tricky. Sie hängen an euren eigenen Beiträgen oder denen eures Partners oder eurer Partnerin. Und es ist nicht möglich, eine falsche Beitragszahlung nachträglich zu korrigieren. Ihr müsst die Sparrate frühzeitig jedes Jahr eurem letzten Brutto anpassen oder überweist, wenn ihr das Geld habt, den höchstmöglichen Betrag (2.100 Euro abzüglich Zulagen, zum Beispiel 175 Euro) von 1.925 Euro jedes Jahr. Dann ist es egal, wie sich euer ,,Einkommen" entwickelt hat.

BEISPIEL

*Rosa verdient 55.000 Euro im Jahr. Auf diese Summe müsste sie als Single für das Jahr 2022 dann 13.859 Euro Einkommensteuer zahlen. Würde sie riestern, könnte sie 2.100 Euro von der Steuer absetzen. Von ihr kämen Beiträge in Höhe von 1.925 Euro, vom Staat 175 Euro Zulage. Durch den Abzug der 2.100 Euro von Rosas Bruttoverdienst reduziert sich ihr zu versteuerndes Einkommen auf 52.900 Euro. Auf diese Summe muss sie nur 13.017 Euro an Einkommenssteuer zahlen.*
*Ihre Steuerersparnis: gut 800 Euro im Jahr. Mehr als die Zulage von 175 Euro, wie das Finanzamt errechnet. Das wirkt sich zusätzlich steuerermäßigend aus, sodass Rosa vom sogenannten Sonderausgabenabzug profitiert. Ihr werden rund 625 Euro (800 Euro – 175 Euro) über den Einkommenssteuerausgleich „gutgeschrieben“, sie muss also weniger Steuern (nach)zahlen oder bekommt eine höhere Erstattung.*

Nicht vergessen: Zulagen gibt es nur auf Antrag. Den sogenannten Zulagenantrag versenden die Anbieter von Riester-Produkten immer zu Beginn des Folgejahres, also 2023 für das Sparjahr 2022. Den müsst ihr ausfüllen, unterschreiben und zurückschicken.

**GUT ZU WISSEN**

Mit dem Riester-Rechner der Deutschen Rentenversicherung findet ihr leicht heraus, wie viel Zulage ihr vom Staat erhaltet und wie viel ihr dafür sparen müsst: **www.riester.deutsche-rentenversicherung.de**

Und hier gibt's noch mehr Seiten zum Riestern: ob ihr Anspruch darauf habt, welche Möglichkeiten es gibt, was beim Zulagenantrag gilt:

Erst dann werden die Zulagen an den Anbieter ausgezahlt und auf euren Riester-Sparvertrag überwiesen. Auch ist ein Dauerzulagenantrag möglich – dann vermeidet ihr den jährlichen Papierkram und müsst nicht daran denken, den Antrag zu stellen!

## Was darf geriestert werden?

Eine Riester-Rentenversicherung funktioniert ähnlich wie eine klassische Rentenversicherung (→ Seite 127). Eure monatlich eingezahlten Beträge werden in einem Mix aus sicheren festverzinslichen Wertpapieren, Immobilien und Aktien angelegt. Ihr bekommt für eure Anlage einen Garantiezins von 0,25 Prozent. Naja. Die Abschluss- und Verwaltungskosten der Versicherungsgesellschaften sind deutlich höher – und lassen euer Erspartes erst mal zusammenschmelzen.

Mit Blick auf die Rendite lohnt es sich für euch eher, auf Riester-Fondssparpläne zu setzen. Doch auch hier schlägt die Kapitalgarantie zu: Weil Anbieter verpflichtet sind, euch bei Rentenbeginn mindestens eure Einzahlungen wie auch die Zulagen auszuzahlen, jonglieren die Versicherer mit den Anlagen: Seid ihr noch weit weg von der Rente, investieren sie in den Aktienmarkt und hoffen auf gute Gewinne. Je älter ihr werdet und je näher ihr dem Rentenalter kommt, desto mehr wird in sichere festverzinsliche Wertpapiere umgeschichtet.

Riester-Banksparpläne, die sich in der Ansparphase am Referenzzins orientieren, werden derzeit kaum mehr angeboten. Das ist für Banken angesichts der lang anhaltenden Niedrigzinsphase nicht mehr wirtschaftlich.

Fürs Riestern sprechen die Zulagen vom Staat oder Steuerersparnisse. Ihr bekommt eine lebenslange Rente, egal wie alt ihr werdet und eine Kapitalgarantie. Damit ist das Geld zwar sicher angelegt, damit wird aber auch die Rendite gedrückt. Unschön ist auch: Riester-Verträge sind unflexibel. Ihr

**Beispiele zur Ermittlung des Mindesteigenbetrags**

| **Rentenversicherungspflichtiges Einkommen im Vorjahr: 35.000 Euro, keine Kinder, kein Berufseinsteiger** | | |
|---|---|---|
| | Mindestens | Maximal |
| Gesamtsparleistung 4 % von 35.000 Euro | 1.400 € | 2.100 € |
| ./. Grundzulage | 175 € | 175 € |
| ./. Kinderzulage | 0 | 0 |
| = Eigenbeitrag | 1.225 € | 1.925 € |
| ./. Einmaliger Berufseinsteigerbonus | 0 | 0 |
| = Einmaliger Eigenbeitrag | 1.225 € | 1.925 € |

| **Rentenversicherungspflichtiges Einkommen im Vorjahr: 35.000 Euro, ein Kind, Berufseinsteiger** | | |
|---|---|---|
| | Mindestens | Maximal |
| Gesamtsparleistung 4 % von 35.000 Euro | 1.400 € | 2.100 € |
| ./. Grundzulage | 175 € | 175 € |
| ./. Kinderzulage | 300 € | 300 € |
| = Eigenbeitrag | 925 € | 1.625 € |
| ./. Einmaliger Berufseinsteigerbonus | 200 € | 200 € |
| = Einmaliger Eigenbeitrag | 725 € | 1.425 € |

kommt erst mit Rentenbeginn an euer Geld. Wer seinen Vertrag vorher kündigt, muss Zulagen und Steuerersparnisse zurückzahlen. Nach Abzug der Kosten des Anbieters kann das zu deutlichen Verlusten führen. Apropos Verluste, die garantierte Verzinsung ist 2022 von 0,9 auf 0,25 Prozent gesunken. Ein Zins also, der weit, weit unter der Inflation liegt. Und einige Versicherer bieten schon gar keine Garantien mehr an. Das Wertpapierhaus der Sparkasse, die Deka, hat ihr Riester-Neugeschäft mit Riester-Fondssparplänen zum 1. Juni 2022 zum Beispiel mit der Begründung eingestellt, dass die Beitragsgarantie nicht mehr erwirtschaftet werden könne.

Außerdem: Die Rentenzahlungen, die ihr bekommt, sind bei der Riester-Rente ziemlich zurückhaltend berechnet. Ihr müsst schon sehr alt werden, damit ihr das Geld, das ihr eingezahlt habt, wiederbekommt. Wie alt das sein wird, das weiß natürlich noch niemand. Aber die Statistik ist auf eurer Seite. 😉

> GUT ZU WISSEN
>
> **Gebühren kosten Rendite**
> Wenn ihr einen Riester-Vertrag abschließt, werden Abschluss- und Verwaltungskosten fällig: Die sind nicht als „Extra-Posten" zu zahlen, sondern werden von den Versicherern auf die ersten fünf Jahre eures Vertrages verteilt. Ein Blick in die jeweiligen Vertragsbedingungen und Kosteninformationen gibt Aufschluss über die Kosten beim Versicherer eurer Wahl.

Grundsätzlich kann man sagen: Riestern lohnte sich bisher eher, wenn ihr gut verdient und einen hohen Steuersatz habt oder wenn ihr wenig verdient und viele Kinder habt. Also wenn ihr die staatlichen Zuschüsse so gut wie möglich abgreifen konntet. Allerdings ist der Garantiezins, wie ihr wisst, auf 0,25 Prozent gesenkt worden. Und dieser mickrige Zins steht dann noch einer hohen Inflationsrate gegenüber. Da wird schnell klar: Unter den Umständen lohnt es sich für die meisten von euch nicht mehr, einen Riester-Vertrag neu abzuschließen.

Klassische Riester-Rentenversicherungen und Banksparpläne werden auch so gut wie gar nicht mehr angeboten. Und die Bundesregierung will die Riester-Förderung auch ganz neu aufstellen. Dementsprechend kommt es darauf an, welches Produkt ihr wählt und wo ihr eure persönlichen Präferenzen bei der Entscheidung zwischen Sicherheit und einer risikoreicheren Variante fürs Sparen im Alter setzt. Und Vorsicht: In Aussicht gestellte Renditen sind immer nur Prognosen – die eintreten können, aber nicht müssen.

## Wohn-Riester

Wohn-Riester heißt eigentlich Eigenheimrente. Die Idee dahinter: Staatliche Unterstützung eines Immobilienkaufs, um im Alter die Miete zu sparen. Wohn-Riestern ist ziemlich komplex und an Bedingungen geknüpft, auf die wir hier im Einzelnen nicht näher eingehen können. Wir stellen euch das Ganze daher nur im Groben vor. Bevor ihr euch dafür entscheidet, solltet ihr auf jeden Fall klären, wie Wohn-Riestern zu eurer individuellen Situation passt.

### Grundsätzliches

Das Grundprinzip ist das Gleiche wie bei der Riester-Rente: 4 Prozent eures letzten Bruttogehalts müssen von euch mindestens in den Vertrag eingezahlt werden, höchstens 2.100 Euro, mindestens 60 Euro, sonst gibt es keine staatliche Unterstützung. Die fällt genauso hoch aus wie bei der Riester-Rente, also die gleichen Zulagen und steuerlichen Vorteile (→ Seite 201).

Wohn-Riestern könnt ihr auf verschiedene Arten: Ihr könnt mit einem geförderten Bausparvertrag erst einmal für den Kauf oder Bau einer Immobilie sparen. Oder wenn der Immobilienerwerb schon konkret ansteht: Dann könnt ihr gleich das Wohn-Riester-Darlehen aufnehmen. Dann bezuschusst der Staat eure Tilgungsraten und ihr könnt den Kredit schneller abzahlen.

Oder ihr zahlt in einen Bausparvertrag ein. Während ihr anspart, erhöhen die staatlichen Zulagen das Bausparguthaben. Die Riester-Förderung läuft auch weiter, wenn die Bausparsumme erreicht ist und ihr den Vertrag abruft, weil ihr eine Immobilie erwerben wollt. Die Zulagen helfen dann, genau wie beim Riester-Darlehen, den Kredit schneller zu tilgen. Ihr könnt euch das Bauspardarlehen auch zuerst auszahlen lassen, dann eine Immobilie kaufen und dann erst das Bausparguthaben ansparen. Die Verträge haben feste Zinsen und eine Laufzeit zwischen zehn und 30 Jahren.

Die Zulagen sind, wie bei allen Riester-Verträgen, 175 Euro Grundzulage, plus 300 Euro für jedes ab 2008 geborene Kind. Oder die Steuervorteile, weil das Finanzamt eine Tilgung bis zu 2.100 Euro im Jahr als Sonderausgaben anerkennt. Auch hier überprüft das Finanzamt, was für euch günstiger ist (Günstigerprüfung → Seite 32).

**GUT ZU WISSEN**

**Einen Riester-Bausparvertrag abschließen solltet ihr nur, wenn ihr mit hoher Wahrscheinlichkeit mittelfristig eine Immobilie erwerben wollt! Denn ein Bausparvertrag wird meist niedriger verzinst als andere Sparformen.**

Typischerweise spart man mit dem Wohn-Riester auf eine eigene Wohnung oder ein eigenes Haus, aber du bekommst den Wohn-Riester auch für andere Vorhaben. Wenn du Pflichtanteile in einer Wohngenossenschaft kaufen willst oder ein Dauerwohnrecht in einem Pflege- oder Seniorenheim oder wenn ihr Haus oder Wohnung rentnersicher machen wollt. (wir sind ja hier immer noch bei der Altersvorsorge 😉)

Um Wohn-Riester zu bekommen, müsst ihr mindestens Miteigentümer der Immobilie sein und selbst darin wohnen.

### Steuern

Auch „Wohn-Riestern" kostet Steuern. Und genau wie bei anderen Riester-Verträgen zahlt ihr sie ab Rentenbeginn. Da beim Wohn-Riester keine Rente ausgezahlt wird, zahlt ihr auf der Grundlage eures Wohnförderkontos die Steuern. Das Wohnförderkonto ist ein fiktives Bankkonto, auf dem alle staatlich geförderten Tilgungen und Zulagen vermerkt sind. Maximal also 2.100

Euro jährlich. Spätestens wenn ihr 68 Jahre alt seid, wird das Wohnförderkonto aufgelöst und ihr müsst dieses „Guthaben" dann versteuern.

Auf dem Konto kann dann einiges zusammengekommen sein. Die registrierten staatlichen Förderungen werden nämlich auch verzinst. Mit zwei Prozent jährlich. Der Staat möchte damit die Wertsteigerung der Immobilie ausgleichen. Zwei Prozent waren in der langjährigen Niedrigzinsphase auch für den Staat kein schlechtes Geschäft. Und für euch macht sich das folgendermaßen bemerkbar: Habt ihr 30 Jahre lang den Höchstbetrag von 2.100 Euro an staatlicher Unterstützung bekommen, haben sich knapp 86.600 Euro auf eurem Wohnförderkonto angesammelt. Keine Angst, ihr müsst das Geld nicht zurückzahlen, allerdings versteuern – was auch happig sein kann. Je nachdem wie hoch euer persönlicher Steuersatz ist. Wenn wir mal von 30 Prozent ausgehen – weil ihr gut vorgesorgt habt und einiges an Einkommen auch im Alter habt – müsst ihr knapp 26.000 Euro an Steuern für eure erhaltene Förderung bezahlen.

Ihr habt zwei Möglichkeiten, diese Steuerschuld zu begleichen. Entweder ihr zahlt alles auf einmal oder ihr versteuert jedes Jahr einen Teil eures Wohnförderkontos, bis ihr 85 Jahre alt seid. In unserem Beispiel wären das also 18 Jahre lang zusätzlich 4.800 Euro jährlich, die ihr als Einnahme versteuern würdet.

Wenn ihr alles auf einmal zahlt, bekommt ihr einen 30-prozentigen Nachlass. Ihr müsst dann „nur noch" 60.620 Euro eures Wohnförderkontos versteuern (70 Prozent von 86.600 Euro). Dabei ist es wichtig zu beachten, dass die einmalige Auszahlung euer Einkommen und damit eure Steuerklasse so nach oben treiben kann, dass der staatliche Steuernachlass aufgefressen wird von der aktuell erhöhten Einkommenssteuer.

Wie viel Steuern ihr zahlen müsst, hängt von eurer persönlichen Situation ab, also Familienstand, Einkommenshöhe, Anzahl der Kinder usw. Grundsätzlich gilt: Je höher das Einkommen im Alter, desto mehr holt sich der Staat die Förderung aus der Ansparphase später wieder zurück. Übrigens, sterben ist auch keine Lösung: Die Steuerlast geht auf eure Erben über.

Die Zulagen und Steuerersparnisse sind richtig gut – wenn ihr gut verdient. Oder wenig verdient, aber viele Kinder habt. Denkt an Lars (→ Seite 202), der für 60 Euro eigene Beitragsleistung im Jahr eine Förderung von 1.075 Euro bekommt. Doch wie bei jeder Riester-Rente kommt das dicke Ende noch nach. Die Besteuerung zu Rentenbeginn. Und die kann hoch sein, wenn man sich das Wohnförderkonto von Lars vorstellt ...

GUT ZU WISSEN

Wissenswertes zu Wohn-Riester gibt es bei der Verbraucherzentrale hier:

Ein weiteres Problem, das alle Riester-Produkte gemein haben: wenig Flexibilität. Die geriesterte Immobilie dürft ihr nicht verkaufen und auch nicht vermieten, jedenfalls nicht ohne die Förderung zu riskieren. Das ist ein bisschen aus der Zeit gefallen und das gilt auch für die Fördersummen. Ein typischer Riester-Vertrag, wie ihn die Bausparkassen anbieten, deckt etwa 50.000 Euro der Darlehenssumme ab. Damit kommt man auf dem heutigen Immobilienmarkt nicht weit. Die Summen sind deshalb so niedrig, weil die Wohn-Riester-Förderung auf eine Einzahlung von maximal 2.100 Euro pro Jahr begrenzt ist.

## Rürup- oder Basisrente

Dieses Modell der privaten Vorsorge ist in erster Linie für diejenigen gedacht, die weder in der gesetzlichen Rentenversicherung pflichtversichert noch in berufsständischen Versorgungswerken untergekommen sind. Die Basisrente kann passen für euch, wenn ihr selbstständig seid oder zu den gutverdienenden Angestellten zählt. Sie wird nach ihrem Erfinder Bert Rürup auch als Rürup-Rente bezeichnet. Anders als die gesetzliche Rentenversicherung basiert sie nicht auf einer Umlage (→ Seite 194), sondern ist kapitalgedeckt. Will heißen: Ihr zahlt während eures Berufslebens regelmäßig bei einem Versicherer ein, der euch später eine Rente auszahlt.

Die Rürup-Rente ist eine private Altersvorsorge, die steuerlich gefördert wird. Dies allerdings nur, wenn das Rürup-Produkt (es gibt die klassische Rürup-Rentenversicherung, fondsgebundene Rürup-Rentenversicherungen und Rürup-Fondssparpläne) bestimmte Bedingungen erfüllt. So darf der Vertrag eine monatliche lebenslange Leibrente nur für den steuerpflichtigen Versicherten selbst vorsehen. Zudem darf diese erst dann ausgezahlt werden, wenn ihr 62 Jahre alt seid.

### Vor- und Nachteile

Und damit sind wir schon bei den guten und schlechten Aspekten der Rürup-Rente. Fangen wir mal mit den schlechten an. Weil sie nur als lebenslange Rente ausgezahlt werden kann, ist die Rürup-Rente extrem unflexibel. Eine Einmalauszahlung ist nicht möglich, das Guthaben kann auch nicht beliehen werden – der Vertrag kann nicht zurückgekauft oder vorzeitig aufgelöst werden. Auch vererben oder verschenken – Fehlanzeige. Mit dem Tod des Versicherten ist das gesamte eingezahlte Guthaben verloren.

Als Plus kann die Basisrente für sich verbuchen, dass in den Vertrag investiertes Geld geschützt ist. Sprich: Falls ihr mal Bürgergeld beantragen müsst, wird euer angespartes Geld für die Basisrente nicht berücksichtigt. Und für den Fall der Fälle: Die Rürup-Rente kann auch nicht von Gläubigern gepfändet werden.

Das Spannende an der Basisrente, ihr habt es schon gelesen, ist die Steuerersparnis. Daher ist sie vor allem für alle diejenigen interessant, die viel Steuern zahlen, also sehr gut verdienen – ob als Angestellte, Selbstständige oder Freiberufler. Denn in der Zeit, während ihr in den Vertrag einzahlt (Ansparphase), werden die Aufwendungen für die Altersvorsorge steuerlich gefördert (2023 liegt der Höchstbetrag bei 26.528 Euro für Ledige. Diese Beträge können zu 100 Prozent von der Steuer abgesetzt werden.).

> **! WICHTIG**
>
> Anders als bei der gesetzlichen Rente umfasst ein Rürup-Produkt keine automatische Witwen- oder Waisenrenten. Das könnt ihr jedoch in der Regel durch Zusatzbausteine vereinbaren. Was aber wieder kostet!

Auch für Rürup-Renten gilt: Ihr müsst sie versteuern, wenn sie ausgezahlt werden. Vorteil: Der Steuersatz im Alter ist in der Regel niedriger als während eurer beruflichen Tätigkeit, weil eure Einkünfte geringer sind. Dennoch ist es nötig, eure heutige Steuerersparnis mit der späteren Besteuerung genau gegenzurechnen.

Wenn ihr gerade erst am Anfang eurer Selbstständigkeit steht, noch wenig Gewinn macht und entsprechend auch keinen hohen Steuersatz habt, ist es mit dem Steuervorteil nichts. Was aber bleibt: Die Besteuerung der Rürup-Rente im Alter. Was ebenfalls bleibt ist ein unflexibler Vertrag, den ihr auch nicht mehr loswerdet, wenn ihr vielleicht wieder in ein Angestelltenverhältnis wechseln wollt.

Auch als Angestellte oder Beamte könnt ihr einen Rürup-Rentenvertrag abschließen, aber die Altersvorsorgebeiträge, die ihr bereits über euer Gehalt bezahlt habt, zählen beim Finanzamt für den absetzbaren Höchstbetrag mit. Es kann also nur ein geringerer Betrag steuerbegünstigt in euren Rürup-Vertrag fließen.

### Vertragsarten

Bei der Basis-Rente gibt es verschiedene Vertragsarten: Ihr könnt eine klassische Rentenversicherung mit Garantie abschließen. Da

BEISPIEL

Julie ist jung (27), ledig und selbstständig. Ihr gehört ein Sportartikelgeschäft. Sie zahlt jedes Jahr 12.000 Euro in die Basisrente ein. Nehmen wir für sie ein zu versteuerndes Einkommen von 100.000 Euro im Jahr an. Durch die Einzahlung in den Rürup-Vertrag reduziert sich das zu versteuernde Einkommen um 5.040 Euro (im Jahr 2022). Von den 12.000 Euro an Vorsorgeaufwendungen für die Rürup-Rente bezahlt sie also nur 6.960 Euro selbst.
Wenn Julie mit 67 Jahren in Rente geht, erhält sie – bei einem guten Vertrag – rund 20.000 Euro Rürup-Rente im Jahr. Darauf müsste sie dann als Rentnerin jährlich rund 1.200 Euro Steuern zahlen – wenn sie keine weiteren Einkünfte hätte.

WICHTIG

Einzahlungen in Rürup-Verträge können zu 100 Prozent vom Höchstbetrag (2023: 26.528 Euro) bei den Aufwendungen für die Altersvorsorge von der Steuer abgesetzt werden. Dafür werden die Auszahlungen im Rentenalter genauso behandelt wie die Altersrente aus der gesetzlichen Rentenversicherung. Diese werden ab dem Jahr 2040 voll versteuert.

es aber immer noch zu wenig Zinsen gibt und ihr noch eine Weile bis zur Rente habt, ist dieses Produkt nicht zu empfehlen.

Fondsgebundene Rentenversicherungen wären eine Option. Die gibt es als Varianten mit oder ohne Garantieanteil. Dabei wird ein Teil eurer monatlichen Rate in Aktienfonds angelegt. Entscheidet ihr euch für einen Fondssparplan, fließt das ganze Geld in Aktienfonds. Garantien, dass euer Geld am Ende der Ansparzeit noch da ist, gibt es hier keine, aber die Rendite kann die beste sein.

Fazit: Bei der Rürup-Rente gibt es keine Beitragsgarantie, ihr könnt also auch Verluste mit dem Vertrag machen. Die Rürup-Rente ist für Freiberufler und Selbstständige allerdings die einzige private Vorsorgemöglichkeit, die vom Staat unterstützt wird (mit steuerlichen Vorteilen). Der Vertrag ist unkündbar – ihr müsst ihn also immer bedienen können – und euer eingezahltes Geld könnt ihr nicht mal vererben! Aber als Besserverdienender oder Selbstständiger könnt ihr mit Rürup Steuern sparen. Nur das Gegenrechnen nicht vergessen: Eure Rürup-Rente müsst ihr im Alter versteuern: Ab 2040 zu 100 Prozent.

## Betriebliche Altersvorsorge

Auch über euren Arbeitgeber könnt ihr fürs Alter sparen. Dabei gibt es zwei Varianten: Bei der ersten nimmt das Unternehmen zusätzlich zu eurem Gehalt oder Lohn Geld in die Hand, um für euch Vermögen anzusparen, das dann später als Betriebsrente ausgezahlt wird. Entweder als monatlicher Betrag oder als einmalige Zahlung. Das ist die sogenannte „arbeitgeberfinanzierte Altersvorsorge". Sie kommt on top zum Verdienst – da heißt es dankend zugreifen. Das ist geschenktes Geld!

Die zweite Variante ist die „arbeitnehmerfinanzierte Altersvorsorge". Dabei verzichtet ihr auf einen Teil eures Gehalts und wandelt diesen in eine Altersvorsorge um. Das nennt sich Entgeltumwandlung. Die Beiträge hierfür gehen von eurem Bruttolohn ab. Euer Arbeitgeber schließt dafür einen Vertrag zum Beispiel mit einer Direktversicherung oder einem Pensionsfonds ab.

Ihr wiederum müsst einen Vertrag mit eurem Arbeitgeber abschließen und einen Sparbeitrag vereinbaren. Um mehr müsst ihr euch nicht kümmern. Die betriebliche Altersvorsorge wird von eurem Arbeitgeber organisiert und durchgeführt. Das heißt, er wählt die Anlageform aus und kümmert sich auch um die Beitragszahlung. Ihr müsst allerdings das Produkt nehmen, das er euch anbietet – wobei dieses natürlich bestimmte Kriterien erfüllen muss, die eure Anlage absichern.

Weil eure Beiträge vom Bruttolohn abgehen, zahlt ihr darauf weder Steuern noch Sozialabgaben. Auf diese Weise fördert der Staat die Entgeltumwandlung. Dabei gibt es allerdings Höchstgrenzen: Sie richten sich nach der Beitragsbemessungsgrenze der allgemeinen Rentenversicherung, die 2023 bei 7.300 Euro (West) beziehungsweise 7.100 Euro (Ost) liegt. Ihr könnt also in diesem Jahr maximal 292/284 Euro (4 Prozent von 7.300/7.100 Euro) sozialabgabenfrei umwandeln. Steuerfrei sind bis zu 584/568 Euro, 8 Prozent der Beitragsbemessungsgrenze.

Was ihr schon bei der Riester- und Rürup-Rente gesehen habt, gilt auch für die betriebliche Altersvorsorge: Wird sie ausgezahlt, müsst ihr sie versteuern. Außerdem gehen die Beiträge zur Kranken- und Pflege-

> **GUT ZU WISSEN**
>
> Die Erfahrungen der Verbraucherzentrale zeigen, dass die Rürup-Rente nicht nur Selbstständigen, sondern auch Normalverdienenden als geeignete Vorsorgeform angeboten wird. Doch tatsächlich Aussicht auf die prognostizierten Steuerersparnisse haben die mit diesen Versprechen Umworbenen zumeist gar nicht.

GUT ZU WISSEN

**Seit 2002 habt ihr als Arbeitnehmer einen Rechtsanspruch darauf, dass ein Teil eures Gehalts in die betriebliche Altersvorsorge geht. Fragt nach! Arbeitgeber müssen einen solchen Vertrag anbieten und mindestens 15 Prozent des umgewandelten Betrags zuschießen. Es gilt: Je mehr euer Arbeitgeber dazugibt, umso eher rechnet sich dann auch eine Betriebsrente.**

versicherung davon ab. Dabei müsst ihr bei der Betriebsrente den vollen Satz übernehmen, also Arbeitnehmer- wie auch Arbeitgeberanteil. Es gibt allerdings einen Freibetrag, bis zu dem ihr keine Beiträge für die gesetzliche Krankenkasse zahlen müsst. Für die Pflegekasse gilt eine Freigrenze. Wenn die überschritten wird, wird der Beitrag allerdings auf eure komplette Rente berechnet. Wenn ihr privatversichert seid, gibt es keine Freibeträge oder Freigrenzen bei Betriebsrenten.

Sozialabgaben und Steuern sparen, gepaart mit dem Zuschuss eures Arbeitgebers: Die betriebliche Altersvorsorge macht auf den ersten Blick einen guten Eindruck. Es lohnt sich jedoch, genauer hinzuschauen und vor allem ganz genau durchzurechnen, nicht nur was die Steuern angeht ... Durch

WICHTIG

**Was ihr an Abgaben in den Ansparjahren weniger zahlt, wird teilweise fällig, wenn ihr in Rente geht. Die Betriebsrente ist zu 100 Prozent steuerpflichtig. Die Höhe der Steuer hängt von eurem individuellen Steuersatz ab, den ihr dann habt. Der Steuervorteil in der Ansparphase ist also letztlich nur eine Verschiebung der Abgaben in die Rentenphase. Pluspunkt für die betriebliche Altersversorgung: Im Rentenalter ist euer Steuersatz meist niedriger als zur Zeit der Berufstätigkeit.**

die Entgeltumwandlung reduzieren sich nämlich eure Ansprüche auf Kranken-, Eltern- und Arbeitslosengeld sowie auf Erwerbsminderungs- und gesetzliche Rente. Der Grund: Ihr zahlt weniger in die Sozialkassen ein – wegen eurer Beiträge in die betriebliche Altersvorsorge, die ja vom Bruttogehalt abgehen. Entsprechend bekommt ihr auch weniger an Leistungen raus. Außerdem sammelt ihr geringere Entgeltpunkte in der gesetzlichen Rentenversicherung, habt ein niedrigeres Krankengeld und bekommt ein geringeres Arbeitslosengeld. Das Plus auf der einen Seite führt also zu einem Minus auf der anderen. Das muss die Betriebsrente dann mindestens ausgleichen: Mit einem

BEISPIEL

**Beispiele, wie sich Betriebsrenten bei unterschiedlichen Arbeitgeberzuschüssen rechnen, findet ihr bei der Verbraucherzentrale hier:**

hohen Arbeitgeberzuschuss kann sich die betriebliche Altersvorsorge rechnen.

Auch wie viel ihr monatlich brutto verdient, spielt eine wichtige Rolle bei der Frage, ob sich betriebliche Altersvorsorge für euch lohnt. Denn wenn ihr sehr viel verdient (das heißt oberhalb der Beitragsbemessungsgrenzen für die gesetzliche Renten- beziehungsweise Krankenversicherung), spart ihr für den darüber liegenden Verdienst keine Sozialabgaben durch die Entgeltumwandlung. Denn dieser wird ja ohnehin nicht damit belastet. Entscheidend ist auch, welche Form euer Arbeitgeber anbietet, wie stark er sich an der Finanzierung beteiligt, ob sich aktuelle Ersparnisse bei Renten- und Sozialleistungen rechnen, ob ihr häufig den Arbeitgeber wechselt, wie viel ihr verdient und … und … und …

Es werden fünf Wege unterschieden, um die Altersvorsorge über das Unternehmen zu organisieren – wobei die Formen „Direktversicherung“ und „Pensionskasse“ am häufigsten gewählt werden:

- Direktversicherung
- Pensionskasse
- Pensionsfonds
- Unterstützungskasse
- Direktzusage

Was in den einzelnen Angeboten steckt, sehen wir uns jetzt mal genauer an …

## Direktversicherung

Die Direktversicherung ist eine Lebens- oder Rentenversicherung für die Mitarbeitenden. Sie wird häufig von kleinen oder mittleren Betrieben angeboten. Der Vorteil: Die betrieblichen Gruppentarife sind in der Regel günstiger als Einzeltarife. Der Nachteil: die

ACHTUNG

**Pauschal kann man nicht sagen, dass sich die Bruttoentgeltumwandlung bei der betrieblichen Altersvorsorge für euch immer lohnt! Die rechnet sich in der Regel nur, wenn sich der Arbeitgeber mit mindestens 20, besser 30 Prozent am Bruttobeitrag beteiligt.**

Verzinsung ist mies. Üblich ist die klassische Form der Direktversicherung mit Garantiezins, der vom Bundesfinanzministerium festgelegt wird. Bei Neuabschlüssen ab 2022 beträgt dieser 0,25 Prozent. Verzinst wird jedoch nicht eure gesamte Einzahlung, sondern nur der Teil, der nach Abzug der Kosten übrigbleibt. Neuerdings gibt es Direktversicherungen, die nur noch abgeschwächte Garantien anbieten, also euch nur den eingezahlten Beitrag garantieren.

Die Beiträge für die Direktversicherung kann der Arbeitgeber alleine tragen oder sie werden zwischen Arbeitgeber und Arbeitnehmer aufgeteilt. Im Rahmen der Entgeltumwandlung könnt ihr auch allein darin einzahlen.

### Pensionskassen

sind offiziell Lebensversicherer, die euer weggefallenes Einkommen versichern. Bei Pensionskassen zahlt ihr entweder in betriebs- oder brancheneigene Pensionskassen ein oder in externe Pensionskassen privater Lebensversicherer. Anders als Lebensversicherer sind Pensionskassen nicht an den offiziellen Garantiezins gebunden, sie dürfen mit mehr als den 0,25 Prozent Zinsen kalkulieren. Häufig beinhalten sie auch Hinterbliebenenrente oder Erwerbsminderungsrente.

In den letzten Jahren sind die Pensionskassen finanziell unter Druck geraten. Sie müssen in dieser Niedrigzinsphase auch die Renten bedienen, die ehemals unter deutlich höheren Garantiezinsen abgeschlossen wurden. Das ist schwer zu stemmen. Erste Pensionskassen kürzen schon die Renten und Ansprüche der Kunden. Doch keine Sorge: In einem solchen Fall muss der Arbeitgeber ran und die Einschnitte ausgleichen. Problematisch ist das für die Selbstständigen: Sie müssen die Kürzungen in vollem Umfang hinnehmen.

### Pensionsfonds

Die lukrativste Form der betrieblichen Altersversorgung sind die Pensionsfonds. Große Unternehmen haben manchmal eigene aufgelegt. Die Renditen können hier deutlich höher sein, denn euer Sparkapital kann uneingeschränkt in Aktien investiert werden. Darum ist aber auch das Risiko höher: Einen Garantiezins gibt es nicht, Kursverluste sind immer drin. Sicher ist nur euer eingezahlter Betrag. Im Insolvenzfall ist dieses Vermögen abgesichert, da der Arbeitgeber dem Pensionssicherungsverein angehört. Welche Rente ein Pensionsfonds zahlt, hängt von den Erträgen ab. Und die sind eng an die Kosten geknüpft, die beim jeweiligen Fonds für Vertragsabschluss, Verwaltung und Zusatzleistungen wie Hinterbliebenenschutz anfallen.

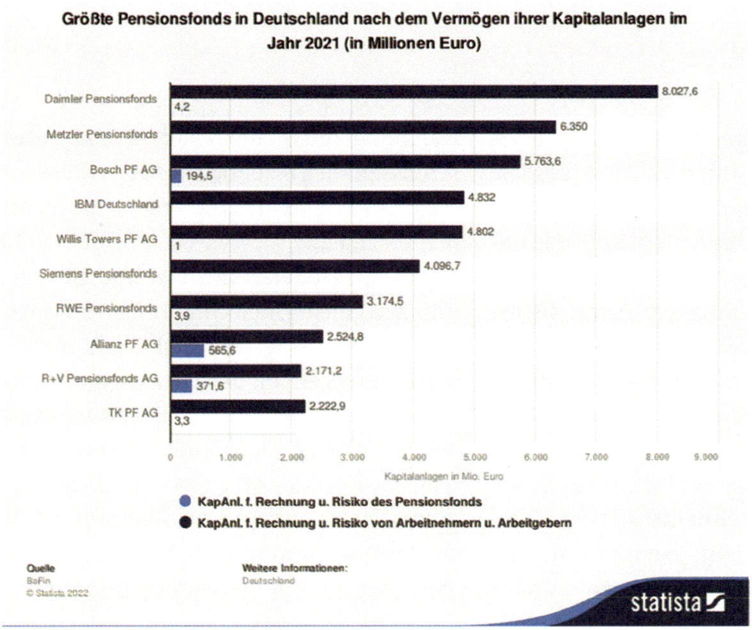


## Unterstützungskassen

Die älteste Form der betrieblichen Altersvorsorge gibt es schon seit Mitte des 19. Jahrhunderts. Unterstützungskassen werden von einem oder mehreren Arbeitgebern, den sogenannten Trägerunternehmen, unterhalten. Sie sollen die betriebliche Altersversorgung nach den Vorgaben der Arbeitgeber für deren Arbeitnehmer durchführen, also euer Geld anlegen und verwalten.

Einzahlungen in die selbstständigen Unterstützungskassen rechnen sich, wenn ihr mal richtig gut verdient, denn sie sind unbegrenzt steuer- und sozialabgabenfrei. Der Arbeitgeber sagt eine Mindestauszahlung zu. Die kann sich um Überschüsse erhöhen – die wiederum von den Erträgen der Unterstützungskasse abhängen. Die Verwaltungskosten sind niedrig. Der Nachteil: Unterstützungskassen sind unflexibel. Beitragssenkungen oder -aussetzungen sind nicht oder nur schwer möglich, auch nicht bei einem Arbeitgeberwechsel. Dafür könnt ihr wählen, ob ihr später eine Einmalzahlung erhalten oder eine monatliche Rente ausgezahlt haben möchtet.

## Direktzusage/Pensionszusage

Hierbei verspricht euer Arbeitgeber, die Rentenzahlung selbst zu übernehmen. Es ist kein Versicherungsunternehmen mehr dazwischengeschaltet. Damit er die Zusage einhalten kann, muss er Pensionsrücklagen bilden. Damit spart das Unternehmen Steuern. Die Aufwendungen des Arbeitgebers werden nicht als Lohn betrachtet, deshalb sind sie in unbegrenzter Höhe steuer- und sozialabgabenfrei. Die Renten zahlt das Unternehmen in einer Art Umlageverfahren aus den laufenden Erträgen. Damit die Betriebsrente auch sicher ist, wenn das Unternehmen kein Geld mehr hat, zahlen die Arbeitgeber in den Pensions-Sicherungs-Verein ein.

Für die Betriebsrente gilt das Gleiche wie für die gesetzliche Rentenversicherung: Sie wird pünktlich gezahlt, jeden Monat, euer ganzes Leben lang. Für die Beiträge als auch für die Grundsicherung gilt, sie sind pfändungssicher und dürfen auch nicht beim Bürgergeld angerechnet werden. Das Kapital darf nicht „verwertet“ werden.

Wenn ihr im Alter nur eine gesetzliche Rente erwartet (was nach dem Lesen dieses Ratgebers nicht der Fall sein wird 😉), macht eine Betriebsrente manchmal Sinn. Die Geldanlage in die Betriebsrente kann unter Kostengesichtspunkten günstig sein, wenn die Produktauswahl eures Arbeitgebers geschickt ist oder er gute Vereinbarungen bezüglich Verwaltungs- und Abschlusskosten getroffen hat.

Aber: Eine Betriebsrente ist ziemlich unflexibel. Vor Rentenbeginn kommt ihr nicht mehr an euer Geld. Und was passiert mit dem Vertrag bei einem Jobwechsel? Kann er übertragen werden? Für eine Entgeltumwandlung muss ein neuer Vertrag abgeschlossen, der bisherige Vertrag stillgelegt oder privat fortgeführt werden. Das kann teuer werden.

Apropos teuer: Manchmal sind die Konditionen günstig, manchmal nicht. Viele Betriebe bieten lediglich die üblichen Direktversicherungen an, die zu denselben (teuren) Konditionen auch am Markt verkauft werden. Das ist ein grundsätzliches Problem, das nur euer Arbeitgeber über die Produktauswahl entscheidet. Allein er wählt den Versorgungsträger aus. Das Anlagerisiko aber tragt ihr: Eine garantierte Rentenhöhe gibt es nicht. Der Arbeitgeber darf keine Garantie oder Haftung dafür übernehmen, dass die eingezahlten Sparbeiträge erhalten bleiben oder eine Mindestrente ausgezahlt wird.

Fragen kostet nichts: In der Personalabteilung könnt ihr euch darüber informieren, ob und in welcher Höhe eine betriebliche Altersvorsorge angeboten wird. Holt euch ein Angebot und lasst es durchrechnen. Vermutlich lohnt sich eine Betriebsrente für euch nur, wenn euer Arbeitgeber praktisch alles übernimmt. Außerdem sollte klar sein, was mit dem Vertrag passiert, wenn ihr die Firma wechseln wollt. Es kann sein, dass ihr ihn nicht mitnehmen könnt, aber weiter bedienen müsst. Am besten überlegt ihr euch, was ihr braucht. Wie flexibel der Vertrag und die Tarife auf euer Leben reagieren sollen. Ihr merkt schon, die individuelle Situation ist so

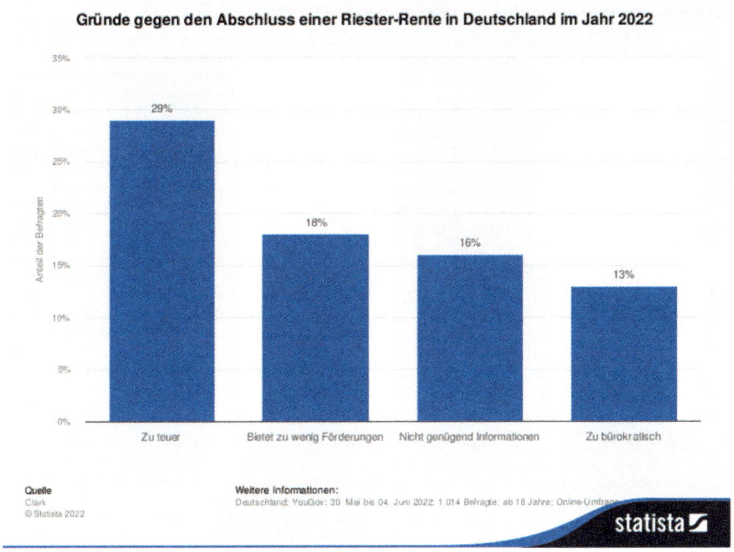


unterschiedlich, da solltet ihr euch Rat holen, es geht meistens um viel Geld. Die Verbraucherzentralen beraten euch anbieterunabhängig zum Thema Altersvorsorge. www.verbraucherzentrale.de/beratung

## Riester-Förderung für die betriebliche Altersvorsorge

Alternativ zu den privaten Riester-Verträgen (→ Seite 199) könnt ihr die Riester-Förderung auch für die betriebliche Altersvorsorge nutzen. Der Unterschied: Die Beiträge werden von eurem Nettolohn in den Vertrag gezahlt – und nicht wie bei den anderen Wegen von eurem Bruttolohn abgezogen.

Die Riester-Förderung gilt für Direktversicherungen, Pensionskassen und Pensionsfonds. Ihr profitiert von Grund- und Kinderzulagen und gegebenenfalls Steuerersparnissen durch den Sonderausgabenabzug. Mindest- und Maximalförderung entsprechen den Riester-Regeln (→ Seite 200). Pluspunkt beim betrieblichen Riestern: Wenn diese Rente ausgezahlt wird, werden dafür keine Beiträge zur Kranken- und Pflegeversicherung fällig. Nur um die Besteuerung kommt ihr nicht herum. Auch kann ein solcher Vertrag problemlos bei einem Arbeitgeberwechsel mitgenommen und über-

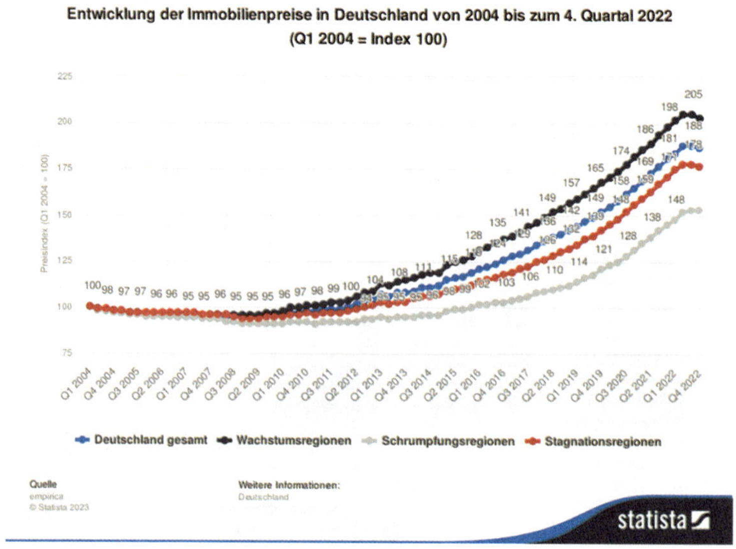


tragen werden. Allerdings könnt ihr das Angesparte nicht anzapfen, um damit eine Immobilie zu erwerben. Wenn ihr ein geringes Einkommen und Kinder habt, kann die Riester-Förderung für die betriebliche Altersvorsorge aber aufgrund der hohen Zulagen eine bessere Alternative zur Bruttoentgeltumwandlung sein.

## Immobilien

Die eigene Immobilie – auch eine Form der Altersvorsorge. Der Gedanke dahinter: Als Besitzer einer Immobilie steht euch im Alter mehr Geld zur Verfügung. Entweder spart ihr die monatliche Miete oder bekommt ein Extra-Einkommen, wenn ihr Haus oder Wohnung vermietet. Und gegebenenfalls könnt ihr das Objekt auch verkaufen, um euch dann etwas Bedarfsgerechtes im Seniorenheim zuzulegen? Ist ja noch lange hin.

Wie viel die Immobilie dann aber tatsächlich abwirft, hängt von vielen Faktoren ab. Sie kann deutlich im Wert steigen, muss aber nicht. Lage und Zustand bestimmen den Preis bei einem möglichen Verkauf ebenso wie die zukünftige Situation des Marktes: Wie groß wird die Nachfrage sein, wie hoch sind die Zinsen für ein Hypothekendarlehen in 20 oder 30 Jahren? Das kann man nicht sagen. Vor allem nicht bei so einem Zeitfenster.

Die eigenen vier Wände zu finanzieren ist eine langfristige Angelegenheit, die viele finanzielle Kräfte bündelt (wenn ihr nicht gerade viel Geld oder ein Haus erbt). Wenn sich eure Lebensplanung ändert, ihr den Ar-

GUT ZU WISSEN

Wenn allein die Rendite und das eingesetzte Kapital betrachtet werden, indem man Zins und Tilgung sowie Renovierungskosten der eingesparten Miete über die Jahre gegenüberstellt, dann erweisen sich die meisten Immobilien als weit weniger ertragreich als beispielsweise ein Aktienfonds.

GUT ZU WISSEN

Risiken und Kosten beim Bau oder Kauf einer Immobilie solltet ihr richtig kalkulieren. Ob das Objekt in euer Budget passt und wie die Finanzierung solide aufgebaut wird – dazu beraten die Verbraucherzentralen. Auch geben die Ratgeber rund um Bauen und Finanzieren dabei wichtige Hilfestellungen.
**www.ratgeber-verbraucherzentrale.de**

beitsplatz wechselt – die Immobilie bleibt. Und damit auch die Raten fürs Darlehen, die Unterhaltung und vieles mehr.

Kauft ihr eine Immobilie, zahlt ihr statt Miete in der Regel einen Kredit zurück, während ihr die Wohnung nutzt. Wichtig ist: Schuldenfrei sein bis zur Rente. Alle Darlehen, die ihr zur Finanzierung eurer Immobilie aufgenommen habt, sollten abbezahlt sein. Weil ihr dann weder Kredite tilgen noch Miete zahlen müsst, habt ihr mehr Geld zur Verfügung.

Allerdings fallen auch Kosten für Unterhalt und notwendige Reparaturen an. Und die können ganz schön ins Geld gehen ... Und nicht vergessen solltet ihr: Das Eigenheim zahlt keine Rente – das Geld steckt in Beton. Und bei einer vermieteten Immobilie steht in den Sternen, wie sich die Mietrendite entwickelt, bis ihr ins Rentenalter kommt.

# Anhang

## Stichwortverzeichnis

### A

Abgeltungssteuer 31 ff., 53
Aktien 20, 28, 35, 37, 92 ff.
Aktienfonds 109 f.
Altersvorsorge 33, 97, 193 ff., 218
– betriebliche 211 ff.
Anlageberatung 162
Anlagehorizont 20, 37, 75, 95, 113
Anlegertyp 25, 165
Anleihen 22, 28, 39, 113 f., 172
Ausgabeaufschlag 40, 77, 108, 139

### B C

BaFin 26 f., 40, 62, 105, 129, 150, 154
Banking-Apps 145
– Multibanking-Apps 146
Bausparvertrag 90 f., 119, 120, 206
Berufsunfähigkeit 183 ff.
Berufsunfähigkeitsversicherung
– Alternativen 190
– Gesundheitsfragen 188
– Kosten 186
Bitcoin 24, 27, 29, 34, 40, 41, 44, 95, 96, 97, 100
Blockchain 44, 52, 102 f.
Bonds 22 f., 39, 172
Börse 20, 29, 37, 45 ff., 62, 64, 66, 82, 93, 134, 140
Börsenindex 21, 26, 45, 47, 51, 75, 80
Briefkurs 45, 134, 154
Bundesanleihe 60, 114 f., 172
Crowdfunding 47, 180

### D

DAX 21, 39, 47 ff., 92
Depot 23, 28 f., 48, 57, 77, 86, 87, 109, 132, 139
Direktbanken 16, 28, 48, 71, 73, 132 f.
Direktversicherung 213 ff.
Direktzusage 215
Diversifikation 25, 79, 109, 171
Dividende 20, 35, 37, 46, 49, 86, 89

### E

Einlagensicherung 27, 50, 71, 75, 132, 137, 178
Emittenten 39, 55, 115
– Green Bonds 172
Erwerbsminderungsrente 184 f., 214
ESG-Kriterien 86, 157 ff., 162, 164, 167, 171
ETF 16, 20 f., 25 f., 29, 33, 35, 51 f., 75 ff., 80 ff.
– nachhaltige 171
ethisch-ökologische Banken 26, 176, 179 f.
Etoro 154
Europäische Zentralbank (EZB) 54, 63, 64, 70

### F

Festgeld 15, 21, 25, 28, 35, 73, 74, 75, 177
– nachhaltig 180
Festgeldtreppe 74
festverzinsliche Wertpapiere 22, 55, 110, 113 ff.
Finanzen.net Zero 139
Fonds
– ausschüttend 49, 86
– thesaurierend 49, 86
Fondsmanager 26, 51, 75 ff., 84, 107, 108, 111, 164, 170
Freistellungsauftrag 32, 53

### G, H

Geldmarktfonds 55, 113
Gold 24, 27, 30, 34, 104 ff.
– Steuern 34
Greenwashing 27, 157 f., 161
Günstigerprüfung 32, 202
Handelsplatz 29, 31, 45, 136
Hypothekendarlehen 66, 218

## I, J, K, L


Identifikationsnummer (ISIN) 29, 61
Immobilien 65, 91, 118, 123 ff., 206, 218
Immobilienfonds 111 ff.
Inflation 22, 35, 53, 64, 110
Investmentfonds 21, 33, 35, 55, 78, 107 ff.
JustTRADE 30, 137 f.
Kapitallebensversicherung 125 ff.
Klumpenrisiko 107
Kryptowährungen 24, 27, 29 f., 34, 41, 49, 55 f., 95 ff., 99 ff., 150
Kurswert 48
Leitzinsen 63 f., 70


## M, N


Marktkapitalisierung 47 f., 56, 59, 101
Mischfonds 84, 111
MSCI World 23, 46, 56, 77 ff., 86, 95, 171, 175
Münzen 30, 104, 106
Nachhaltigkeit 26 f., 80, 86 f., 157 ff., 166
– fragwürdig 158, 161, 167
Nennwert 39, 114 f.
Neobroker 25, 28, 30 f., 57, 134 ff.
Nettorendite 35
Notenbank 22, 64


## O, P


Offene Immobilienfonds 112
Onlinebanking 131, 141 ff.
Order 15, 29, 31, 48, 57, 136, 154
Pensionsfonds 214, 217
Pensionskasse 214, 217
Portfolio 57 f., 76, 81, 107, 111, 147, 168, 170
Post-Ident-Verfahren 28 f., 71, 140


## R, S


Ratingagenturen 22, 58, 114 f., 158
Rendite 15, 20, 23, 25, 28, 34 f., 39, 49
Rentenfonds 110 f.
Rentenversicherung
– private 125
Riester-Förderung
– betrieblich 217 f.
Riester-Produkte
– Wohn-Riester 205 ff.
Riester-Rente 199 ff., 205
Risikostreuung 25 f.
Robo-Advisor 53, 58, 147 ff.
Rürup-Vertrag 208, 209, 211
Scalable Capital 135, 138 f.
Social Trading 151 ff.
Sparbuch 21, 72
Sparplan 9, 19, 88 f., 134
Spread 49, 58, 134, 139, 154
Staatsanleihen 27, 116, 172
Steuer 31 ff., 74, 121, 132, 197 ff., 201, 206, 209, 212
– Steuererklärung 32 f., 90, 121, 200
Swap 81 f.


## T, U, V


Tagesgeld 21, 28, 35, 64, 70 ff., 176
TAN-Verfahren 141 ff.
Total Expense Ratio 77
Totalverlust 21, 25, 96, 100, 125
Trade Republic 29, 31, 53, 57, 137
Transaktionskosten 76, 77, 131, 136, 153
Unternehmensanleihe 23, 113, 117 f.
Unterstützungskasse 215
Verwahrentgelt 60
Verwaltungsgebühr 76, 92, 148
Video-Ident-Verfahren 28 f., 140


## W, X, Z


Währungsrisiko 79, 106
Wallet 30, 44, 97 f., 103
Wertpapier 60
Wertpapierkennnummer (WKN) 29, 60, 61, 87
Wikofolio 155
Wohnungsbauprämie 91 f., 121 f.
Xetra-Börse 29, 45, 62, 134, 138
Zertifikat 153, 155
Zinseszins 15, 61, 74, 86, 89

# Bildnachweis

**Titelbild: istockphoto/katleho Seisa**

**Innen Adobe Stock:**
Seite 12: Nola Viglietti/peopleimages.com
Seite 18: Robert Kneschke
Seite 36: Drobot Dean
Seite 68: contrastwerkstatt
Seite 94: David
Seite 103: Imagine
Seite 129: pusteflower9024
Seite 130: Kritdanai
Seite 151: Viorel Kurnosov
Seite 156: Nicholas Felix/peopleimages.com
Seite 182: dusanpetkovic1
Seite 192: insta_photos
Seite 219: Krakenimages.com

**zitiert nach de.statista.com:**
Seite 24: World Gold Council (2023); Entwicklung des Goldpreises 1900 bis 2022, de.statista.com/statistik/daten/studie/156959/umfrage/entwicklung-des-goldpreises-seit-1900/

Seite 54: Statistisches Bundesamt (2023), Inflationsrate in Deutschland von Juni 2022 bis Juni 2023, de.statista.com/statistik/daten/studie/1045/umfrage/inflationsrate-in-deutschland-veraenderung-des-verbraucherpreisindexes-zum-vorjahresmonat/

Seite 65: Statistisches Bundesamt/EZB (2023), Entwicklung der Inflationsrate Deutschlands und der gemittelten Leitzinsen der EZB 1999 bis 2022, de.statista.com/statistik/daten/studie/5534/umfrage/entwicklung-der-inflationsrate-und-der-leitzinsen-seit-1999/

Seite 66: Interhyp (2023), Entwicklung der Bauzinsen in Deutschland von Januar 2011 bis Juli 2023, de.statista.com/statistik/daten/studie/1347565/umfrage/entwicklung-der-bauzinsen-in-deutschland/

Seite 73: Global Consumer Survey (Juli 2020 bis September 2021), Das Sparbuch – alte Liebe rostet nicht, de.statista.com/infografik/26019/umfrage-zur-nutzung-von-geldanlagen-in-deutschland/

Seite 78: MSCI (2023), Jahresperformance des MSCI World Index von 2006 bis 2022, de.statista.com/statistik/daten/studie/1171733/umfrage/jahresperformance-des-msci-world-index/

Seite 93: Dividendenrendite der Dax-Unternehmen in Jahr 2022, de.statista.com/statistik/daten/studie/173165/umfrage/dividendenrendite-der-dax-unternehmen/

Seite 96: Global Consumer Survey (Juli 2021 bis Juni 2021), Junge Generationen sind kryptoaffiner, de.statista.com/infografik/28345/anteil-der-befragten-die-kryptowaehrungen-besitzen/

Seite 98: CoinGecko (2023), Entwicklung des Bitcoin-Kurses von April 2013 bis 21. Juni 2023, de.statista.com/statistik/daten/studie/781906/umfrage/kursentwicklung-des-bitcoin-gegenueber-dem-euro/

Seite 106: World Gold Council (2022), Größte Gold-ETFs und ETCs weltweit nach Goldbestand, de.statista.com/statistik/daten/studie/1167893/umfrage/groesste-gold-etfs-und-etcs-weltweit-nach-goldbestand/

Seite 108: Scope (2022), Top 10 Fondsgesellschaften in Deutschland nach dem Scope/KAG-Ranking (30.09.2022), de.statista.com/statistik/daten/studie/196148/umfrage/top-10-fondsgesellschaften-in-deutschland-nach-dem-feri-kag-ranking/

Seite 116: Deutsche Börse (2023), Entwicklung des REX in den Jahren 1967 bis 2022, de.statista.com/statistik/daten/studie/240259/umfrage/jaehrliche-entwicklung-des-rex/

Seite 117: Bloomberg (2023), Entwicklung der Rendite zehnjähriger Staatsanleihen Deutschlands von Mai 2019 bis Mai 2023, de.statista.com/statistik/daten/studie/238018/umfrage/rendite-zehnjaehriger-staatsanleihen-in-deutschland-nach-monaten/

Seite 126: Assekurata (2022), Laufende Verzinsung der Lebensversicherer in Deutschland 2006 bis 2022, de.statista.com/statistik/daten/studie/168461/umfrage/ueberschussbeteiligung-der-lebensversicherer-seit-1995/

Seite 184: Deutsche Aktuarvereinigung, Wahrscheinlichkeit der Berufsunfähigkeit bis zur Rente mit 65 nach Altersgruppen, de.statista.com/statistik/daten/studie/28002/umfrage/wahrscheinlichkeit-der-berufsunfaehigkeit-bis-zur-rente-mit-65/

Seite 185: Morgen & Morgen (2023), Verteilung der Ursachen von Berufsunfähigkeit in Deutschland im Jahr 2023, de.statista.com/statistik/daten/studie/536351/umfrage/verteilung-der-ursachen-von-berufsunfaehigkeit-in-deutschland-nach-altersgruppe/

Seite 215: BaFin (2022), Größte Pensionsfonds in Deutschland nach dem Vermögen ihrer Kapitalanlagen im Jahr 2021 de.statista.com/statistik/daten/studie/246143/umfrage/groesste-pensionsfonds-in-deutschland-nach-vermoegen-der-kapitalanlagen/

Seite 217: YouGov (2022), Gründe gegen den Abschluss einer Riester-Rente in Deutschland im Jahr 2022, de.statista.com/statistik/daten/studie/1325761/umfrage/-gruenden-gegen-den-abschluss-einer-riester-rente/

Seite 218: empirica (2023), Entwicklung der Immobilienpreise von 2004 bis zum 4. Quartal 2022, de.statista.com/statistik/daten/studie/597304/umfrage/immobilienpreise-alle-baujahre-in-deutschland/

**weitere Urheber:**

Seite 32: Bundesministerium der Finanzen, Download-Center, www.formulare-bfinv.de/

Seite 38: Deutsches Aktieninstitut (2023), Das MSCI World-Rendite-Dreieck für die monatliche Geldanlage, www.dai.de/detail/msci-world-rendite-dreieck-fuer-die-monatliche-geldanlage/

Seite 169: Forum Nachhaltige Geldanlage, https://fng-siegel.org/

Seite 174: MSCI: MSCI World Index SRI, www.msci.com/documents/10199/641712d5-6435-4b2d-9abb-84a53f6c00e4

Seite 177: Fair Finance Guide, www.fairfinance-guide.de/media/373540/wie-ihr-geld-bei-kontroversen-unternehmen-landen-kann.pdf

Seite 178: Fair Finance Guide Deutschland 7.0, www.fairfinanceguide.de/

Seite 199: Deutsche Rentenversicherung

Dieses Buch wurde auf Recyclingpapier aus 100 Prozent Altpapier gedruckt. Druck und Weiterverarbeitung erfolgen in Deutschland. So schonen wir Ressourcen und begrenzen die $CO_2$-Emissionen durch kurze Transportwege.

1. Auflage, August 2023

ISBN 978-3-86336-168-6

**Impressum**

**Herausgeber**
Verbraucherzentrale
Nordrhein-Westfalen e. V.
Mintropstraße 27, 40215 Düsseldorf
Telefon 02 11/38 09–555
ratgeber@verbraucherzentrale.nrw
www.verbraucherzentrale.nrw

**Text**
Beate Kaufmann, Berlin

**Koordination**
Dr. Mechthild Winkelmann

**Lektorat**
Dr. Mechthild Winkelmann

**Fachliche Beratung**
Dr. Annabel Oelmann, Elke Weidenbach

**Layout und Satz**
Lala Majidova, Düsseldorf
www.lav-ka.de

**Gestaltungskonzept**
Lichten Kommunikation und Gestaltung, Hamburg
www.lichten.com

**Umschlaggestaltung**
Ute Lübbeke, Köln
www.LNT-design.de

**XML-Layoutsatz**
pagina GmbH, Tübingen
www.pagina.gmbh

**Druck**
AWG Druck GmbH, Runkel
Redaktionsschluss: Juli 2023